MINERVA
はじめて学ぶ
子どもの福祉

6

倉石哲也/伊藤嘉余子
[監修]

社会的養護内容

伊藤嘉余子/小池由佳
[編著]

ミネルヴァ書房

監修者のことば

本シリーズは、保育者を志す人たちが子どもの福祉を学ぶときにはじめて手に取ることを想定したテキストです。保育やその関連領域に関わる新進気鋭の研究者や実践者の参画を得て、このテキストはつくられました。

保育をめぐる現在の情勢はまさに激動期です。2015年４月に「子ども・子育て支援新制度」がスタートし、保育所と幼稚園の両方の機能をもつ幼保連携型認定こども園が創設されました。養成校では、それに対応した保育士資格と幼稚園教諭免許の取得が必須となる「保育教諭」の養成が本格化しています。今後ますます、幼保連携が進められると、すべての保育者に子どもの福祉に関する知識が必要となるでしょう。

また、近年では児童虐待をはじめとした、養育環境に課題を抱える子どもと保護者への対応が複雑かつ多様化しています。今春告示された「保育所保育指針」には、新たに「子育て支援」という章が設けられました。これからの保育者は、保護者の子育てを支援するために、子どもを育てる保護者や家族が直面しやすいニーズについて理解するとともに、相談援助に必要な姿勢や視点、知識やスキル等を身につけていくことがさらに求められます。

このテキストにおいては、上記で述べたようなこれからの保育に対応するために必要な知識や制度についてやさしく、わかりやすく解説しています。また、テキストを読んだあとで、さらに学習を進めたい人のための参考図書も掲載しています。

みなさんが卒業し、実際に保育者になってからも、迷いがあったときや学びの振り返りとして、このテキストを手元において読まれることを期待しています。

2017年12月

倉石　哲也
伊藤嘉余子

はじめに

すべての子どもは、生まれてきた家庭で愛情を受け、幸福を実感しながら健やかに成長・発達する権利があります。しかし、さまざまな事情により、家庭で育てられることがかなわない子どもが今、日本には約45,000人います。

家庭で育つことのできない子どもたちのために国が整えた保護・養育・支援体制が社会的養護です。社会的養護の担い手となる保育者・養育者は、子どもが心身ともに健やかに成長・発達できるよう日々の生活を支えるとともに、一人ひとりのニーズに応じたケアを提供することによって、すべての子どもたちが、ひとりの「おとな」として、社会で自立した生活を営むことができる人に成長できるよう、養育する役割を果たさなければなりません。

社会的養護の現場には、0歳から22歳までの幅広い年齢層の子どもたちが生活しています。そのため、社会的養護を担う保育者・養育者には、幅広い知識やスキル等の専門性が求められます。たとえば、それぞれの年齢や発達段階に応じた関わり方について知る必要があり、就学前の子どもに関する知識だけでなく、思春期の子どもに関する理解も大切になります。また、生活をともに営むことになりますので、一定の生活スキルが必要になりますし、自立を目指す子どもへの支援では、社会人として知っておくべき一般常識や公的な手続きに関する知識も必要になるでしょう。本書を通して、養育・支援スキルに加えて、社会的養護の子どもたちの自立支援に必要な社会資源や制度等についても学び、理解を深めていただきたいと思います。

第1章では、社会的養護のもとで暮らす子どもたちの権利を保障し実現する保育者としての責務について学びます。

第2章では、日本における社会的養護の役割を担う施設や家庭養護、それぞれの特性と実際について学びます。

第3章では、社会的養護のもとで生活する子どもたちの支援計画の立て方やその内容等について、事例を用いながら具体的に学びます。

第4章では、社会的養護を担う保育士に必要な専門性や専門スキル等について学ぶとともに、今後の社会的養護の課題と展望について考えます。

なお、本書の内容をより深く学び理解するために、ぜひ本シリーズ第5巻「社会的養護」の内容とあわせて学んでいただきたいと思います。

本書が、社会的養護のもとで生活する子どもたちの養育を担う保育者をめざす人たちの専門性向上に役立つものとなれば幸甚です。

2017年12月

編著者を代表して　伊藤　嘉余子

目次

はじめに

第1章　社会的養護における子どもの権利擁護と保育者の責務

レッスン1　子どもの権利擁護……2
①子どもとは何か…2　②子どもの権利とは…2　③「児童の権利に関する条約」の制定…3　④子どもの権利擁護に求められる視点…6

レッスン2　保育者の倫理と責務……9
①保育者に求められる倫理…9　②倫理に基づいた実践の具体的指針…11

章末事例①　保育所における援助事例…17

章末事例②　児童養護施設で生活する高校生の支援…19

第2章　社会的養護の実施体系

レッスン3　乳児院・児童養護施設・母子生活支援施設の特性と実際……24
①乳児院の特性と実際…24　②児童養護施設の特性と実際…28　③母子生活支援施設の特性と実際…34

レッスン4　児童心理治療施設・児童自立支援施設・障害児施設の特性と実際……38
①児童心理治療施設の特性と実際…38　②児童自立支援施設の特性と実際…42　③障害児施設の特性と実際…47

レッスン5　家庭養護の特性と実際……54
①家庭養護とは何か…54　②家庭養護の特性と実際…55

章末事例①　母子家庭での養育放棄に対する援助事例…66

第3章　社会的養護における支援計画と内容

レッスン6　社会的養護におけるケースマネジメント……70
①ケースマネジメントとは…70　②事例を用いたケースマネジメントのプロセス理解…76

レッスン7　自立支援計画の作成……84
①自立支援とは…84　②自立を支援するための計画とは…87　③短期目標、長期目標という視点…89　④自立支援計画の実行・確認見直し・評価・再計画…91　⑤自立支援計画と再アセスメントのPDCAサイクル…93　⑥自立支援計画を立ててみよう…95

レッスン8　日常生活支援に関する事例分析……99
①日常の生活を通して子どもに伝えたいこと…99　②具体的な生活場面を通して…103　③児童養護施設職員として筆者が思うこと…107

レッスン9　心理的支援に関する事例分析……110
①社会的養護における心理的支援…110　②家族再統合支援に関する事例分析…114　③まとめ…121

レッスン10　自立支援に関する事例分析 ……………………………… 123
① はじめに…123　② 事例①の概要（進学に関する事例）…123　③ 援助の過程…124　④ 事例①を通じて…126　⑤ 事例②の概要（インターネット使用に関する事例）…127　⑥ 事例②を通じて…130

レッスン11　記録および自己評価 ……………………………… 132
① 子どもの記録とは、どのようなものか…132　② 記録に関する法・運営指針での記録の扱い…134　③ 記録における3つの観点…136　④ 自己評価…141　⑤ 第三者評価制度…143

●コラム　自分の限界を超えるためには、どうすればよいか…146

第4章　社会的養護に関わる専門的技術

レッスン12　社会的養護における保育士の専門性 ……………………………… 148
① 児童福祉施設と保育士…148　② アドミッションケア…150　③ 日常生活のケア…151　④ 子どもの安心・安全な生活の実現…153　⑤ 子どもの心と行動への支援…155　⑥ 生活のなかの治療――総合環境療法…157　⑦ 社会的養護における保育士の専門性…158

レッスン13　社会的養護におけるソーシャルワーク ……………………………… 160
① 社会的養護におけるソーシャルワークとケアワーク…160　② 社会的養護実践とソーシャルワーク…164

レッスン14　施設における養育形態の小規模化と地域との関わり ……………… 172
① 施設の「小規模化」と「地域化」…172　② 施設の養育形態…175　③養育形態の小規模化に向けての課題…179

レッスン15　社会的養護の課題と展望 ……………………………… 183
①「社会的養護の課題と将来像の実現に向けて」（平成28年1月版）…183　② 社会的養護の課題の解決に向けた主な取り組み…190　③社会的養護の今後の課題と展望…191

●コラム　社会的養護実践と感情労働…198

巻末資料

新しい社会的養育ビジョン〈要約編〉 ……………………………… 199

さくいん…205

●この科目の学習目標●

「指定保育士養成施設の指定及び運営の基準について」（雇児発 0331 第 29 号）において5つの目標が明示されている。①社会的養護における児童の権利擁護や保育士等の倫理について具体的に学ぶ、②施設養護及び他の社会的養護の実際について学ぶ、③個々の児童に応じた支援計画を作成し、日常生活の支援、治療的支援、自立支援等の内容について具体的に学ぶ、④社会的養護にかかわるソーシャルワークの方法と技術について理解する、⑤社会的養護を通して、家庭支援、児童家庭福祉、地域福祉について理解や認識を深める。本書も、この目標を達成するよう、内容を考えている。

第1章

社会的養護における子どもの権利擁護と保育者の責務

本章では、子どもの権利を擁護するために保育者がもつべき視点と保育者がもつべき価値や倫理と責務について学んでいきます。
子どもの権利とは何かということについて理解するとともに、それを擁護していくために必要となる具体的な援助の方法について理解を深めることが大切です。

レッスン1　子どもの権利擁護
レッスン2　保育者の倫理と責務

レッスン 1

子どもの権利擁護

本レッスンでは、子どもの権利を擁護するために、保育者がもつべき視点について学びます。子どもの権利とは、どのようなものでしょうか。保育実践において、子どもの権利の固有性を理解しておくことは非常に重要です。また、保育者が子どもの権利を擁護していくために必要となる具体的な援助の視点や方法についても学んでいきましょう。

1. 子どもとは何か

「子どもとは何か」という問いには、実は明確な答えはありません。

法律的に子どもを定義する場合には、年齢によって定義される場合が多く、たとえば、「児童福祉法」においては18歳未満を指します。ほかの法律をみてみると、「児童扶養手当法」「児童手当法」では18歳に達する日以後の最初の3月31日までの間にある者を児童としています。「母子及び父子並びに寡婦福祉法」「特別児童扶養手当等の支給に関する法律」などにおいては児童を20歳未満と定義しています。

子ども家庭福祉における子どものとらえ方については、子どもという時期の特性をより広い視点から把握しておく必要があるでしょう。山縣[†1]は、子どもとは、①一個の独立した人格であること、②受動的権利（保護される権利）と同時に能動的権利（個性を発揮する権利）も有する存在であること、③成長発達する存在であり、それを家族や社会から適切に保護されるべきこと、と定義しています。社会福祉の専門職として子どもに対する支援を行うにあたっては、こうした子ども観や保育観を共通理解としてもつことが求められるでしょう。

▶ 出典

†1 山縣文治編『よくわかる子ども家庭福祉（第7版）』ミネルヴァ書房、2010年、12頁

2. 子どもの権利とは

中世ヨーロッパ社会においては、子どもは大人の所有物としてみられていたとされています。子どもは「小さな大人」として位置づけられ、労働力として交換の対象となることさえありました。

その後、18世紀から19世紀にかけて、社会思想家らによって子どもとは発達の一段階にある固有の存在であるという視点が提唱されました。

ロック*は、「市民政府論」（1690）で、子どもは「自ら独立できるまでは、彼ら夫婦によって養育される権利を持っている」と述べています。また、**ルソー***が1762年に著した「エミール」は、子どもも主体的な生活者であること、人間的権利を有する存在であるとしています。子ども期における教育の必要性を説くルソーの視点は、「子どもの発見」とよばれています。これは子どもの権利を考えるうえで大切な視点といえるでしょう。

スウェーデンの**エレン・ケイ***は、著書「児童の世紀」（1900）のなかで、20世紀は子ども中心の教育がなされ、子どもの権利が保障される世紀にすべきであるとし、その後の児童福祉の思想に大きな影響を与えました。

人物

ジョン・ロック
（Locke, J.）
1632～1704年
イギリスの哲学者。イギリス経験論の父とよばれる。その思想は、アメリカ独立宣言やフランス人権宣言に大きな影響を与えたとされる。

ジャン=ジャック・ルソー
（Rousseau, J. J.）
1712～1778年
フランスの哲学者。社会契約説を提唱した。「エミール」において教育論を展開したほか、作曲家としての顔ももつ。「むすんでひらいて」の曲は彼がつくったものである。

エレン・ケイ
（Ellen Key）
1849～1926年
スウェーデンの思想家。女性と児童の尊重を訴えた。大正時代の日本における婦人運動にも大きな影響を与えたとされる。

3．「児童の権利に関する条約」の制定

1　条約制定に至る歴史的経緯

子どもの権利について考えるうえで非常に重要なものとして、1989年に採択された「児童の権利に関する条約」があります。まずは、条約が生まれた背景をみていきましょう。

第一次世界大戦（1914～1918年）は、ヨーロッパを中心にたくさんの子どもたちが犠牲となった世界規模の戦争でした。この戦争の反省から生まれたのが、イギリスの児童救済基金団体による「世界児童憲章」（1922）です。翌1923年には「児童の権利宣言」が発表され、1924年には国際連盟がこれを採択し、「ジュネーブ宣言」とよばれるようになりました。世界規模で子どもの権利が考えられたものとして、画期的であったとされています。「ジュネーブ宣言」は「人類が児童に対して最善の努力を尽くさなければならない義務」として、①心身の正常な発達保障、②要保護児童への援助、③危機時の児童最優先援助、④自立支援、搾取からの保護、⑤児童の育成目標という５点を掲げました。また、これらは人種、国籍または信条に関する一切の事由に関わりなく、すべての児童に保障すべきであるとされました。

補足

ジュネーブ宣言
ジュネーブ宣言では、要保護児童への援助として、「孤児および浮浪児は住居を与えられ、かつ、援助されなければならない」とされ、社会的養護につながる視点が盛り込まれた。

しかし、その後勃発した第二次世界大戦（1939～1945年）では、再びたくさんの子どもたちが戦火の犠牲となりました。戦後、世界的に人権思想が普及するなかで、1959年の国際連合第14回総会において「児童権利宣言」が採択されました。この「児童権利宣言」は、「ジュネーブ宣言」と「世界人権宣言」（1948）を踏まえたもので、「人類は、児

童に対し、最善のものを与える義務を負う」ことを宣言しています。また、1966年に採択された「国際人権規約」B規約第24条にも、「児童の権利」が組み入れられました。

2 「児童の権利に関する条約」の成立

国際連合は、1979年を「国連子どもの権利宣言」の20周年記念として「国際児童年」と定めました。

その10年後にあたる1989年11月20日、「児童の権利に関する条約(Convention on the Rights of the Child)」が第44回国連総会において採択されました。国際児童年の前年にあたる1978年、ポーランドは国連人権委員会に「子どもの権利に関する条約」の草案を提出しました。ポーランドは、第二次世界大戦時に甚大な被害を受けた国です。特に、アウシュビッツ収容所におけるユダヤ人の迫害では、多くの子どもたちが犠牲となりました。犠牲となった子どもの数は、ポーランドの犠牲者総数の35％ともいわれています。こうした歴史的背景をもつポーランドから、子どもの権利について法的な拘束力をもつ条約をつくることが提起され、世界に発信されたのです。

日本は、５年の準備期間のあと、158番目の批准国として1994年に批准しています。この条約は国際条約であり、子どもに関わるあらゆる法律の上位法規（条約は国内の法律や規則、条例などに優先するという意味）として位置づけられるものです。批准国は定期的に自国の子どもの権利状況を国連に報告する義務を負います。

前文と３部構成の全54条から成るこの条約は、子どもに大人と同じ**市民的自由***を認めているところが画期的な点であるといえます。第１条では「児童」を18歳未満のすべての者と定義しています。第２条では差別の禁止、第３条で措置の原則として「児童の最善の利益（the best interest of the child)」を規定しています。第３条第１項に、次のようにうたわれています。

> 第３条
> ①児童に関するすべての措置をとるに当たっては、公的若しくは私的な社会福祉施設、裁判所、行政当局又は立法機関のいずれによって行われるものであっても、児童の最善の利益が主として考慮されるものとする。

＊用語解説

市民的自由
身体の自由、職業の選択、居住の自由、信仰の自由など、権利行使の主体としての個人のもつさまざまな自由を意味する言葉である。

保育者として、子どもの権利を擁護していくためには、この「子どもの最善の利益」こそ最も重視すべき重要な概念です。保育を実践していくうえで、子どもの最善の利益の具体化を意識した関わりが求められます。

保育にたずさわるうえでの基本的な知識として押さえておきたい条文をさらにみていきましょう。

第７条では、「出自を知る権利」が規定されています。子どもには、出生のときから氏名を有する権利、国籍を取得する権利があるとされ、また、できる限りその父母を知り、かつその父母によって養育される権利を有するとしています。

第９条では、「父母から分離されない権利」が規定されています。締約国は、子どもがその父母の意思に反してその父母から分離されないことを確保することが求められています。ただし、父母による虐待等があり、「児童の最善の利益」のためには分離が必要である場合は、この限りでないとしています。

第12条では、「意見を表明する権利」が規定されています。締約国は、子ども自身に影響を及ぼすすべての事項について、子どもの年齢や能力に応じて自由に自己の意見を表明する権利を確保しなくてはならないとしています。

インシデント①　保育所における援助事例

アスカちゃんは5歳の女の子で、お母さんと2人で暮らしています。すみれ保育園の年中クラスに通っています。お母さんは仕事の都合で、夜も家を空けていることも少なくなく、担任のサトウ保育士は、民生委員や地域の保健師と連携して親子の見守りをしてきました。ついに今日は、お迎えの時間を過ぎてもお母さんとは連絡が取れず、すみれ保育園の園長によって児童相談所に、アスカちゃんへのネグレクトとして通報が行われました。

参照

→章末事例①

このインシデントでは、アスカちゃんをお母さんと分離し、児童相談所による一時保護を行うことになりました。先ほど、「児童の権利に関する条約」の条文を紹介しました。アスカちゃんにとっての「児童の最善の利益」はどのように保障していくべきでしょうか。また、５歳のアスカちゃんの意見表明権を、どのような形で保障していくことができるでしょうか。

３　わが国の「児童福祉法」への影響

2016（平成28）年に改正された「児童福祉法」では、わが国における児童福祉の理念の部分が大きく見直されました。第１条から第３条では次のようにうたわれています。

> 第１条　全て児童は、児童の権利に関する条約の精神にのっとり、適切に養育されること、その生活を保障されること、愛され、保護されること、その心身の健やかな成長及び発達並びにその自立が図られることその他の福祉を等しく保障される権利を有する。
> 第２条　全て国民は、児童が良好な環境において生まれ、かつ、社会のあらゆる分野において、児童の年齢及び発達の程度に応じて、その意見が尊重され、その最善の利益が優先して考慮され、心身ともに健やかに育成されるよう努めなければならない。
> ２　児童の保護者は、児童を心身ともに健やかに育成することについて第一義的責任を負う。
> ３　国及び地方公共団体は、児童の保護者とともに、児童を心身ともに健やかに育成する責任を負う。
> 第３条　前二条に規定するところは、児童の福祉を保障するための原理であり、この原理は、すべて児童に関する法令の施行にあたつて、常に尊重されなければならない。

第１条では「全て児童は、児童の権利に関する条約の精神にのっとり（以下略）」との一文で始まります。さらに、第２条では、社会のあらゆる分野において子どもの意見が尊重され、その最善の利益が優先して考慮されるよう努めること、とされています。同条約の批准から22年の年月を経て、ようやく条約の理念が盛り込まれた法の理念が明文化されることとなりました。

４．子どもの権利擁護に求められる視点

最後に、子どもの権利擁護、すなわち子どもの最善の利益を保障していくうえで必要な視点について考えていきましょう。

図表 1-1　児童の固有のニーズ

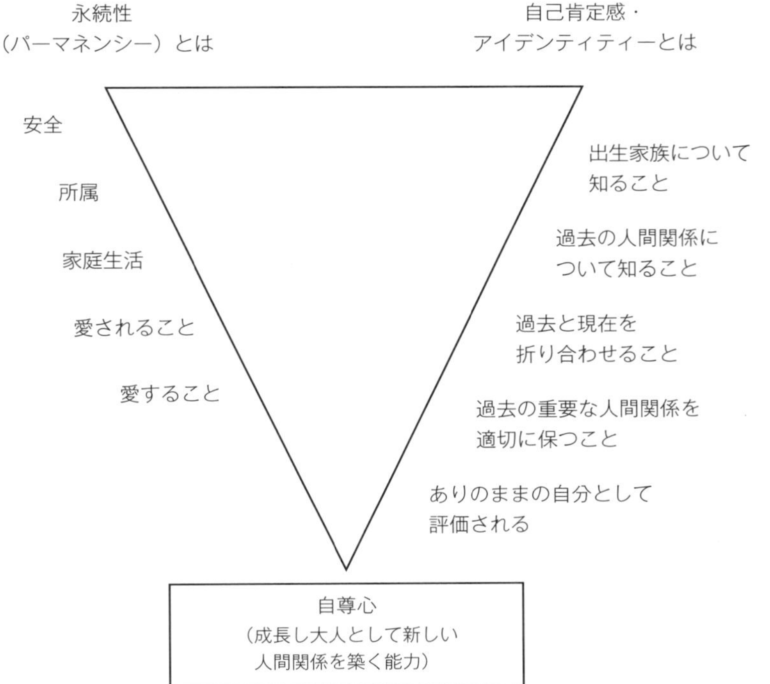

出典：ジューン・ソブン／平田美智子・鈴木真理子訳『児童福祉のパーマネンシー ――ケースマネジメントの理念と実践』筒井書房、1998年、47頁の図をもとに作成

子どもが特定の人物との間に形成する情緒的な関係を「**アタッチメント（愛着）***」とよびます。アタッチメントとは、養育者と子どもとの間で築かれる情緒的な絆のことをいいます。虐待などの不適切な養育や、特定の養育者による一貫した関わりが得られない状況下では、こうした愛着行動の形成は阻害され、アタッチメントが形成されない、あるいはゆがんだ形でのアタッチメントになってしまいます。「この世は安全な場所である」「私は私でOKである」といった感情を育てるためには、図表1-1で示したような感情をもてる環境の保障が求められます。

ここで大切なのは、「永続性（**パーマネンシー***）の感覚」と「**自己肯定感***」および**アイデンティティ***の獲得をすべての子どもたちに保障し、子どもたちの自尊感情を育むという視点です。パーマネンシーの概念は、子どもにとって「家族が一番であること」「親との愛着が大事であること」などの価値観を基盤にしています。アイデンティティの感覚は、親や家族、その他愛情をかけてくれる人とのアタッチメントを形成しうる関係、すなわちこのパーマネンシーな関係のなかで育まれます。これら２本の柱が十分に保障されてはじめて、自尊心（成長し大人として新しい人間

＊ 用語解説

アタッチメント（愛着）
イギリスの児童精神科医ボウルビィ（Bowlby, J. M.）が提唱した概念である。初期には養育者（特に母親）と子どもとの間の情緒的な絆とされたが、その後の研究のなかで、子どもは、父、祖父母、保育者など、養育を担う複数名と同時にアタッチメントを形成することは可能であり、母親への単一のアタッチメントをもつ子どもより、その後の社会発達が有利になるとされている。

パーマネンシー（Permanency）
パーマネンシーは、「恒久性」や「永続性」と訳すことができる。ここでは、子どもが「安心で安全で恒久的な養育者との間の関係」を保障されることによってもたらされる感覚、ととらえることができる。

自己肯定感
自己肯定感とは、「自分は生きる価値がある、誰かに必要とされている」と、自らの価値や存在意義を肯定できる感情のことをいう。自分のよいところも悪いところも含めて自分のすべてを肯定しようとする前向きな感情である。

アイデンティティ
自我同一性ともいう。「自分はどこからきて、どこへ行くのか」「自分は何者なのか」という問いに対する答えであるとされており、エリクソンによれば、自我同一性の獲得は青年期の発達課題であるとされている。

関係を築く能力）をもった大人へと成長することができるのです。

また、子どもの発達をより豊かなものにするためにも、家族の**自己効力感***を高めていく支援が必要です。特に、虐待関係を生じさせた家族を支援する際には、子どもの自尊感情の回復はもちろんのこと、親の親としての自信の回復も視野に入れた支援が必要不可欠です。その場合は、家族の本来もっている強さや長所に焦点を当て、肯定的側面から家族の強みを引き出す支援を目指すことが求められます。

子どもの権利を擁護するためには、子ども自身が一人の豊かな自尊感情をもった大人へと発達することを保障するための関わりが必要です。同時に、子どもを取り巻く環境としての家族も、自己効力感を十分に高めた状態で子どもの養育にたずさわることができるよう、支援していくことが必要です。保育者には、子どもと家族双方の豊かな発達を目指す支援を、子どもの最善の利益を根底に据えて取り組むことが求められます。

＊用語解説

自己効力感
心理学者のバンデューラが唱えた概念で、動機づけに大きな影響を及ぼす要因の一つと考えられている。何らかの課題に直面した際、こうすればうまくいくはずだという期待（結果期待）に対して、自分はそれが実行できるという期待（効力期待）や自信のことをいう。

演習課題

①「児童の権利に関する条約」の成立の背景には、ポーランドの小児科医、ヤヌシュ・コルチャックという人物の生涯が大きく関わっています。どのような人生を歩んだ人なのか調べて報告し合い、感じたことを述べ合いましょう。

②「児童の権利に関する条約」では、子どもの「受動的権利」と「能動的権利」について規定しています。それぞれどのような意味をもつものか、調べて報告し合いましょう。

③実際の支援の場面において、子どもの最善の利益が考慮されにくい場面というのはどのような場面が考えられるでしょうか。児童虐待事例を題材に、子どもの最善の利益が考慮されにくい場合について話し合い、対応を考えましょう。

レッスン2

保育者の倫理と責務

子どもの最善の利益を考慮して子どもとその家族を支持する国家資格として認められた専門職として、保育者には、共通基盤となる倫理観に基づいた実践が求められます。本レッスンでは、保育者がもつべき価値および倫理について学んだうえで、保育者が子どもの最善の利益を優先的に考慮した実践を行うために、その責務について考えていきましょう。

1. 保育者に求められる倫理

社会福祉や保育といった対人援助には「よいことをやっているのだから、よい結果をもたらすはずだ」という思い込みが生じやすいといえます。しかし、実際は必ずしも「何をやっても利用者にとってよいことにつながる」ことばかりであるとはいえず、専門職として結果に対して責任をもつことが求められます。

2001（平成13）年11月に「児童福祉法」の一部を改正する法律が公布され、2003（平成15）年11月29日から施行されました。この改正により保育士資格が法定化されました。今や「保育士」という名称は広く知られるようになりましたが、1999（平成11）年までは「保母」とよばれており、女性の職業として認識されていました。「**男女雇用機会均等法***」の制定、**ジェンダーフリー***思想の広がりを受け、1990年代頃から、保育の仕事に就く男性が増え、「保父」という俗称でよばれていました。1999（平成11）年の法改正で、改めて男女問わず保育現場で活躍できる専門職として位置づけられ、現在の名称に変更されました。また、この改正の背景には、保育士資格が詐称され、その社会的信用が損なわれている実態に対処する必要があったことや、地域の子育ての中核を担う専門職として保育士の重要性が高まっていたことなどがあげられます。それらの課題に対応するため、保育士資格を児童福祉施設の任用資格から名称独占資格に改め、あわせて守秘義務および登録に関する規定が整備されました。

保育を担う専門職として質を担保していくためには、保育者には実践が導き出した結果を説明する責任（**アカウンタビリティ***）が生じます。

保育の現場においては、レッスン1で述べたような子どもの最善の利益を最大に考慮したうえで、共通基盤となる価値や倫理を軸にした実践

⊛ 用語解説

男女雇用機会均等法
1985（昭和60）年に制定された。職場における男女の差別を禁止し、募集･採用･昇給・昇進・教育訓練・定年・退職・解雇などの面で男女とも平等に扱うことを定めた法律。正式名称は「雇用の分野における男女の均等な機会及び待遇の確保等に関する法律」。

ジェンダーフリー
ジェンダーにとらわれず、従来の固定的な性別による役割分担にとらわれず、男女が平等に、自らの能力を生かして自由に行動・生活できることをいう。

アカウンタビリティ
医療や福祉のサービスの提供に際して、利用者に対する必要な情報の開示、十分な説明を行うことをいう。単に説明を行えばよいということではなく、サービスの受け手がそれに対して納得し、合意したうえでの契約が行われることが求められる。

✦ 補足

ジェンダー
国・地域社会や時代の性役割や規範によって異なる性差をいう。日本語では社会的性別とよばれる。

が求められます。保育者が基盤に据えるべき価値とはどのようなものか、みていきましょう。

1 ソーシャルワークの構成要素

まず、保育者の倫理が指し示す価値とはどのようなものか考えてみましょう。家族機能の変化や、子育て、子育てをめぐる問題の多様化を受け、「保育ソーシャルワーク」の必要性が高まっています。

保育ソーシャルワークとはどのようなものでしょうか。保育ソーシャルワークは、保育所で行われるソーシャルワーク活動、または保育者が、保育所等や地域のなかで行うソーシャルワーク活動であると説明することができます。そのとき、保育者はどのような視点に基づいてソーシャルワーク活動を展開していく必要があるでしょうか。

ここでは**全米ソーシャルワーカー協会（NASW）**[*]が1958年に発表した「ソーシャルワーク実践の基礎的定義」をみてみましょう。ソーシャルワークの構成要素は、以下の5点になります。

①目的
②価値
③知識
④方法・技能
⑤**社会的承認**[*]

ここでいう価値とは、よい、あるいは望ましい状態や行動の判断基準となるものだといえます。ソーシャルワーク実践の根拠となり、動機づけにもなるものとなります。この価値のなかで遵守しなければならない規範や原則を示すのが倫理です。そして、価値で示された方向へと変化を促すために、状況や介入について認識するためのものが知識です、さらに、価値に基づき、知識を活用して実践するためのものが方法・技能です。

子どもや家族に関わるとき、私たちはつい「どうすれば子どもたちと良好な関係が築けるか」「どうすればお母さんの子育ての不安を軽くできるか」というように、方法や技能の向上を求めがちです。それはそれで、非常に大切なことではありますが、子どもの最善の利益を最大に考慮し、共通の価値に基づいた知識と方法による実践を目指す姿勢が必要不可欠です。

2 「全国保育士会倫理綱領」における理念

次に、保育者の遵守すべき倫理とはどのようなものか、みていきま

用語解説

全米ソーシャルワーカー協会（NASW）
（National Association of Social Works）
1955年に結成されたソーシャルワーカーの全米組織である。社会福祉の専門職に関する問題などに取り組み、ライセンスの交付などの事業を展開している。

社会的承認
（Sanction of the community）
社会福祉の専門職が確固たる専門性をもったものとして社会から承認されることをいう。

しょう。全国保育士会は、保育士の国家資格化にともない、倫理綱領を制定しました。その前文では次のようにうたわれています。

> すべての子どもは、豊かな愛情のなかで心身ともに健やかに育てられ、自ら伸びていく無限の可能性を持っています。
> 私たちは、子どもが現在（いま）を幸せに生活し、未来（あす）を生きる力を育てる保育の仕事に誇りと責任をもって、自らの人間性と専門性の向上に努め、一人ひとりの子どもを心から尊重し、次のことを行います。
> 私たちは、子どもの育ちを支えます。
> 私たちは、保護者の子育てを支えます。
> 私たちは、子どもと子育てにやさしい社会をつくります。

また、本文は８つの条文からなっています。

> 第１条　子どもの最善の利益の尊重
> 第２条　子どもの発達保障
> 第３条　保護者との協力
> 第４条　プライバシーの保護
> 第５条　チームワークと自己評価
> 第６条　利用者の代弁
> 第７条　地域の子育て支援
> 第８条　専門職としての責務

第２条は、子どもの発達保障となっており、以前より保育者に期待される役割として広く認識されてきたものが明文化されていますが、残る7つの条文は、子どもの権利擁護、保護者や他の専門職との連携、地域への支援など、ソーシャルワークの価値に近いものがあると読み取ることができます。

2．倫理に基づいた実践の具体的指針

保育実践において重要となる価値や倫理についてみてきましたが、こ

れらは非常に抽象的で、「どうすればよりよい結果をもたらすことができるのか」について明確に道筋を示してくれるものではありません。

次に、具体的な目の前の実践につないでいくための指針についてみていきましょう。ここでは、「保育所保育指針」と「児童養護施設運営指針」をみていきます。

1 「保育所保育指針」

1965（昭和40）年、保育所保育のガイドラインとして、保育所における保育の内容に関する事項とその他関連する運営に関する事項が、「保育所保育指針」として取りまとめられました。その後数回の改定を経て、最近では2017（平成29）年に最新の改定が行われています。

今回は、①2015（平成27）年度から子ども・子育て支援新制度が施行されたこと、②０～２歳児を中心に、保育所利用児童が増加していること、③児童虐待相談対応件数が増加の一途をたどっていること、といった社会情勢を受けた改定となっています。

今回改定された「保育所保育指針」は、第１章「総則」、第２章「保育の内容」、第３章「健康及び安全」、第４章「子育て支援」、第５章「職員の資質向上」の５章から構成されています。

０～２歳児の保育ニーズの高まりを受け、第２章「保育の内容」では、「1．乳児保育に関わるねらい及び内容」「2．１歳以上３歳未満児の保育に関わるねらい及び内容」「3．３歳以上児の保育に関するねらい及び内容」に項目が分けられ、乳児から２歳児までの保育のあり方を重要視して、保育に関する記載の充実を図ろうとしています。また、東日本大震災を経て、安全に対する社会的意識が高まっていることを受け、第３章「健康及び安全」に「4．災害への備え」の項目が設けられています。

それぞれの保育所では、指針の示す基本原則に沿って、保育所の実情や地域性などに応じた創意工夫をしながら、保育所の機能や質の向上に努めていくことが求められます。

ここでは、第１章の「2．養護に関する基本的事項」をくわしくみてみましょう。ここでは、養護の理念として、次のように述べられています。

> 保育における養護とは、子どもの生命の保持及び情緒の安定を図るために保育士等が行う援助や関わりであり、保育所における保育は、養護及び教育を一体的に行うことをその特性とするものである。保育所における保育全体を通じて、養護に関するねらい及び内容を踏まえた保育が展開されなければならない。

補足

子ども・子育て支援新制度

さまざまな子育てに関する問題を解消するため、2015（平成27）年４月に施行された「子ども・子育て関連３法」に基づいてスタートした新たな制度。市町村（基礎自治体）が実施主体となって行われる。

続いて、「養護に関わるねらい及び内容」として、この理念を具体的に保障するための実践のあり方が示されています。冒頭の、生命の保持を例にみてみましょう。

生命の保持

（ア）ねらい

①一人一人の子どもが、快適に生活できるようにする。

②一人一人の子どもが、健康で安全に過ごせるようにする。

③一人一人の子どもの生理的欲求が、十分に満たされるようにする。

④一人一人の子どもの健康増進が、積極的に図られるようにする。

（イ）内容

①一人一人の子どもの平常の健康状態や発育及び発達状態を的確に把握し、異常を感じる場合は、速やかに適切に対応する。

②家庭との連携を密にし、嘱託医等との連携を図りながら、子どもの疾病や事故防止に関する認識を深め、保健的で安全な保育環境の維持及び向上に努める。

③清潔で安全な環境を整え、適切な援助や応答的な関わりを通して子どもの生理的欲求を満たしていく。また、家庭と協力しながら、子どもの発達過程等に応じた適切な生活のリズムがつくられていくようにする。

④子どもの発達過程等に応じて、適度な運動と休息を取ることができるようにする。また、食事、排泄(せつ)、衣類の着脱、身の回りを清潔にすることなどについて、子どもが意欲的に生活できるよう適切に援助する。

このように、「保育所保育指針」では、保育実践に関する理念を明確に示すとともに、その実現に向けた具体的な実践内容についても示しています。

２　「児童養護施設運営指針」

社会的養護においては、1990（平成2）年に、「養護施設ハンドブック」が取りまとめられました。その後、2012（平成24）年には、「社会的養護施設運営指針」が取りまとめられました。「児童養護施設運営指針」は、その一つで、児童養護施設における養育・支援の内容と運営に関する指針を定めるものです。社会的養護を担う児童養護施設における運営の理念や方法、手順などを社会に開示し、質の確保と向上に資するとともに、児童養護施設のアカウンタビリティを示すうえで重要なものとして位置づけられています。

この指針では、社会的養護の基本理念として、次の２点があげられています。

①子どもの最善の利益のために

②すべての子どもを社会全体で育む

また、基本原理として、次の６点があげられています。

①家庭的養護と個別化

②発達の保障と自立支援

③回復を目指した支援

④家族との連携・協働

⑤継続的支援と連携アプローチ

⑥**ライフサイクル***を見通した支援

児童養護施設の目指すものとして、関係性の回復を目指した支援を据え、入所児童、家族、退所児童への支援のあり方を示しています。

「児童養護施設運営ハンドブック」は、「養護施設ハンドブック」の改訂版であり、また指針を読み解くための解説書です。この「児童養護施設運営ハンドブック」では児童養護施設が行う養育、支援にとっての重要な要素として、さらに以下の3点が示されています。

①援助過程そのものが子どもとの関係性を構築し深めていく

②前の養育者から丁寧に引き継ぎを受け、次に丁寧に引き継いでいく

③子どもとつながり続けていく

児童養護施設で生活する子どもたちは、２歳から18歳と年齢の幅も広く、それぞれの発達課題に応じた支援が必要になります。また、安心・安全の基地であるべき家庭の環境上の課題により、生活面や心理面にさまざまな課題を抱えていることも少なくありません。それゆえ、保育所の保育者とは異なる固有の専門性が必要です。「児童養護施設運営ガイドブック」では、①日常生活支援、②相談援助業務、③家事的業務、④学習支援・余暇支援、⑤健康観察、⑥環境整備・安全管理、⑦社会生活準備支援、⑧退所後支援などがあげられています。子どもの自立を支援

＊ 用語解説

ライフサイクル

ライフサイクル（life cycle）は、誕生から死に至る人の一生を説明したものをいう。エリクソンは、「人間とは誕生から死まで生涯をかけて発達する存在である」とし、誕生から死に至るまで、8つの発達課題を提示した。

するために、児童養護施設で働くにあたっては、大切な指針としてその内容をしっかり把握したうえで実践にたずさわることが求められます。

インシデント①　子どものアルバイトをめぐる支援

児童養護施設ひまわり学園の保育者ユミコさんは、担当するホームの高校2年生、チエちゃんに、アルバイトがしたいという相談を受けて悩んでいました。チエちゃんは学園から自転車で公立高校に通っていますが、遅刻も少なくありません。ユミコさんが「まずは基本的に学園での生活をきちんとしてからだよね」とチエちゃんに話すと、「施設を出てからのために貯金がしたい！　そのためには学校もがんばるから！」との返答が返ってきたため、ユミコさんは困ってタカダ主任に相談してみるから、とその場での会話を終えました。

このインシデントでは、高校生活とアルバイトの両立に向けた支援が、保育者によって検討されることになります。子どもの**自己決定***をどのような形で保障するか、また、自立に向けた支援についても考えていく必要があります。

演習課題

①保育者として子どもや家族の福祉の向上のために必要な視点とはどのようなものか、グループで話し合ってまとめたうえで、「全国保育士会倫理綱領」を読み、自分たちの視点との共通点や相違点について考えてみましょう。

②「保育所保育指針」第４章「子育て支援」を読み、自分の暮らす市町村ではどのような社会資源と連携しながら進めていくことができるか、考えてみましょう。

③「児童養護施設運営指針」を読み、子どもの養育を「前の養育者から丁寧に引き継ぎを受け、次に丁寧に引き継いでいく」ために、具体的にどのような取り組みが考えられるでしょうか。「今の養育者」と「次の養育者」でグループ分けをし、それぞれですべきこと、大切にしたい視点について話し合いましょう。

＊ 用語解説

自己決定

自分の生き方や生活について自由に決定する権利を自己決定権という。バイステックは著書『ケースワークの原則』のなかで、援助関係を構築するための７つの原則の一つとして自己決定をあげ、問題に対する解決の主体はクライエントであり、このことによってクライエントの成長と今後起こりうる同様のケースにおけるクライエント一人での解決を目指すことの重要性を説いた。

→レッスン13

参照

→章末事例②

参考文献

レッスン１

厚生労働省編 『厚生労働白書（平成28年版）』 日経印刷 2016年

ジューン・ソブン／平田美智子・鈴木真理子訳 『児童福祉のパーマネンシー――ケースマネジメントの理念と実践』 筒井書房 1998年

山縣文治『子ども家庭福祉論』 ミネルヴァ書房 2016年

レッスン２

厚生労働省「保育所保育指針（平成29年３月31日告示）」2017年

おすすめの１冊

山下英三郎 『相談援助――自らを問い・可能性を感じとる』 学苑社 2006年

相談援助にたずさわるために、まず「自分が相談を受ける姿勢はどうなのか」と、自らに問うところから本書は始まる。そのうえで、ソーシャルワークにおける相談援助の原理、実践の具体的なプロセスがわかりやすく書かれている。ソーシャルワークという言葉すら知らない人も、「ソーシャルワークってなんだっけ、授業で聞いたかも」という人も、興味があれば手にとってほしい一冊。

■5ページ・保育所における援助事例

参照レッスン レッスン1　子どもの権利擁護　3「児童の権利に関する条約」の制定

利用者の概要：母親（20代前半）、アスカちゃん（5歳・女児）
生活歴：前年他県より転居してきた。
事例の背景：アスカちゃんは、サトウさんが保育士として勤務する保育所に昨年4月から入所している。母親はスーパーマーケットのパートと飲食店店員の掛けもちをして働いており、連絡もなく休んだり、お迎えの時間を過ぎてからようやく来所することも多かった。また、アスカちゃんの服装はいつも薄汚れており、朝食を食べずに登所するのが常であった。保育所と、民生委員や保健師が見守りを続けてきたが、母親は保育所での懇談などにも来たことはなく、「ネグレクトとして児童相談所に通告し、親子を分離するのがこの子のためではないか」という話題が職員会議で何度ものぼっていた。

図表①　ジェノグラム

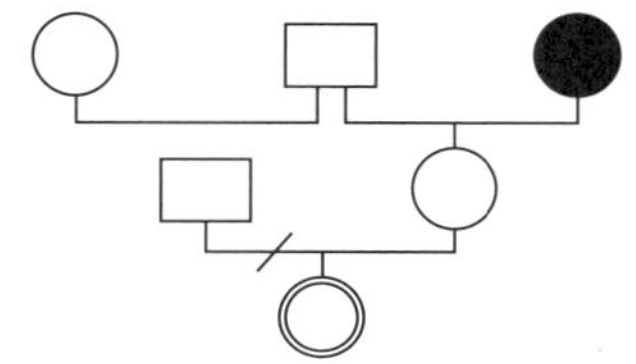

図表②　エコマップ

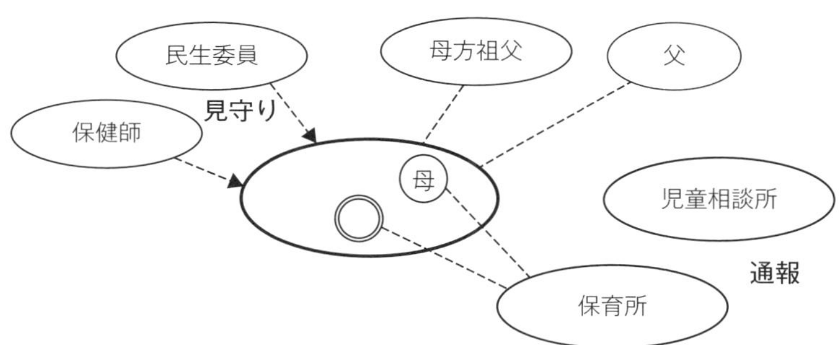

支援の展開過程はインテーク（受理）→アセスメント（事前評価）→プランニング（計画の作成）→インターベンション（具体的なサービスの提供）→モニタリング（結果の分析）→エバリュエーション（結果の評価）と進みます。具体的にみていきましょう。

インテーク[注]

保育所長が通報したため、児童相談所より児童福祉司が来所した。アスカちゃんは、「お母さんに会いたい」「先生とここ（保育所）でお母さんを待っている」と泣いていたが、その日は児童相談所の一時保護所に行くこととなった。児童相談所の児童福祉司は、アスカちゃん宅のポストに、一時保護を実施した旨と連絡先を入れ、母親からの連絡を待つこととなった。翌朝、真っ赤に泣きはらした目の母親が来所したため、所長とサトウ保育士は母親の話を聞くこととなった。

アセスメント

その後、母親から保育士に語られたことから、以下の状況が把握された。

・アスカちゃんの父親は高校の同級生で、高校在学中に妊娠がわかったため、高校は中退した。父親とは、アスカちゃんを出産後すぐ別れており、養育費ももらっていない。
・母親の実家では、母親の実母はすでに亡くなっており、母親の父親と継母が暮らしている。母親の父親はアスカちゃんの妊娠、母親の高校中退をよく思っておらず、子育てのことなど、生活について支援を求めることは難しい。
・高校を中退した自分には正規雇用の道はなかなかなく、パートの掛けもちでやっと生活している状態である。娘はかわいいが、生活のためには仕方ない状態である。

また、子育てについては次のような不安を打ち明けた。

・母親は幼い頃実母を亡くしており、子どもに母としてどのように接すればいいか悩んでいる。
・アスカちゃんの父親と別れ、一人でこの町に来たときは「この子さえいなければ」と思うこともあったが、今は、娘をいとおしく思っており、早く娘に会いたい、返してほしい。

プランニング

母親の話を傾聴し、思いを受け止めていくなかで、以下のニーズが明らかになった。

・母親は生活に困っているが、どのようなサービスがあるか知らない。使えるサービスを利用したい。
・アスカちゃんのことは大切に思っており、すぐにでも児童相談所から返してほしい。

サトウ保育士は、それを実現するためにはどうしたらいいか一緒に考えてみようと投げかけた。母親も同意し、児童相談所の児童福祉司と具体的な方法を話し合うことに前向きな姿勢を示した。所長の連絡を受けてやってきた児童福祉司は、アスカちゃんは一時保護所で一晩を過ごし、「久しぶりにお風呂にゆっくり入れた」と喜んではいたものの、就寝前には母を恋しがって泣いていたこと、早くお母さんのところに帰りたいといっていることを伝えた。

児童福祉司は、その後の母親との面接のなかで、家庭に戻るにあたって以下の方法を提案した。

【提案】

・近隣の児童養護施設ひまわり学園のトワイライトステイの利用
・ひとり親世帯を対象とした家事援助の活用

母親はすぐにこの提案に応じ、利用を申し込むこととなった。

インターベンション

ひまわり学園のトワイライトステイにアスカちゃんが行くときは、民生委員が協力を申し出、保育所からひまわり学園には民生委員のタナカさんがアスカちゃんを連れていくことになった。母親はこれまで飲食店の仕事を途中で抜け出してアスカちゃんをアパートに一人残し、再び仕事場に戻る生活をしていた。トワイライトステイを活用することでアスカちゃんを一人で留守番させることもなくなり、民生委員のタナカさんや保育士のサトウさんに、おかげで安心して仕事ができると話すようになった。また、家事援助を活用することで、部屋の掃除や洗濯などをサポートしてもらえるようになり、アスカちゃんのために朝ご飯を用意する余裕ができたと話していた。

エバリュエーション

母親がお迎えに来た日、サトウ保育士から「その後どうですか」と声をかけた。

母親は、駆け寄ってきたアスカちゃんを抱きとめながら、「前は、誰も私の気持ちをわかってくれない、私ががんばらないといけないと思っていたけど、心のもちようがずいぶん変わりました」といった。子育てに自信もなく、日々の生活にも疲れてしまい、アスカちゃんを施設に預ければ楽になるのではないか、新しい家庭に引き取ってもらったほうが子どものためではないかと悩んでいたこともあったという。しかし、一時保護をきっかけに、アスカちゃんが母親との生活を望んでいることがわかり、もう一度がんばってみようと思ったという。家庭引き取りのあとは、アスカちゃんへの接し方について、ひまわり学園の保育士に相談することができるようになり、自分の子育ては間違っていない、と思うことができるようになったという。また、トワイライトステイへの送りを引き受けてくれている民生委員からも、道中のアスカちゃんの様子を聞くことをきっかけに、なんでも話ができるようになり、今は身近な相談相手として、頼らせてもらっている、とのことであった。サトウ保育士は、「また何かあったらいつでも声をかけてくださいね」といって親子が帰っていく姿を見送った。

図表③　介入後のエコマップ

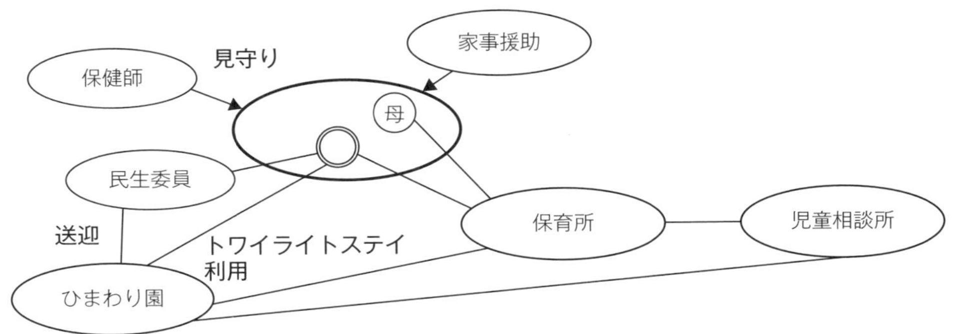

事例2

■ 15ページ・児童養護施設で生活する高校生の支援

参照レッスン　レッスン2　保育者の倫理と責務　2　倫理に基づいた実践の具体的指針

利用者の概要：ちひろちゃん（16歳・高校2年生）

生活歴:母の養育困難のため、1歳で乳児院に入所。アオイ学園には、本児2歳のときに措置変更で入所してきた。

事例の背景：高校2年生のちひろちゃんは、ヨシダ保育士の勤務する児童養護施設アオイ学園に2歳到達時に措置変更により入所している。母は未婚でちひろちゃんを出産したが、精神疾患のため養育困難としてちひろちゃんを乳児院に預けたあと、行方不明。養子縁組を前提とした里親委託が検討されていたが、養子縁組につながることはなく、現在に至る。乳児院で担当していた保育士のフクダさんは、ちひろちゃんをとてもかわいがってくれていた。アオイ学園への措置変更後も、たびたびちひろちゃんに会いにきてくれていた。アオイ学園のある県には、児童福祉施設に入所している子どもで、親や親族との交流が少ない子どもを対象に月1回から2回、家庭に子どもを迎えてくれる週末里親制度が積極的に行われていた。フクダ保育士も週末里親としてちひろちゃんを週末ごとに外泊させてくれている。まじめに学校生活を送ってきたちひろちゃんだが、遅刻が多く学校から注意を受けることもしばしばあり、職員は、アルバイトはまだ難しいのではないかと認識していた。

図表①　ジェノグラム

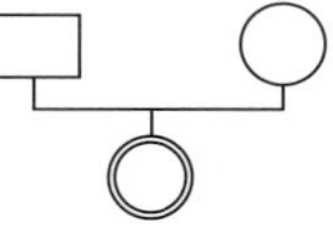

図表②　エコマップ

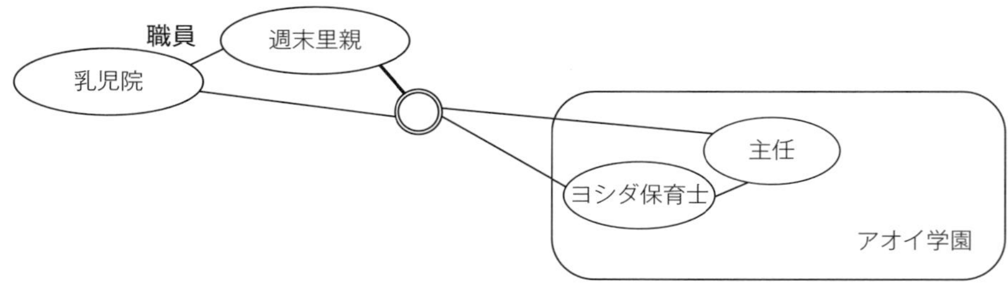

インテーク

ヨシダ保育士は、早速夜勤で出勤してきたタカイ主任に、ちひろちゃんの気持ちを伝えた。タカイ主任は、ちひろちゃんと直接話をし、ちひろちゃんにアルバイトについてくわしく聞いてみることにした。ちひろちゃんは、アルバイトがしたい理由を次のように話した。高校卒業後はできれば進学し、看護師の資格を取りたいこと、またそのためには人とのコミュニケーションの仕方を学んでおきたいと思ったので、アオイ学園の近くのコンビニエンスストアで働きたいと思っていること、看護師を希望しているのは、乳児院に入所して以来一度も会ったことのないお母さんが看護師の仕事をしていたことを、ヨシダ保育士や週末里親のフクダさんから聞いているためだとのことだった。また、できればアルバイトをがんばるので携帯電話をもたせてほしいという。

タカイ主任は、ちひろちゃんの気持ちを聞いたうえで、高校に遅刻しがちなちひろちゃんの状況をみていると、学校生活との両立に不安があることを伝えた。しかし、ちひろちゃんの思いにできるだけ応えたいと思うので、職員で話し合ってから結果を伝えるといって、話を終えた。

アセスメント

翌週の職員会議では、ちひろちゃんのアルバイトについて次のような話がもたれた。

・ちひろちゃんは、夜更かしをしていることが多く、そのため朝も起きられないのではないか。
・学業成績は悪くなく、生活に支障のないようにアルバイトのシフトを自分で考えさせるのも悪くないのではないか。
・携帯電話をもつことで友だちとのやり取りに夢中になり、生活が乱れるのではないか。
・携帯電話を利用するうえでは、一定のルールを設け、ちひろちゃんと使用上の約束をしてはどうか。

また、高校卒業後のことについては次のような意見がでた。

・ちひろちゃんは看護師資格を取るための学校に進学したいといっているが、できるだけ進路選択に必要な資料を収集して情報提供ができるように支援することが必要である。
・オープンキャンパスなどに行き、学校の雰囲気を確認して進路選択の材料にするとともに、奨学金の有無や種類などを確認することが必要なのではないか。

プランニング

以上のような話し合いの結果、次のように方針が決められた。

・アルバイトと学校生活の両立について、担当であるヨシダ保育士としっかり話し合ってからアルバイトの採用面接に行くこと。
・携帯電話については、就寝時間以降は電源を切る、食事のときに触りながら席につかないなど、生活上のルールを一緒につくって、それを守るように本児と職員がともに努力すること。
・進路の決定に向けて、情報収集を始めていくこと。

ヨシダ保育士とタカイ主任は、その夜、ちひろちゃんとアルバイトのことについて話をした。職員会議でアルバイトが認められたこと、職員はみんなアルバイトと学校の両立を応援したいと思っていること、進学に向けても応援していきたいので、学校生活がおろそかになることはないようにしてほしいことが伝えられた。そのうえで、ちひろちゃんとの間で次のような約束事が交わされた。

【アルバイトをするにあたっての約束事】

・学校に遅刻することなく登校できる時間に自分で起床するよう努力すること。
・アルバイトを始めたら、遅刻や早退をせずがんばること。
・携帯電話の使用も認められたが、進学後の生活のことも考え、計画的にアルバイト代を使うこと。
・携帯電話に依存し過ぎず、一緒に生活している職員や子どもたちとのコミュニケーションもこれまで通り大切にすること。

インターベンション

これらの約束が交わされるとすぐ、ちひろちゃんは、コンビニエンスストアに電話をし、面接の予約を入れた。ヨシダ保育士にときどきわからないところをたずねながら履歴書を作成し、面接に持参した。面接から帰ったちひろちゃんは、笑顔であいさつしたことを褒められ、がんばれそうだと話した。

アルバイトを始めてから最初の定期試験が近づくと、アルバイトを終えて夜遅くに帰ってきてから勉強を始めるため、朝、自分で起きることができず、イライラして職員と衝突する出来事があった。ヨシダ保育士はちひろちゃんと話し合い、当初の約束事を確認し、自分でどのように生活を組み立てればよいか考えるよう促した。

その次の定期試験では、定期試験期間が近づくと、コンビニエンスストアの上司に事情を話してアルバイトの時間を短くし、定期試験に向けた準備の時間をしっかり確保して試験勉強に励む姿がみられた。

エバリュエーション

ちひろちゃんは高校3年生になった。アルバイトにも慣れ、コンビニエンスストアの客からもいつも元気がよいと褒めてもらえるとヨシダ保育士に笑顔で語った。ヨシダ保育士とは、近隣の大学や短期大学のオープンキャンパスに一緒に出かけ、模擬授業を受けたり、奨学金のことを職員にたずねたりするなどして、進学先の決定の材料を集めた。そのなかで、ちひろちゃんは栄養士の仕事に関心を寄せるようになり、栄養学部を志望して受験、見事合格した。アルバイト先でも合格を喜んでもらい、大学進学後も引き続きアルバイトに来てほしいといわれた。ヨシダ保育士は、合格おめでとう、と伝えたうえで、大学進学後もこの調子で、学校生活とアルバイトの両立をがんばってほしいと伝えた。

注：ケースマネジメントの過程における用語はレッスン6を参照。

第2章

社会的養護の実施体系

本章では、乳児院や児童養護施設、児童心理治療施設などの施設養護と里親や小規模住居型児童養育事業（ファミリーホーム）などの家庭養護の特性と実際について学んでいきます。
社会的養護において施設が果たす役割について理解するとともに、家庭養護の特性について理解を深めることが大切です。

レッスン3　乳児院・児童養護施設・母子生活支援施設の特性と実際

レッスン4　児童心理治療施設・児童自立支援施設・障害児施設の特性と実際

レッスン5　家庭養護の特性と実際

レッスン3

乳児院・児童養護施設・母子生活支援施設の特性と実際

本レッスンでは、乳児院・児童養護施設・母子生活支援施設の特性と実際について学びます。これらの施設の特性として、子どもたち自身が何らかの課題を抱えているのではなく、家庭状況や社会状況を背景として入所に至る場合が多いことがあげられます。社会的養護におけるこれらの施設が果たす役割について理解を深めましょう。

1. 乳児院の特性と実際

1 乳児院の特性

乳児院の特性には、次の3点があげられます。

①発達の基礎をつくる乳児期の子どもたちの生活の場

乳児院で暮らす子どもたちは、乳幼児期という発達の基盤が形成される時期を施設で暮らすことになります。**アタッチメント（愛着）**形成や信頼関係の構築を育むこの時期の子どもたちにとって、その対象となる職員との関わりが重要となってきます。子どもたち一人ひとりの育ちにていねいに寄り添いながら、発達を促すような養育を進めること、育ちを促すような養育環境を整えることが求められています。そのため、乳児院の職員配置は以下のようになっています。

配置される職員……小児科の診療に相当の経験を有する医師（嘱託可）、看護師、**個別対応職員***、家庭支援専門相談員、栄養士および調理員（委託の場合は調理員は免除）

実は児童福祉施設の運営基準を定めている「児童福祉施設の設備及び運営に関する基準」における乳児院での職員配置基準（第21条）では保育士という職種は出てきません。保育士については、第21条第6項において、看護師の一部を保育士または児童指導員に代えることができるという位置づけになっています。乳児院では、看護という視野をもった保育のあり方が問われることとなります。

②多様な子どもたちの入所

乳児院に入所する子どもたちの規程は「児童福祉法」第37条に定められています。具体的には「乳児（保健上、安定した生活環境の確保その他の理由により特に必要のある場合には、幼児を含む。）」となっています。基本としては乳児の入所施設ですが、子どもの状況に応じて幼児

補足

乳児院

全国で136か所あり、定員3,877人に対し2,901人が入所している（2016〔平成28〕年10月現在）。入所の主な理由として、「父母の精神障害」「父母の養育拒否」があげられる（厚生労働省「社会的養護の現状について（平成29年7月）」および「児童養護施設入所児童等調査結果（平成25年2月1日現在）」）。

乳幼児期

「児童福祉法」では児童の定義がされており、乳児を満1歳に満たない者、幼児を満1歳から小学校就学の始期に達するまでの者としている（「児童福祉法」第4条）。そのため、子ども家庭福祉分野において乳幼児期といったとき、小学校就学前までの子どもを指すことが多い。

用語解説

個別対応職員

児童虐待を受けた子どもたちに対し、個別対応を行うために配置される職員。子どもとの面接指導や生活面での一対一での対応、保護者への指導等が役割となる。

図表 3-1　乳児院の入退所の状況（平成26年度中）

措置区分	内容	人数
措置解除	家庭復帰	1,031
	養子縁組	77
	その他	57
措置変更	他の児童福祉施設等	1,094

措置変更（他の児童福祉施設等 1,094）→

他の乳児院	30
児童養護施設	705
児童心理治療施設	2
里親・ファミリーホーム	289
母子生活支援施設	9
その他	59

出典：厚生労働省「社会的養護の現状について（参考資料）（平成29年7月）」2017年、64頁をもとに作成

期まで入所可能な施設です。この規定は児童養護施設と同様の特徴です。つまり、年齢が合致していれば、社会的養護ニーズを抱える多様な子どもたちの入所があるということです。具体的には、軽度の知的障害がある子どもや発達障害の可能性がある子ども、療育が必要な子どもなどがあげられます。また、疾病を抱える子どもたちもいます。乳児院の保育士には日々の子どもたちの養育に加えて、療育を受けるための通院等の役割が必要となってきます。

このような現状を踏まえ、2018（平成30）年から**児童発達支援センター***等で取り組まれている「保育所等訪問支援」が乳児院にも行われるようになりました。発達支援を専門とする相談員の訪問により、入所児の発達を支えることや日頃養育にたずさわる職員への支援を目的としています。

③「つなぎ」を役割とする施設

乳児院の子どもたちの平均在所期間は1.2年となっています[†1]。入所した子どもたちはその間に家庭復帰、里親等および児童養護施設等への措置変更のいずれかの選択をとることになります。乳児院を退所後の子どもたちの行き先については、図表3-1の通りです。家庭復帰できる子どもたちがいますが、ほぼ同数の子どもたちが児童養護施設や里親家庭への委託となっています。

いずれにしても、他の社会的養護施設と比べて比較的短期間で生活の場が変わることを前提とした施設であることが特徴です。いずれの選択肢においても、子どものその後の生活が安定したものにつながっていく

用語解説

児童発達支援センター
児童福祉施設の一つであり、地域で暮らす障害のある児童が通所し、日常生活における基本的動作の指導を受けたり、自活に必要な訓練等を行う。「福祉型」と「医療型」があり、「福祉型」の役割として、「保育所等訪問支援」が行われている。

出典

†1　厚生労働省「児童養護施設入所児童等調査結果の概要（平成25年2月1日現在）」2015年、4頁

ように、乳児院としてのアフターケアや地域資源等との連携が必要となっています。

④地域の子育て支援拠点としての役割

乳児院の役割には、地域で子育てする親の子育て支援を行うことも含まれています。乳幼児期の子どもたちの養育の担い手である乳児院のスタッフは、この時期の子どもたちの養育に関する専門職でもあることから、子どもの発達や養育の方法に不安を抱える保護者を対象としたプログラムを実施している施設もあります。具体的には「**BPプログラム***」や「離乳食講座」のような母親同士のつながりの場と子育ての方法を学ぶ機会を提供するプログラムを行っている施設もあります。

＊用語解説

BPプログラム

BPとは“Baby Program”の頭文字をとったもの。ＮＰО法人「こころの子育てインターねっと関西」により開発された子育て支援プログラム。正式には「親子の絆づくりプログラム"赤ちゃんがきた！"」を指す。初めて子育てをする母親と子どもを対象とした支援プログラムである。参加者は子育てへの知識を学ぶと同時にお互いに話し合うことでつながること、子育てについて学び合うことを目的としたプログラムである。

2　乳児院の実際

①乳児院の日常

乳児院は、この時期の子どもたちにとっての家庭と同じように一日のほとんどを過ごす場になります。そのため、安定した規則正しい生活を送ることを心がけています。また、通園が可能であれば、幼稚園等に入園する子どももいます。

②乳児院で取り組む具体的な支援

インシデント①　子どもからみえる養育環境とていねいな養育の営み

乳児院に入所する子どもたちの家庭背景は多様ですが、入所前の養育環境が子どもにとって適切なものではなかったことを子どもの様子から読み取ることができます。

ミズキちゃん（１歳６か月）は、両親ともに心身の状況が不安定だったため、十分な養育環境で育つことができないことから施設入所となりました。入所時には、他者とのコミュニケーションをとることはできましたが、言語ではなく「あーあー」や「うーうー」といった声で自らの意思を伝える方法となっていました。担当となった保育士を中心として、ミズキちゃんにていねいな関わりを行うことになりました。ときには激しい試し行動等もみられましたが、半年も経つ頃には、片言で言葉が出るようになり、それにともなって表情も豊かになってきました。同じ年齢の子どもと比べるとまだゆっくりしている部分もありますが、ミズキちゃんなりの発達の様子がみられるようになってきました。

乳児院に入所する子どもたちの多くは、不適切な養育環境を経験しています（母親が出産した病院から入所する子どももいますので、全員ではありません）。子どもは入所前の養育が不安定であったとしても、入所後に安定した生活、育ちを促す働きかけを受けることで、それまでの発達の遅れを取り戻すように育っていきます。乳児院が「**担当養育制***」などを取り入れながら一つひとつの養育の営みを大切にしているのは、こういった子どもの育ちの可能性を引き出すことにつなげていくことができるからです。

インシデント②　里親委託と乳児院

ツバサちゃん（７か月）が里親候補者と出会ったのは、ちょうどツバサちゃんに人見知りが始まった時期と重なりました。ツバサちゃんは面会時に里親と出会うといつも大泣きしてしまいます。乳児院としては、里親委託後に夜泣き等で里親が子育てに疲れてしまうことを心配しましたが、児童相談所との連携のもと、里親家庭の受け入れ状況が整っていることを確認のうえ、ツバサちゃんの育ちの様子をていねいに伝えること、特に人見知りの時期のため、夜泣き等が続くことも考えられること、そのため子育てを抱えきれないと思ったときには、いつでも児童相談所や施設にSOSを出してほしいことを伝えました。これらの面会時の様子を踏まえて、児童相談所は里親への一時保護委託へとつなげました。結果、里親家庭に行ったツバサちゃんは、まわりの心配をよそに、泣くこともなく、元気に過ごし始めたとのことです。

家庭養護の推進にともない、乳児院から里親家庭への措置変更が進められるようになりました。子どもが過ごす場の変更にともなうこれらの手続きは、児童相談所が行います。そのなかで乳児院は、里親への委託候補となった子どもと里親との顔合わせ等の場面で両者の間に立って関係性をつくるサポートの役割を担います。子育てが初めてという里親も多いことから、子ども一人ひとりの特徴や養育方法などをより具体的に伝えることが必要となっています。子どもの特徴として、今、発達段階としてどのような時期にあたるのか（何ができて、何がまだできない時期なのか）、その子自身がもつ特性（泣き声が大きい、食事で何が好きなのか等）など、乳児院での育ちをみているなかでの気付きを伝えていきます。養育方法はおむつ交換や授乳、沐浴の方法などを具体的に提示することとなります。このように、里親とのていねいな面会や**マッチング***の際の情報提供を行うことで、里親の子育てに対する不安を軽減す

用語解説
担当養育制
厚生労働省「乳児院養育指針」に記載されている養育・支援の基本。日常の養育および入所から退所まで一貫した担当者による養育を提供すること。愛着形成および子どもの発達の把握をしやすくすることを目的としている。

用語解説
マッチング
子どもの養育を希望する里親と里親委託となる子どもの組み合わせを行うこと。里親家庭の特性、子ども自身の特性の双方をみながら、子どもにとって適切な里親家庭への委託へとつなげていく作業となる。

ること、子どもにとって養育の場が変わるなかでの継続性を担保することにもつながっていきます。

2.　児童養護施設の特性と実際

1　児童養護施設の特性

児童養護施設の特性には、次の３点があげられます。

①家庭的な養育環境

児童養護施設は今、家庭的な養育環境をいかに整えていくかが特性の一つとなっています。具体的には、地域小規模児童養護施設や施設のユニット化などの取り組みがあげられます。図表３-２はある児童養護施設の平面図になります。ユニット化に取り組んだこの施設では、生活単位を小単位にすることで、子どもたちにより家庭的な養育環境を整えることを目指しています。また「クールダウン」の場の設置をすることで、子どもが自分自身を落ち着いてみる時間や場所を確保できるよう配慮しています。

②子どもの受け止めと保護者との関係構築

今日、虐待を理由とする入所が増えるなかで、子どもの入所時に親が一緒に来るようなケースはほとんどみられなくなりました。父母の虐待や放任怠惰が主な理由となっている状況で、子どもが家庭や地域で暮らしている段階から、要支援家庭として児童相談所による支援が行われているものの、これ以上家庭で親等と一緒に暮らすことが、子どもの生活や生命に大きく関わると判断されての施設入所というのが現状です。このような状況下で、児童相談所も保護者同伴での入所手続きが難しくなっています。このことは子どもにとっては新しい生活への不安につながりやすくなります。児童相談所の指導のなかでの入所となれば、保護者も施設や児童相談所に対して、拒否的であったり、否定的であったりということが生じやすくなりがちです。施設で暮らす子どもの受け止めと保護者との関係性構築は、今日の児童養護施設にとって避けられない課題といえるでしょう。

③生い立ちを知る取り組み

児童養護施設や里親等で取り組まれている支援の一つとして、**ライフストーリーワーク***があります。これは、社会的養護の場で暮らす子ども一人ひとりの過去・現在について、その子と一緒に確認をしていくことで、これからの子どもの人生のあり方を考えていくことができるよう

補足

児童養護施設

全国603か所に設置。定員32,613人に対し27,288人が入所している（2016〔平成28〕年10月現在）。主な入所理由は「父母の虐待」「父母の放任怠惰」（厚生労働省「社会的養護の現状について（平成29年7月）」および「児童養護施設入所児童等調査結果（平成25年2月1日現在）」）。

用語解説

ライフストーリーワーク（LSW）

子どもが過去に起こった出来事や家族のことを理解し、自分の生い立ちやそれに対する感情を信頼できる大人とともに整理する一連の作業。作業を通して、子どもが自らの生い立ちを肯定的にとらえられるようになること、支援者が子どものことを考え、悩み、成長する、自立支援の見通しを立てることができるといった影響がある（曽田里美「児童養護施設入所児童へのライフストーリーワーク実践を支える要素に関する研究」『子ども家庭福祉学』(13)、2013年）。

図表 3-2　ある児童養護施設の平面図

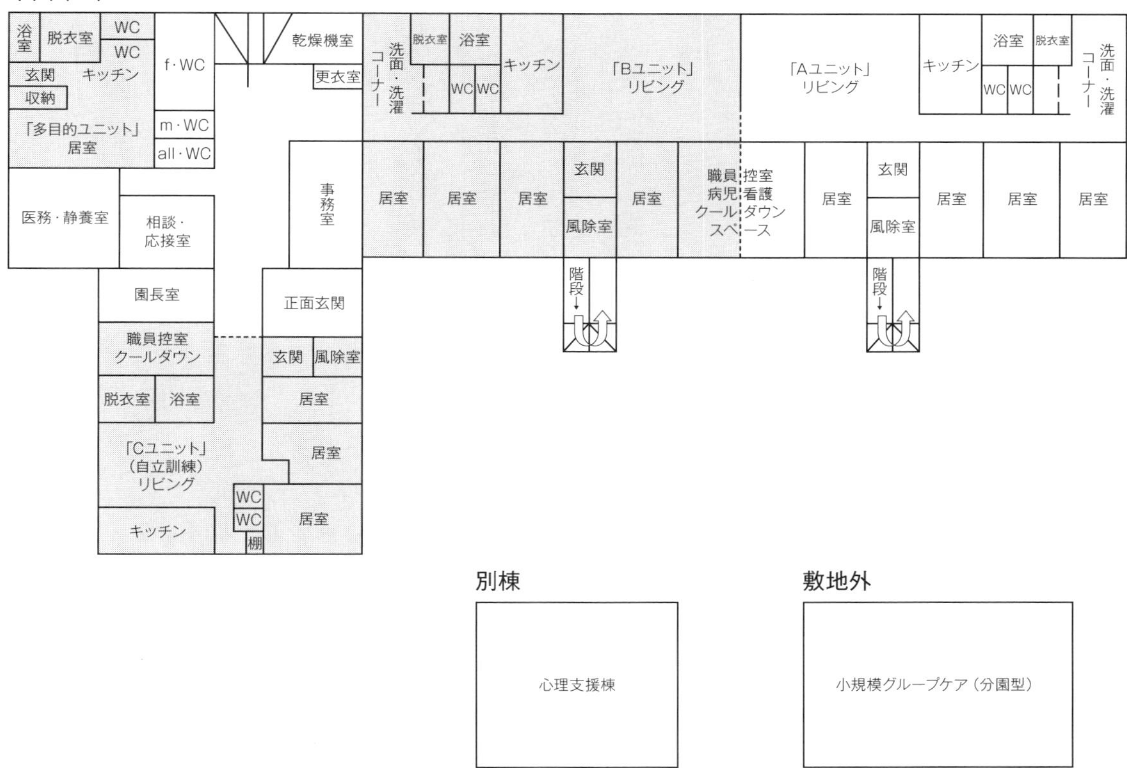

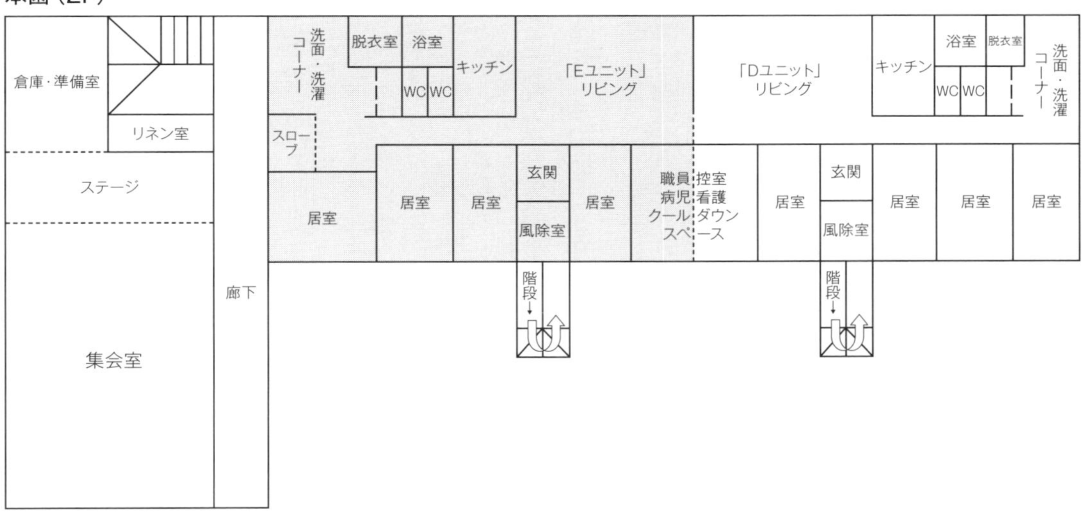

にする作業です。先に述べたように、児童養護施設で暮らす子どもたちのなかには「なぜ自分が施設で暮らさないといけないのか」「自分が何か悪いことをしたからだろうか」といった不安や思いを抱えながら暮らしている子もいます。そういった子どもに対して、過去の出来事を子どもと一緒に整理することで子どもの安心感につながることがあります。その一方で、家族内で起きている出来事が複雑であったり、結果として子どもに「あなただけが家庭から排除された」という事実と向き合わせることになったりすることもあるため、子どもの状況等を勘案しながら取り組む配慮が必要です。

インシデント③　子どもに事実を伝える

４歳から施設で暮らしているユカリさん。保護者の所在についてきちんとした説明を受けないまま、中学生になりました。しだいに親の存在を気にしていることに気がついた担当職員が、ユカリさんにこれまでの生活や人生について、一緒に考える時間をもつことを提案してみました。ユカリさんは最初乗り気ではない様子でしたが、担当職員と一緒に取り組むこととなりました。「私の家族について」を考えるとき、ユカリさんは担当職員から母親の居場所を伝えられることとなりました。担当職員はユカリさんがどのようにそのことを受け止めるか、不安な面もありましたが、伝えたことで、自分の親がいることがわかり、これまでより落ち着いた生活をすることができるようになりました。

社会的養護の場で暮らす子どもたちは、その子が何歳ぐらいから施設等で生活を始めたかによって、自分の育ちについて理解している子どもとしていない子どもに分かれます。一定程度の年齢が過ぎてから、社会的養護の場で暮らすことになった子どもは、自分が家庭から施設等に生活の場を移さなくてはいけなくなった理由を把握していることもあります。ただし、いつも正しい理解をしているとは限りません。その一方で、乳幼児期から施設等で生活をしている子どもは「気がついたら、ここ（施設）で暮らしていた」ということも多く、小学校等に進学し、家庭で実の親と一緒に暮らしている子どもたちと出会うことで、はじめて自分の置かれている状況に疑問を感じるようになります。そういった子どもが思春期を迎える頃になると、自分の育ちがわからないことによる不安や悩みを抱えるようになることがあります。ライフストーリーワークはこういった子どもの様子を伺い、子どもに過度な負担がかからないように配慮しながら進めることになります。

インシデント④

アヤネちゃんとリサちゃんのきょうだいは、母親ひとりでの子育てに行きづまり、施設入所となりました。本人たちは知りませんでしたが、それぞれの父親が違っていました。2人にライフストーリーワークを行うプロセスで、実は父親が違うことを伝えることとなりました。きょうだいにそのことを伝えたところ、2人とも「やっぱり」という反応がありました。子どもたちも母親との生活やその後の様子をみながら、うすうす感じていたとのことでした。アヤネちゃんとリサちゃんは、この事実を知ったことで「アヤネちゃんのそういうところ、あなたの父親に似たんじゃない？」という会話がごく自然に交わせるようになりました。

子どもは成長するなかで、自分の育ち、きょうだいとの関係等について疑問をもつことがあります。「きょうだい」と一言でいっても、施設で暮らす子どもたちのなかには、それが血縁そのものにつながらないこともあります。こういった子どもの疑問に答えていくことも、ライフストーリーワークの大切な役割となっていきます。また、子どもが事実を知ることはすべてマイナスにつながるわけではないことも、保育者として知っておくべきことといえるでしょう。子どもにとって大切なのは、事実を受け止める場と支える人がいることです。

2　児童養護施設の実際

①児童養護施設の日常

２歳から18歳までの子どもたちが生活する児童養護施設では、子どもたちとの信頼関係、愛着形成を大切に、子ども一人ひとりに寄り添った生活を営んでいます。生活空間は、図表３-２で示したように、できるだけ家庭に近い形となりつつあります。子どもたちは担当する職員と一緒に食事をしたり、学校に行ったり、友だちと遊んだり、といったごく普通の生活を営むこととなります。

②児童養護施設における具体的な支援

インシデント⑤

タカシくん（4歳）の母親は高校中退後、自宅を出て、各地を転々とする生活をしていました。そのなかでタカシくんの父親である男性と出会い、タカシくんを出産します。男性はタカシくんや母親に暴力を振るったり、脅したりすることがあり、タカシくんは全身あざだらけとなってしまいました。そのことを重く受け止めた母親はタカシくんとともに母親のおば宅に避難しました。そこから以前より知っていた児童相談所に相談することで、タカシくんの児童養護施設入所となりました。厳しい生活のなかでもタカシくんを大切に育てていた母親だったため、タカシくんは心身ともに健やかな育ちをしていました。発達も年齢相応に育っていました。母親は自分が子ども時代に児童相談所や警察での指導を受けた経験から、福祉関係者に否定的ではあったものの、児童相談所に相談することで、子どもの安全を確保することができました。

タカシくんが施設で生活している間、キーパーソンである母親のおばとの調整が進み、タカシくんはそのおば宅で暮らすことで退所となりました。

同居の男性から母親や子どもへの暴力をきっかけに児童養護施設の入所につながった事例です。この事例では、母親がていねいな子育てをしていたことで、子どもの育ちが保障されたこと、母子関係が良好であったこと、母親のおばがこの親子を支えるキーパーソンとして機能したことが、施設退所へとつながりました。ただ、DV加害者である男性とはなかなか縁を切ることが難しい状況もありました。「**DVサイクル***」にいったん飲み込まれてしまうと、そこから脱するためには他者からの支援が必要となります（図表３-３）。

＊ 用語解説
DVサイクル
DV（ドメスティックバイオレンス）とは家庭内暴力のこと。この流れに巻き込まれてしまうと、ハネムーン期があることで、そこから独力で抜け出すことが難しくなってしまう。

インシデント⑥　育児ノイローゼからの虐待

シゲルくん（小１）は３人きょうだいの２人目で、上に小２のお兄ちゃん、下に年長の妹がいるというきょうだい構成です。ほかの２人と違って、シゲルくんは体力がなく、病気をしがちな子どもでした。出生時も未熟児として生まれ、アトピー症状もありました。手のかかる年頃の子どもを３人抱えながら、母親は子育てを一身に担っており、子育てを支える社会資源にもつながることはありませんでした。

父親は母親に子育てを任せきりで、子どもに関心をみせることがありませんでした。そのような状況が続いた結果、手のかかるシゲルくんを放任、拒否的な関わりをしていました。

児童相談所で子どもを保護した段階では、父親は母親が育児ノイ

図表 3-3 DVサイクル

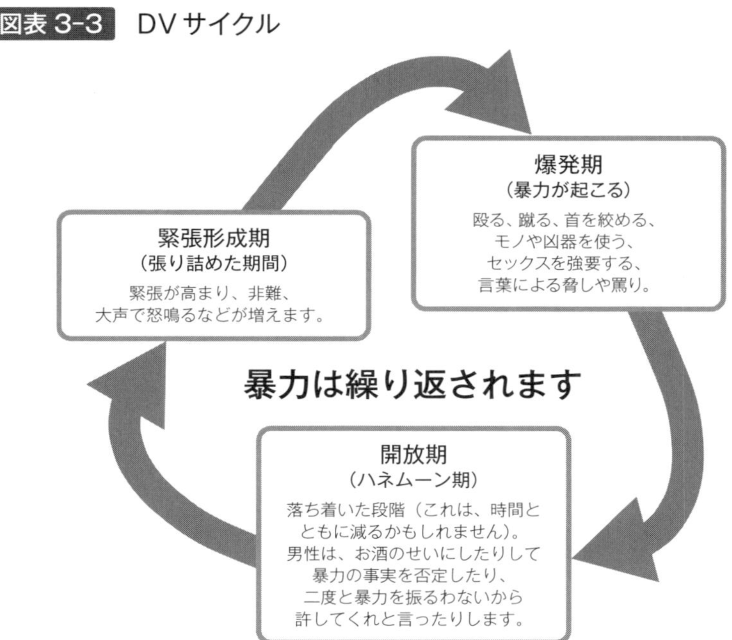

出典：日本DV防止・情報センターホームページをもとに作成

ローゼになっていることを認めようとしませんでした。また、子どもに対して不適切な関わりをしていたことも認めませんでした。その背景には、父親の親戚への体裁があったのではないかと推察されます。

　この家庭では、母親も自分の母親からほかのきょうだいと比べられ、十分な養育を受けていませんでした。また母親との面談を通じて、母親の祖母がきょうだい間で差別的な扱いを受けていたことがわかりました。この不適切な養育方法が連鎖している、つまり虐待の連鎖が生じていることがわかりました。

　虐待の世代間連鎖はよく指摘されています。この事例でも、祖母から母への子育てが、シゲルくんへの子育てへと連鎖していることがわかります。この家庭は、経済的なゆとりはありましたが、家族で転居してきたため、地域とのつながりや接点が少ない家庭でした。その結果、母親は子育てのために孤立してしまうこととなり、そのストレスが家庭内で特に手がかかるシゲルくんへと向けられることになってしまいました。連鎖はどこかで断ち切ることが大切です。今回、シゲルくんへの支援という形で児童養護施設が介入できたことが、虐待の連鎖を断ち切る一つのきっかけとなることが期待されます。

3．母子生活支援施設の特性と実際

1　母子生活支援施設の特性

①母子一緒の生活環境

母子生活支援施設は、母子で一緒に暮らすことのできる唯一の児童福祉施設です。この特徴を生かして入所生活では多様な支援を受けることができます。支援内容は「**安心・安全な生活環境の提供**」と「**生活再建に向けた支援**」の大きく２つに分かれています。母子生活支援施設は母子にとって安心して暮らすことのできる生活の場です。施設を利用する親子は経済的事情やDV等からの避難等、安心して落ち着いた生活をすることが難しくなった母子です。安心で安全な日常生活の提供を通した支援を行うことが、母子が自立に向けたステップを踏み出すことにつながる大切な基盤づくりとなります。また、母子の自立に向けて、具体的な生活再建の保障への支援を行うことで、施設利用の理由となった課題の解決につながっていきます。この２つの支援内容を一体的に行うことができるのが、母子生活支援施設の特徴です。

②幅広い母親の年齢幅

今日、母子生活支援施設を利用する母親の年齢幅は非常に広くなっています（図表3-4）。10代で母親となり利用者となるケースもあれば、子どもの年齢が10代後半、母親は50代以降といったケースもあります。年齢の近い女性が「子ども」であったり「母親」であったりするなかで、一緒に暮らしているという状況になっています。このことは、同じ「母親」であっても、子育てや生活場面において、いつも共感できるとは限らない状況が生じる可能性があることを指しています。施設では、このような背景を踏まえて、それぞれの家庭の状況に応じた支援を行うことはもちろん、「母親」として互いに理解し合うことのできる機会を設けるなどの工夫もしています。

③貧困の連鎖の抑止

「**子どもの貧困***」が社会的問題として取り上げられるようになった今日、特にひとり親家庭での子育ての厳しさが指摘されています。母子生活支援施設を利用する母親は、子どもの貧困につながる経済的事情に加えて、多様な背景を抱えている人たちもいることから、特に子育ての厳しさと向き合っていることが考えられます。そのようななかで、母子生活支援施設がもつ機能を生かした支援を展開することで「子どもの貧困」がもたらす影響を減らすことにつなげることができます。

✦ 補足

母子生活支援施設

全国で232か所に設置され、定員4,779世帯に対し3,330世帯（子ども5,479人）が入所している（2016〔平成28〕年10月現在）。入所の主な理由として「夫等の暴力」「住宅事情」「経済的理由」等があげられる（厚生労働省「社会的養護の現状について（平成29年7月）」および「児童養護施設入所児童等調査結果（平成25年2月1日現在）」）。

✦ 補足

母子生活支援施設の職員配置基準

母子支援員、嘱託医、少年の指導をする者、調理員、心理療法担当職員（心理治療を要する母子10名以上に治療を要すると認められた場合）、個別対応職員（DV等により個別的な支援が必要とされる場合）。

✳ 用語解説

子どもの貧困

日常生活を営むことが困難（絶対的貧困）、またはその国の貧困線以下の所得である家庭に暮らす子どもたちの存在や生活状況。日本では７人に１人（2017年）の子どもが該当していることや、ひとり親家庭の相対的貧困率が50％と高い割合となっていることが特徴である。

図表 3-4　母子生活支援施設における年齢別在籍人員

母等の年齢	20歳未満	20歳以上25歳未満	25歳以上30歳未満	30歳以上35歳未満	35歳以上40歳未満	40歳以上45歳未満	45歳以上50歳未満	50歳以上55歳未満	55歳以上60歳未満	60歳以上65歳未満	65歳以上70歳未満	70歳以上	合計
人数	39	267	436	751	794	695	350	128	19	9	0	1	3,489

出典：厚生労働省「社会的養護の現状について（参考資料）（平成29年7月）」2017年、63頁をもとに作成

具体的には、母子生活支援施設で生活をすることで、母親が職員の子どもへの関わり方から養育方法を学ぶこと、施設で実施されている学習支援の場や必要に応じた食の提供を受けること、地域生活で必要なサービスの利用方法を知ることなどが可能となります。子どもの貧困、特にひとり親家庭の貧困率の高さから、その支援のあり方に注目が集まっています。ひとり親家庭の親子は母子生活支援施設での生活を通して、子育てや生活の課題を解決、緩和することができると同時に、施設退所後の安定した生活へとつなげることも可能となっています。

2　母子生活支援施設の実際

①母子生活支援施設の日常

母子生活支援施設は、家庭ごとに生活するのが一般的なスタイルです。保育所や学校への通園・通学、母親たちの就労など、それぞれの子どもの年齢や母親の状況に合わせた生活が営まれています。一般的な集合住宅のような形で生活をしています。同時に、集団として生活をしているため、門限等のルールを定めている施設もあります。これは入所者の生活を守ることと集団生活でのルールを守ることで、生活課題の解決や自立支援につなげていくことを目的としています。

参照
→章末事例①

②母子生活支援施設で取り組む具体的な支援

インシデント⑦　若年母親の子育てを支えた事例

入所者のカオリさん（20代前半）は2人の子どもたちと一緒に入所しました。カオリさん自身、たくさんいるきょうだいの一番上の子として、親から弟妹たちの世話や家事を任され、親は家庭のことをほとんどカオリさんに任せきりという状況でした。カオリさんの子どもたち2人の父親が彼女に暴力を振るうため、カオリさんは自分と子どもたちを守るために母子生活支援施設に入所する決心をしました。

入所当初、職員からみると、カオリさんは言葉づかい等に荒さが

あることが気がかりでしたが、その一方で気長に子どもと向き合うことができるという長所がありました。また、家事等をずっと担ってきたこともあり、子育てに必要な家事をこなすことができました。子どもたちとの愛着関係を築くことができており、施設内で子どもたちと一緒に暮らすことに大きな課題はありませんでしたが、一人で子育てを抱えることがないよう、施設としてサポートすることとなりました。

そんななか、一番上の子が小学校に入学すると新たな課題が生じることとなりました。それは学校で配付されるプリントの内容確認や宿題や持ち物の提出確認等をカオリさんがしていないということでした。そのため、学校への忘れ物等が頻繁に起こることとなりました。カオリさんが十分に及ばないこれらの点について、施設側としてサポートすると同時に、学校生活への支援についてカオリさんに学んでもらえるように働きかけていくこととなりました。

カオリさんは育った家庭において、自分自身、十分な養育を受けることができませんでした。しかしながら弟妹たちの世話をしてきたことで、家事等の力を発揮することができ、小さい子どもがもつ特性もゆっくりと受け止めることができました。施設では、カオリさんがもつこれらの**ストレングス***をきちんと見極めました。言葉に荒さがあるため、どうしてもそこに職員の目も向けられがちでしたが、同時にカオリさんができることにも意識的に目を向けるようにしていきました。このストレングスを見いだすことも保育者が行う大切な支援の一つです。そこからみえてきたカオリさんの強みを生かしながら、子育てを側面的にサポートしていきました。親ができることを評価される経験は、カオリさん自身の親としての自信につながります。このような支援を**エンパワメント***といいます。保育者をはじめとする支援者に求められる技術の一つとなります。

子どもが小学校に入学してからの課題は、カオリさん自身が自分の親から小学校での生活を支える働きかけを受けてこなかったために、なぜ自分が子どもに対してそのように働きかけないといけないのかを理解できていないことから生じていました。人は子育てのノウハウを自分がしてもらうことで体験することやほかの人の方法を見聞きすることで学んでいきます。カオリさんがこれらの経験ができなかったことに支援の焦点を当てるのではなく、これから続くカオリさんの子育てが順調に進むように知識や方法を伝えることが保育者として大切となっていきます。

＊ 用語解説

ストレングス
英語では「力・強さ」を指す。社会福祉においては、支援を要する人のうちにある、問題や課題を解決する力や強さを指す。インシデント①の場合、カオリさんは一見、問題行動の多い母親にみえるが、施設職員は彼女のもつ力として、家事ができること、小さい子どもに対してもイライラせずにゆったりと関わることができることを見極めている。

エンパワメント
支援を要する人がもつ力＝ストレングスに働きかける支援の方法。インシデント①では、施設職員はカオリさんのストレングスに着目し、余分な支援を行わないように見守りながら、できたことを言葉等で評価することで、彼女のもつ力を引き出すようにしている。

インシデント⑧　外国籍の母子への支援

オウさん親子は中国人。オウさんの子ウェイくんは、オウさんと中国人男性の間に生まれた子どもでした。オウさんは離婚後、日本人男性と再婚し、ウェイくんと一緒に日本で生活をすることとなりました。その後、再婚相手の日本人男性の暴力を理由に離婚、婦人相談所*を通じて、母子生活支援施設で生活することとなりました。

中学生のときに日本に来ることになったウェイくんは基礎学力は高いものの、日本語力が弱いため、日本の学校での学習に十分についていくことができませんでした。そのため、徐々に学校に行くことも渋るようになりました。状況を心配した施設では、ウェイくんに日本語を教えてくれる人がいないかを探しました。すると、施設の近くにある大学にウェイくんと同郷の留学生がいることがわかりました。留学生に事情を話し、ウェイくんに勉強を教えてもらうこととなりました。ウェイくんは自分より少し年上で同郷の人と出会ったことで、学習にも力を入れることができるようになりました。また日本での生活について、留学生からいろいろな話を聞くことで、日本での生活を前向きにとらえることができるようになってきました。ウェイくんは今、日本での大学進学や就労を考え、情報収集や対人スキルを習得することに力を入れています。

＊用語解説

婦人相談所

「売春防止法」に基づき都道府県に設置されている相談機関。要保護女子に関する相談、要保護女子やその家族に対する必要な指導、一時保護を行うこととなっている。今日では、DV被害からの保護機関としてその役割を果たしている。

親の離婚等によって生活する地域が変わってしまったウェイくんに対して、施設外にある社会資源とつなげることによって、課題解決となった事例です。子どもたち一人ひとりの課題にていねいに向き合い、社会資源を活用した支援を展開するソーシャルワークが母子生活支援施設においても重要となっています。

演習課題

①乳児院が果たす「つなぎ」の機能について、乳児院が何と何をつなぐことが、子どもの福祉や子育て家庭への支援につながるか、考えてみましょう。

②ライフストーリーワークを行うために、保育者をはじめとする支援者に必要な視点についてグループで考えてみましょう。

③あなたの地域にある母子生活支援施設が果たしている役割について調べてみましょう。ない場合、地域で暮らすひとり親家庭の養育ニーズを満たすサービスについて調べてみましょう。

レッスン 4

児童心理治療施設・児童自立支援施設・障害児施設の特性と実際

本レッスンでは、児童心理治療施設・児童自立支援施設・障害児施設の特性と実際について学びます。これらの施設で生活をする子どもたちは生きづらさを抱えているといえます。この生きづらさを抱えながらも、自立した生活が可能となるように、施設では心身両面に対するケアを展開しながら、日常生活保障を行う養育を提供しています。

1. 児童心理治療施設の特性と実際

1 児童心理治療施設の特性

①「不登校児」のケアから「被虐待児」のケアへ

児童心理治療施設は、2016（平成28）年度まで「情緒障害児短期治療施設」という名称でした。この名称変更が、今日の施設の現状を語っています。

児童心理治療施設は開設された当初（1961〔昭和36〕年の「児童福祉法」改正により創設）、その当時急増していた主に小学生の不登校児を受け入れる場としての機能が期待されていました。そのため、「短期」（小学生を長期間家庭から離すのは望ましくないという見解）と「治療」（親子関係の不調和を解消）という言葉が施設名に盛り込まれていました。

それが今日では「不登校」への対応ではなく、虐待等不適切な養育環境にある子どもたちへの支援が中心となっています。また、発達障害のある子どもたちの割合も増えています。発達障害のなかでも**自閉症スペクトラム***といった、人との関係づくりが難しい子どもたちが多くなっています。今、児童心理治療施設は、この「虐待を受けた子ども」と「発達障害のある（疑いも含む）子ども」への治療の役割が中心となっています。両者のいずれかを経験した子どもたちは、その特性がよく似ていることが指摘されています。具体的には、「対人的な関わりの困難、情緒的な混乱のしやすさ、自己コントロール力の弱さ（衝動性の高さ）、パニック、フラッシュバック・乖離[†1]」（滝川2016）などがあげられます。子どもの心の育ちに必要なまわりの大人との関わりについて、虐待環境にあった子どもたちは大人からの関わりが不十分で適切ではなかったこと、自閉症スペクトラムの子どもたちは、子ども側に関わりをもつ力、もとうとする力が弱いことが結果として大人との十分な関わりを築くこ

◆ 補足

児童心理治療施設

全国で46か所。定員2,049人に対し1,399人が入所している（2016〔平成28〕年10月現在）。入所の主な理由として、「父母の虐待・酷使」「父母の精神疾患等」があげられる（厚生労働省「社会的養護の現状について（平成29年7月）」および「児童養護施設入所児童等調査結果（平成25年2月1日現在）」）。

「児童福祉法」制定時の児童福祉施設

1947（昭和22）年に制定された当時の児童福祉施設は、助産施設、乳児院、母子寮（現：母子生活支援施設）、保育所、児童厚生施設、養護施設（現：児童養護施設）、精神薄弱児施設（現：廃止）、療育施設（現：障害児入所施設）、教護院（現：児童自立支援施設）の9種類。

＊ 用語解説

自閉症スペクトラム

「スペクトラム」とは「連続性」を意味する言葉。国際的なDSM（精神疾患の診断と統計マニュアル）の最新版であるDSM-5では、自閉症傾向を示す状態をすべてASD（Autism Spectrum Disorder）と包括された。

とができなかったことが背景にあります。いずれにしても、これらの共通項のある子どもたちの治療をすることが求められる時代であり、児童心理治療施設の役割として期待されています。

②子どもの「生きづらさ」に焦点

児童心理治療施設の特性について、滝川（2016）は次のように述べています。「児童心理治療施設は『治療』施設であって、入所児は当然何らかの『治療的取り組み』が必要とされ、それを施設にゆだねられた子どもたちである。すなわち、問題を『虐待』という視点からではなく、子ども自身の抱える失調性や不適応性、生きる困難さという視点から捉えて、それへのケアを明確な目標とするところに児童心理治療施設の大きな特徴がある[†1]」。児童心理治療施設で暮らす子どもたちが抱える背景はさまざまですが、対人関係のなかでの生きづらさを抱えていることは変わりがありません。この子どもたちの生きづらさに焦点を当て、できるだけ取り除いていくことを目標としていることが児童心理治療施設の特徴といえます。

③プログラムを活用した支援

先に述べたように、児童心理治療施設では、子どもの生きづらさを取り除くための治療を展開することとなります。施設のなかには、子どもたちが社会のなかで人と適切な関係性をつくるための方法を習得することで、この生きづらさの軽減につなげていく取り組みをしているところがあります。その一つとしてアメリカで家族支援を専門とするNPO「ボーイズタウン」の援助モデルがあります。一般的には「**コモンセンスペアレンティング**[*]」という形で取り組まれています。この援助モデルは「子どもに前もって行ってほしいことを明確に伝え、それができれば承認して、職員と子どもがよい関係を築く[†2]」プログラムとなっています。子どもに行ってほしいことである「**社会スキル**[*]」を提示し、それができたときにはしっかりと褒める、できたことを子どもにもみえる形で提示することを繰り返していきます。このプログラムに基づいて施設全体で一貫した子どもへの関わりを行うことで、子どもが適切な対人関係を習得することが可能となり、結果として生きるうえでの困難を軽減することにつなげていきます。

このプログラムは、ある専門職が中核となって行うものではありません。子どもたちが施設で生活するうえで対人関係が生じるところすべてにおいて取り組まれていきます。職員として働く保育者も日常生活場面において、プログラムの趣旨を理解し、子どもたちが対人関係を習得するプロセスの担い手として機能することが求められます。

出典

†1　滝川一廣著「はじめに」滝川一廣・髙田治・谷村雅子・全国情緒障害児短期治療施設協議会編『子どもの心をはぐくむ生活――児童心理治療施設の総合環境療法』東京大学出版会、2016年、19頁

用語解説

コモンセンスペアレンティング
「ボーイズタウン」で取り組まれている親子関係を構築するために用いられるプログラムの一つ。「愛情」と「スキル」をキーワードに社会的スキルを習得することを目指す。

出典

†2　堀健一「暴力、性などの問題行動を予防する」滝川一廣・髙田治・谷村雅子・全国情緒障害児短期治療施設協議会編『子どもの心をはぐくむ生活――児童心理治療施設の総合環境療法』東京大学出版会、2016年、93頁

用語解説

社会スキル
コモンセンスペアレンティングでは、子どもがよい人間関係を築き幸せな生活を送るために必要な「よい」行動のことを「社会スキル」としている。具体的には「指示に従う」「助けを求める」「許可を求める」といった例がある。

２ 児童心理治療施設の実際

①児童心理治療施設の日常

児童心理治療施設の日常は、安心のできる生活環境のなかで生活を営むという点では、ほかの社会的養護施設と同じです（図表４-１）。入所中の子どもたちは一人ひとりの状況に応じて、施設内の分校・分級、あるいは近隣の学校に通っています。加えて、心理治療を受けることになります。児童心理治療施設というと、「心理治療」が主な役割のようにも聞こえますが、そうではありません。児童心理治療施設は「**総合環境療法***」という、生活すべてが治療であるという考え方のため、心理的な治療も大切ですが、同じように生活場面や教育等での関わりも大切にされています。児童心理治療施設で働く保育者もこの「総合環境療法」の担い手です。日常生活支援の中核となる保育者は、生活を通した治療の観点を意識した支援を展開することとなります。

②児童心理治療施設で取り組む具体的な支援

ここでは先に述べた「コモンセンスペアレンティング」を活用して実践している施設の例を紹介します。

インシデント①　望ましい「人との関係性」づくり

小学１年生のアユミちゃんは家庭内での激しい虐待を受けて入所してきました。虐待の事実を知った児童相談所が一時保護を行いましたが、その際、ほかの子どもたちとの間にトラブルが多発したため、児童養護施設から児童心理治療施設への措置変更となりました。アユミちゃんのコミュニケーション方法は、施設職員からみると、ほかの人との間にトラブルが生じかねないものでした。たとえば、担当する保育士が「○○しよう」と声をかけると必ず「なんで？」と問い返し、「○○ちゃんはこうなのに」と返答します。すぐに「わかった」と言って行動に移すことが少ない子でした。施設ではアユミちゃんにまず「わかった」と言うことを伝え、それができたときにはしっかり褒めるということを繰り返していきました。担当保育士もアユミちゃんが「わかった」と返事をして行動に移すことができたときには、十分に褒めるようにしていきました。その積み重ねの結果、アユミちゃんは「わかった」と返事をする回数が増えてきました。次のステップとして、自分と意見が違う人に対して「あなたの気持ちはわかるけど、私は○○だと思う」という、自分の気持ちを言葉で伝える方法を身につけると、アユミちゃんが起こすトラブルはぐっと減っていきました。アユミちゃんは今でもときどき、

補足

児童心理治療施設の職員配置基準

医師（精神科または小児科の経験が必要）、心理療法担当職員、児童指導員、保育士、看護師、個別対応職員、家庭支援専門相談員、栄養士または調理員。

用語解説

総合環境療法

厚生労働省「情緒障害児短期治療施設運営指針」によると「情短施設における治療は、福祉、医療、心理、教育の協働により、施設での生活を治療的な経験にできるように、日常生活、学校生活、個人心理治療、集団療法、家族支援、施設外での社会体験などを有機的に結びつけた総合的な治療・支援」とされており、この総合的な治療・支援を「総合環境療法」とよんでいる。

図表 4-1　ある児童心理治療施設の交流スペース

学校から帰宅後、学習をしたり本を読んだりするスペース。子どもたちはこの場でもほかの子と一緒に過ごすときのルールやマナーなどを経験していく。

気持ちの整理が追いつかないためにパニックを起こすことはありますが、そのときにも気持ちを静めるためのスペースでやり過ごすことができるようになっていきました。

アユミちゃんは家庭内での虐待環境のなかで、自分に対する大人からの関心をひくための方法として「いったん問い返す」「反発する」ということを身につけていました。「わかった」と言ってしまえば、自分に対する関心はそこで終わってしまいます。「なんで？」と問い返すことで相手からその理由を聞き出すことにつながります。聞かれたほうはすぐにいつも「わかった」と言わないアユミちゃんに対し、いらだちやもどかしさを感じることも増えることとなります。アユミちゃんは相手と話がしたい、自分に関心をもってほしいだけですが、この方法では結果として、相手との望ましい関係性をつくることはできません。そのアユミちゃんに対し、人との関わりのなかで望ましい方法を社会スキルとして伝えること、それができたときにはしっかり褒めることで、アユミちゃんは反発することで人の関心をひくという方法ではいけないことを理解し、身につけていくことができるようになりました。社会スキルを徐々に習得したアユミちゃんは今、次のステップである、施設以外の人との関係性づくりにも取り組んでいるところです。

インシデント②　社会スキルの習得と家庭復帰

セイジさん（中学生）は入所していた別の施設でほかの子どもとの間に性的トラブルを起こしたことを理由に、児童心理治療施設への入所となりました。セイジさんは人への関心が高く、どうしたら人の関心をひくことができるかということを基準に常に動いているようなところがありました。そのため、施設ではプログラムに従って「大人に対して適切な注意をひく」という社会スキルを習得することを目指しました。セイジさんには「大人に対していい話をすると聞いてくれるし、話すことが楽しくなる」ということを伝えていきました。プログラムを通じて、セイジさんは性的トラブルを含めて、問題行動を起こすことがなくなっていきました。

セイジさんの保護者は、セイジさんの家庭復帰を願っていました。そのため、施設ではセイジさんの保護者に対してもプログラムの内容や方法を伝えることで、セイジさんが家庭復帰した後も施設で習得した適切な対人関係が継続できるようサポートしています。

施設で生じる性的トラブルは、子どもの「大人の関心をひきたい」という欲求のもとに生じることが多くなっています。大人の関心をひくための適切な方法はたくさんありますが、子どもたちのなかには、それを十分に使うことができない子もいます。性的トラブルは子どもにとって、てっとり早く、大人の関心を集めることができる方法になってしまっていることも現状です。そのような子どもに対しては「適切な注意をひく」社会スキルを伝えて、それができたときに、その子に対して大人が関心を向けることを積み重ねていきます。そうすることによって、子どもが望ましい方法を習得することにつながっていきます。

また、セイジさんのように、保護者が子どもの家庭復帰を希望している場合、保護者にもプログラムに参加してもらうことで、家庭に戻ったときにも、保護者との適切な関係づくりにつなげていくことができます。施設と家庭が同じ方法で子どもと関わることで、子どもも安定することができます。

補足

児童自立支援施設
全国で58か所。定員3,686人に対し1,395人が入所している（2016〔平成28〕年10月現在）。入所の主な理由として、「父母の放任・怠惰」「父母の虐待・酷使」があげられる（厚生労働省「社会的養護の現状について（平成29年7月）」および「児童養護施設入所児童等調査結果（平成25年2月1日現在）」）。

感化院、教護院
いずれも児童自立支援施設の出発点となった施設の名称。明治期、非行少年等を保護、教育する場として、各地に感化院が生まれる。留岡幸助の家庭学校（1886年）などもその一つである。1900（明治33）年に「感化法」が制定、1908（明治41）年の「感化法」改正により、全国各都府県に設置が義務づけられた。その後、1947（昭和22）年の「児童福祉法」制定により、教護院へと名称変更、1997（平成9）年の「児童福祉法」改正により、現在の施設名称となった。

2.　児童自立支援施設の特性と実際

1　児童自立支援施設の特性

児童自立支援施設の特性には次の３点があげられます。

①子どもの変化にともなう支援のあり方の変化

児童自立支援施設は、**感化院**や**教護院**といわれていた時代から主に非行行為等を行う子どもたちへの支援の場として機能してきました。その非行行為が変化しており、子どもへの支援や保護者への支援にも変化が生じています。

以前は「集団による非行行為」が多く、子どもたちはその集団のルールに従って非行行為をしているケースがみられました。そのような子どもたちは、施設に入所することでその非行集団から分離されることとなります。その子どもたちに職員が熱心に働きかけることで、子どもたちもそれに応えようと努力する、といった職員の気持ちがこもった「言葉」を通した働きかけを子どもがある程度理解できていました。ところが近年は周囲からの刺激に即反応する単独での非行行為が多くみられるようになりました。後述する発達障害や愛着障害を抱える子どもが入所児童に占める割合も高くなったこともあり、職員の熱心な面接指導が通じない、繰り返し話をしても伝えたい思いが届かないという子どもが多くみられるようになりました。そのため、指導の際には言葉だけではなく、イラストを多用したり目の前で紙に書きながら説明するような視覚にも同時に訴えたりする工夫もしています。

②「枠のある生活」を通した「立ち直り」「育ち直し」

児童自立支援施設の一番の特性は「一定の枠がある生活」といえるでしょう。子どもたちは児童自立支援施設で「一定の規則」という枠があるなかで生活することとなります。一見するとこのことは「不自由さ」を感じるようにも思いますが、児童自立支援施設に入所する子どもたちのなかには、この「枠」がないことによる「不安定さ」「守られていない状態」を家庭で経験してきた子どもたちが多いのです。家庭生活における「枠」とは、日々繰り返される当たり前の衣食住の提供や規則正しい生活のことを指しています。確かな衣食住の提供は、子どもにとって何よりの安心・安定につながります。規則正しい生活は心身の成長を促すことにつながります。児童自立支援施設では、この「一定の枠がある生活」を大切にし、子どもが今まで保障されてこなかった安心・安全な環境を整えることで支援することとなります。保育士は児童自立支援施設において、この「育ち直し」の場面で大きな役割を務めることになります。

③関わりが難しい子どもの入所の増加

一方、児童自立支援施設は児童心理治療施設と並んで、障害のある子どもの入所が多い施設です。入所児童の半数近くに何らかの障害があります（図表4-2）。

その理由として、社会的養護を必要とする子どもたちのなかに、発達障害をはじめとした障害のある子どもや**愛着障害***を抱える子どもが増えていることがあげられます。親にとって、障害のある子どもの養育は、

＊ 用語解説

愛着障害

乳幼児期に何らかの理由で養育者との愛着関係を形成できなかったため、その後の対人関係に困難が生じている状態。

図表 4-2　社会的養護施設委託児の心身の状況

	障害等あり
里親委託児	20.6%
児童養護施設委託児	28.5%
情緒障害児短期治療施設委託児	72.9%
児童自立支援施設委託児	46.7%
乳児院委託児	28.2%
母子生活支援施設利用児	17.6%

注：「情緒障害児短期治療施設」は調査段階での施設名称。現「児童心理治療施設」
出典：厚生労働省雇用均等・児童家庭局「児童養護施設入所児童等調査結果（平成25年2月1日現在）」2015年をもとに作成

定型発達*をしている子どもとは違う困難さともどかしさ、いらだちを感じる場面が多くなります。その結果、愛着障害を抱えることとなり、まわりの不適切な関わりにより、二次障害が強化されることにつながりやすくなります。結果として、子どもに「悪い子」というレッテルを貼ることにつながってしまいます。

このような状況のもと、定期的な通院や服薬が必要な子どもも増えています。服薬は子どもの安定にもつながる一方で、子どもの状況に応じたきめ細かな診断をもとに服薬することが必要になっています。

> **用語解説**
> **定型発達**
> 障害のある子どもが不定型な発達をすることに対して、障害のない状態の子どもたちの発達が定型的となるため、「障害児」の対義語として使われる言葉。「健常児」という言葉が使われることもあるが何をもって「健常」とするかは多様であるため、この言葉が使われるようになっている。

2　児童自立支援施設の実際

①児童自立支援施設の日常

児童自立支援施設に入所する子どもたちのほとんどが学齢期であることから、日常は義務教育である学校生活で過ごすことになります。児童自立支援施設入所児への就学義務は、1997（平成 9）年の「児童福祉法」改正によって、位置づけられました。子どもたちは規則正しい生活と学校での学び、そして日常生活における役割を担いながら、自らの生活を見直すこととなります。児童自立支援施設では「保育士」としての職員配置はありません。児童自立支援施設の中核となる職員は「児童自立支援専門員」と「児童生活支援員」であり、「児童生活支援員」に該当する者として「保育士」が含まれています。児童生活支援員の役割として児童の生活支援を行うことが示されています。名称は違いますが、他の社会的養護に関わる施設と同様、生活支援の中核を担うこととなります。

> **補足**
> **児童自立支援施設入所児の就学義務**
> 1947（昭和22）年制定の「児童福祉法」では、他の社会的養護施設と違い、児童自立支援施設の施設長に就学義務が課せられていなかった。1997（平成 9）年の「児童福祉法」改正において、施設長に就学の義務が課せられるようになり（第48条）、施設内に「学校教育法」の規定に準じた公教育の場を設置することとなった。しかしながら、すべての児童自立支援施設で学校教育の場が設置されているわけではなく、課題となっている。

②児童自立支援施設における具体的な支援

インシデント③　規則正しい生活が生み出す関係性

児童自立支援施設の特性は先にも述べたように「規則正しい生活の継続」にあるといえます。トシオくん（中学生）は、幼いときに母親を亡くし、その後父から適切な養育を受けられなかったことから父親に対する不信感があり、家庭では反抗的な行為を繰り返してきました。トシオくんが中学生になり、その行為への対応に苦慮した父親が児童相談所に相談したことから、児童自立支援施設への入所となりました。

入所当初、家庭で不規則な生活をしてきたことから、施設で生活することへの不満を抱えていたトシオくんでしたが、生活リズムが整うにつれて、施設での生活や行事にも積極的に取り組むようになりました。また施設の日課として取り組んでいる「日記」も最初は乱雑な字で書いていましたが、徐々にしっかりとした文字で文章を書くようになっていきました。施設での生活が整うことで、寮でいろいろな役割を任されるようになっていきました。そうしたなかで、トシオくんは父親から母親が亡くなった理由について、話を聞く機会をもつことができました。父親としっかりと話ができたことで、トシオくんも父親に対して反抗的な行為をすることはなくなり、父親もトシオくんの寂しさやつらさに向き合うことができました。

トシオくんは母親を亡くした寂しさから父親に対する反発を強め、反抗的な態度を繰り返すようになりました。しかし児童自立支援施設で生活することになり、規則正しい生活を営むことで、自らの行為を振り返ることや集団生活での役割を果たすことができるようになっていくことにつながっていきます。保育士は子どもたちにとってこれまでとは違う「枠のある生活」が維持できるよう、日常生活への支援を通じて支えることとなります。

インシデント④　保護者へのアプローチ

児童自立支援施設に入所する前、子どもたちは家庭でさまざまな問題行為を行っていることが多いです。問題行為によっては、家族が大きな負担を感じることもあり、家族にとって、その子どものイメージはマイナスな状況なことも多いのが現状です。

ヒカルくん（中学生）もそのような一人でした。家庭での暴力を

☑ 法令チェック

「児童福祉施設の設備及び運営に関する基準」第82条

児童自立支援専門員の資格（一部改変）

1．医師で、精神保健に関して学識経験を有する者
2．社会福祉士
3．児童自立支援専門員を養成する学校その他の養成施設を卒業した者
4．大学または大学院で社会福祉学、心理学、教育学、社会学を修めた者
5．小学校・中学校・高校等の教諭の資格があり、1年以上児童自立支援事業に従事した者又は2年以上教員としてその職務に従事した者

「児童福祉施設の設備及び運営に関する基準」第83条

児童生活支援員の資格（一部改変）

1．保育士
2．社会福祉士
3．3年以上児童自立支援事業に従事した者

繰り返したヒカルくんに対し、保護者はマイナスイメージしかもっていませんでした。

入所後半年が経ったときに、施設で運動会が行われました。施設からのよびかけがあった両親はしぶしぶヒカルくんの様子を見に行くことにしました。ヒカルくんは、運動会の行事に積極的に参加し、生き生きとした様子をみせてくれました。

ヒカルくんの両親は担当職員に「あの子にもこんなに生き生きとしたところがあったんですね。これなら一緒に暮らせるかも」といって帰って行きました。

児童自立支援施設に入所する子どもたちの多くが学齢期であることを考えると、その保護者は一定期間、親として子育てをしてきていることがわかります。子どもの生活が安定するためには、親が変わることもときには必要なのですが、子どもと違って親をはじめとする大人が変わることは本当に難しいことです。特に児童自立支援施設の場合、「子どもが悪いことをするから施設で直してもらう」といった理解をしている親も存在しており、子どもが変わることを求めているケースが多くなります。親自身が変わるアプローチも必要ですが、子どもの変化を親に伝えることで親の子どもに対するイメージが変わり、子どもをプラスにとらえることができるようになることもあります。

インシデント⑤　退所後のチーム支援

児童自立支援施設での生活を通して、子どもが規則正しい生活を営むことができるようになってくれれば、退所に向けた支援が始まります。

タカシさん（中学生）は中学生になって以降、外泊や家出を繰り返すようになりました。学校生活も遅刻や欠席等が増えるなかで、万引きにより警察に検挙されました。警察から児童相談所に通告があり、少年鑑別所にて観護措置、その後、家庭裁判所の審判により、児童自立支援施設への入所となりました。

タカシさんは学習意欲は低いものの、施設で行われるスポーツ活動に積極的に取り組み、総体で予選を勝ち抜き、県大会にも出場するほどでした。一方で退所したいという思いが強く、退所が目的となってしまっている部分がありました。家族関係の整理等、課題は残るものの、生活において一定の改善がみられるようになったことから、退所に向けた支援を行うこととなりました。

✦ 補足

少年鑑別所

「少年鑑別所法」（2014〔平成26〕年制定）に基づき、家庭裁判所の求めに応じて、非行少年等の鑑別や鑑別所内での支援、地域社会での非行や犯罪を防止するための援助を行うことを目的とした施設。鑑別とは、医学や心理学等専門的な知識や技術に基づいて、非行少年に影響を与えた資質上や環境上の問題点を明らかにし、その問題点を改善するための指針を示すことを意味する。各都道府県庁所在地に設置されており、全国に52か所（分所１か所を含む）ある。

タカシさんの施設退所に向けて、担当職員は原籍のある中学校およびその地域の主任児童委員や自治体の子ども支援担当者等に集まってもらい、タカシさん退所後の支援体制について話し合いがもたれました。中学校はタカシさんの学校生活の見守りと何らかの変化が生じたときには、関係者に連絡することとなりました。主任児童委員は地域や家庭での生活の様子の見守りを担当することとなりました。自治体の子ども支援担当者は、市で把握している情報等を踏まえた支援を展開することとなりました。

「枠のある生活」である児童自立支援施設と違い、家庭や地域での生活で起こる可能性がある問題の想定や具体的な対応策の検討が必要です。児童自立支援施設の退所支援として、いったん措置停止をして試験的な家庭復帰を経験し、施設と家庭・学校・地域の行き来を繰り返しながら、退所へとつなげていくことになります。その際、子どもに何らかの問題が生じたときには、学校や地域で受け止めることのできる体制づくりが必要となっています。児童自立支援施設がもつ通所機能等も生かしながら、施設から家庭や学校への緩やかな移行と問題の深刻化を防ぐチーム支援体制の構築が求められています。

3.　障害児施設の特徴と実際

1　障害児施設の特性

障害児施設は、2012（平成24）年４月から、枠組みが大きく変わりました。まず、これまで障害種別で分かれていた施設体系を一本化し「**障害児入所支援**」と「**障害児通所支援**」に分類しました。障害児入所施設を障害児入所支援へと一本化した背景には、入所施設における支援を必要とする子どもたちの障害の重複化があります。たとえば身体障害と知的障害を合わせもつ子どもが、その子どもに必要な支援の提供を受けることができるようにすることなどが目的となっています。

また、「障害児入所支援」は「**福祉型障害児入所施設**」と「**医療型障害児入所施設**」に分類されました（図表４-３）。この違いについて、「児童福祉法」で以下のように規定されています。

福祉型障害児入所施設……保護、日常生活の指導および独立自活に必要な知識技能の付与（「児童福祉法」第42条）

医療型障害児入所施設……保護、日常生活の指導、独立自活に必要な知

図表 4-3　入所型障害児施設の改編

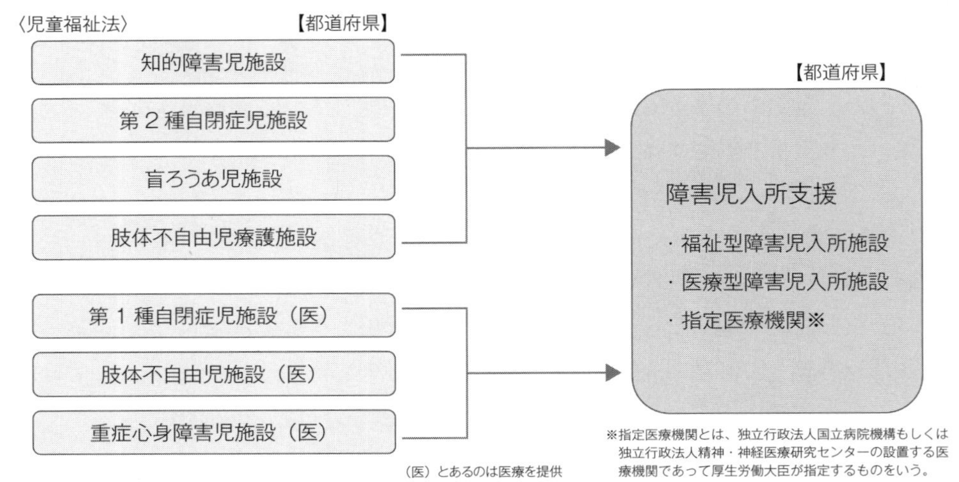

出典：厚生労働省「障がい者制度改革推進本部等における検討を踏まえて障害保健福祉施策を見直すまでの間において障害者等の地域生活を支援するための関係法律の整備に関する法律」（2010年法律第71号）に関する参考資料「障害児入所支援」をもとに作成

識技能の付与および治療（「児童福祉法」第42条）

以上の法改正の内容から、入所型障害児施設では、障害の重度化・重複化に対応すること、医療的なケアを必要とする子どもたちへの支援もその役割となっています。これらの施設で働く保育士には、子どもの養育においても、重複する障害の状況や医療の面に配慮した養育のあり方が求められています。

また、障害児施設のもう一つの課題として「入所児の年齢」が課題としてあります。障害児施設とはいうものの、知的障害児施設（現：障害児入所施設）では、29.2％が18歳以上の入所となっています[†3]。障害児施設に入所する児童については、対象となる20歳を過ぎても在所延長が可能であり、施設での生活を継続することができました。しかし、2012（平成24）年の「児童福祉法」改正の際、この在所延長規定が廃止され、18歳以上の障害児施設入所者については、**「障害者総合支援法」**で対応することとなりました。各施設は2018（平成30）年３月末までに①障害児施設として継続、②障害者施設に転換、③障害児施設と障害者施設の併設、のいずれかの選択をとることとなっています。

出典

†3　公益財団法人日本知的障害者福祉協会児童発達支援部会編「平成26年度全国知的障害児入所施設実態調査報告」2016年

補足

「障害者総合支援法」
正式には「障害者の日常生活及び社会生活を総合的に支援するための法律」。障害者の日常生活および社会生活を可能とする支援サービスの体系を定めた法律。

図表 4-4　行動上の困難さの状況について

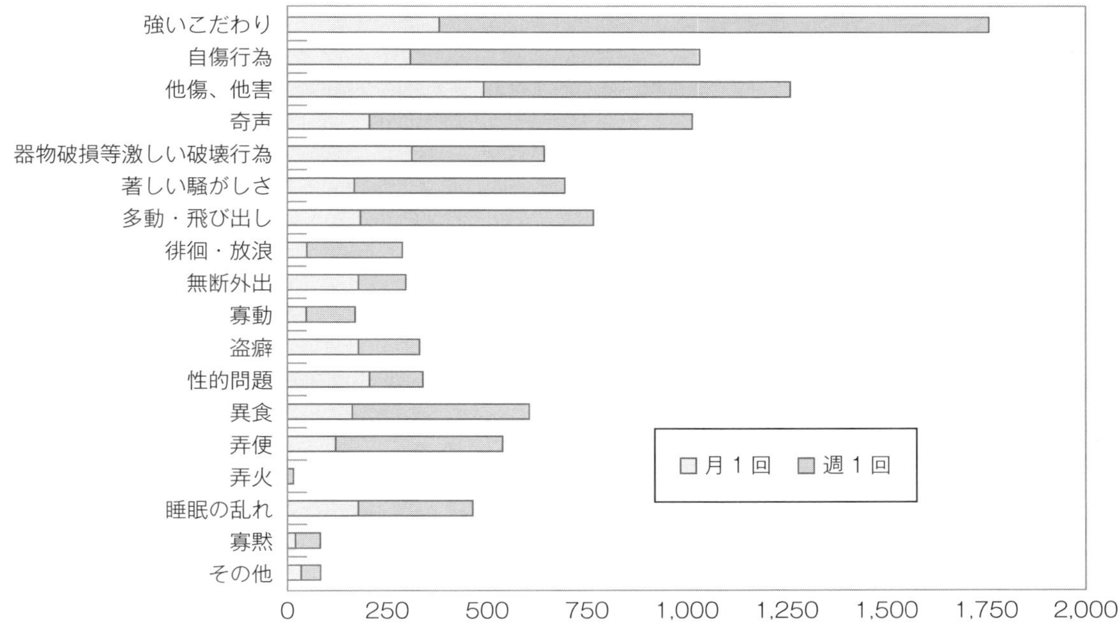

出典：公益財団法人日本知的障害者福祉協会児童発達支援部会編『平成26年度全国知的障害児入所施設実態調査報告』2016年、99頁をもとに作成

2　強度行動障害のある子どもたちへの支援

入所型障害児施設を利用する子どもたちの特徴として、**強度行動障害**のある子どもたちの存在があげられます。強度行動障害は、知的障害や発達障害といった精神科的な判断ではなく「直接的他害（かみつき、頭つき、など）や間接的他害（睡眠の乱れ、同一性の保持）、自傷行為などが、通常考えられない頻度と形式で出現し、その養育環境では著しく処遇の困難なものをいい、行動的に定義される群[†4]」とされています。「全国知的障害児入所施設実態調査」では、「行動上の困難さの状況」として、図表 4-4の通りに調査結果をまとめています。

この結果からも「強いこだわり」や「他傷、他害」が行動として表れる子どもたちの存在がうかがえます。このデータでは、これらの行動上の困難さが個人の特性によるものなのか、反応性愛着障害の結果として生じているのかが明確ではないため、その点に考慮することを示していますが、この子どもたちへの支援の提供が施設の役割の一つといえます。

強度行動障害のある子どもたちには「人とのコミュニケーションが苦手」という特徴があります。また、障害特性と環境がうまく合っていないことが、人や場に対する嫌悪感や不信感につながり、結果として行動障害をより強めることとなっていきます。

出典

†4　行動障害児（者）研究会『強度行動障害児（者）の行動改善および処遇のあり方に関する研究』財団法人キリン記念財団、1989年

図表４-５　強度行動障害を生み出す循環

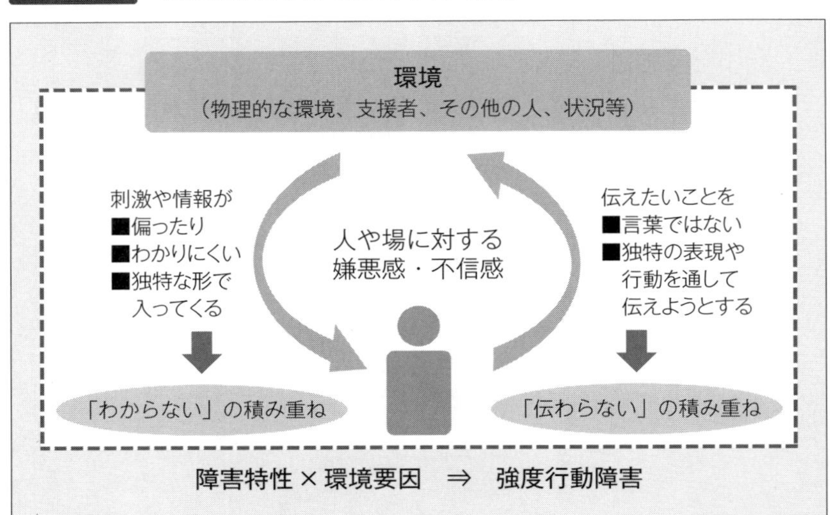

出典：独立行政法人国立重度知的障害者総合施設のぞみの園「平成25年度障害者総合福祉推進事業　強度行動障害支援初任者養成研修プログラム及びテキストの開発について」をもとに作成

図表４-５で示すような循環を生み出さないためには、障害特性をとらえた支援と環境要因を整えることが保育者の支援のあり方として必要になってきます。

３　保護者支援の視点

障害のある子どもたちの生活の場について、みなさんは、在宅と施設とどちらが多いか考えたことがあるでしょうか。

図表４-６をみると、身体障害・知的障害・精神障害のいずれにおいても、在宅生活をしている子どもが多数を占めており、身体障害のある子どものうち、施設で暮らしているのは全体の6.4%、同じく知的障害では4.4%に過ぎません。95%近くは、在宅生活をしていることがわかります。

地域福祉や在宅福祉サービスが整いつつある今日、障害があることが、そのまま施設生活につながることが少なくなっています。子どもたちは家庭で、児童発達支援をはじめとする通所型障害児支援におけるサービスや経済的支援等を活用しながら、親とともに在宅生活をすることが多くなっています。

その一方で図表４-７のようなデータがあります。「全国知的障害児入所施設実態調査」によると、子どもの入所理由として次のような調査結果が示されています。

この調査では、入所理由を大きく「家庭の状況等」と「本人（子ど

図表 4-6　障害児・者数の推計

（単位：万人）

		総数	在宅者数	施設入所者数
身体障害児・者	18歳未満	7.6	7.3	0.3
	18歳以上	382.1	376.6	5.5
	年齢不詳	2.5	2.5	-
	総計	392.2	386.4	5.8
知的障害児・者	18歳未満	15.9	15.2	0.7
	18歳以上	57.8	46.6	11.2
	年齢不詳	0.4	0.4	-
	総計	74.1	62.2	11.9
		総数	外来患者	入院患者
精神障害者	20歳未満	26.9	26.6	0.3
	20歳以上	365.5	334.6	30.9
	年齢不詳	1.0	1.0	0.1
	総計	392.4	361.1	31.3

注1：精神障害者の数は、ICD-10の「V 精神及び行動の障害」から知的障害（精神遅滞）を除いた数に、てんかんとアルツハイマーの数を加えた患者数に対応している。また、年齢別の集計において四捨五入をしているため、合計とその内訳の合計は必ずしも一致しない。
注2：身体障害児・者の施設入所者数には、高齢者関係施設入所者は含まれていない。
注3：四捨五入で人数を出しているため、合計が一致しない場合がある。
出典：内閣府編『障害者白書（平成29年版）』2017年、219頁をもとに作成

図表 4-7　入所の理由

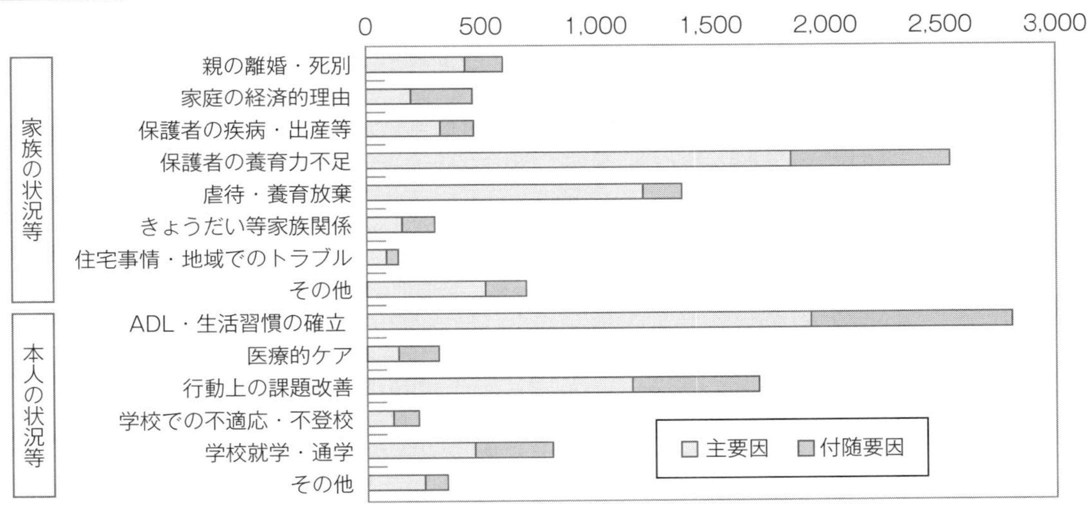

出典：図表4-4と同じ、83頁

も）の状況等」に分けて分析を行っています。「家庭の状況等」をみると、主要因と付随要因の両者を合わせて、「**保護者の養育力不足**」が最も高く、次に「**虐待・養育放棄**」と続いています。これらの要因の背景にある、障害のある子どもを育てる保護者の孤独感や心理的葛藤に目を向ける必要性が指摘されています。従事する保育者にも、保護者支援が求められることがわかります。一方、「本人の状況等」として「**ADL**＊・生活習慣の確立」が最も高く、続いて「行動上の課題改善」となっています。いわゆる療育目的の入所が多くなっています。本人側の状況ではありますが、子どもの育ちの環境に視点をあてる必要が示されています。

知的障害児施設の入所状況のみの結果ですが、施設への入所理由から、子どもへの療育の提供はもちろんのこと、保護者支援の視点も重要になっています。

＊ 用語解説
ADL
Activities of Daily Living の略。日常生活動作のこと。日常生活を送るうえで必要となる動作であり、食事をする、服を着替える等に必要な動作を指している。

インシデント⑥

医療型障害児入所施設で実習を行ったサトコさん。実習の時期がちょうどクリスマス前であったこともあり、得意なピアノ演奏を行いながら、入所児たちとクリスマスの歌を楽しんでいました。障害のため反応があまりない子どもたちも、生演奏での音楽を聞きながら、自分たちのペースで一緒に歌ったり、体を動かしたりしていました。

また同じ時期にクリスマス会に向けた準備も始まっていました。子どもたちと一緒に劇をするのですが、子どもたちの様子をみた担当職員から、「クリスマス会当日もピアノ演奏をしてほしい」と頼まれました。子どもたちの様子をみていたサトコさんは喜んで引き受けました。当日のクリスマス会では、劇のなかで子どもたちと一緒に楽しく歌うことができました。クリスマス会ということで、子どもの様子を見に来ていた保護者からもその反応を喜ぶ声が届けられました。

保育所にいる子どもたちにとって、ピアノなどの楽器での演奏はそう珍しいものではありません。しかし、障害児入所施設で暮らす子どもたちにとっては、楽器での生演奏に触れる機会も少ないのが現状です。同時に音だけでなく、振動なども伝わる生演奏では、子どもたちの反応も違ってきます。こういった機会を増やしていくことが、保育の提供につながっていきます。施設によっては積極的に**音楽療法**＊に取り組むところもあります。

＊ 用語解説
音楽療法
音楽のもつ生理的、心理的、社会的働きを用いて、心身の障害の回復、機能の維持改善、生活の質の向上、行動の変容などに向けて、音楽を意図的、計画的に使用すること（日本音楽療法学会による定義）。

インシデント⑦

重度の知的障害があるハルカさん。彼女は職員の好みがはっきりしていて、好きな職員の声かけには応じるのですが、自分が嫌いな職員には、暴言を吐くことや、手が出ることがあります。しかし職員の勤務ローテーションなどもあり、いつもハルカさんが好きな職員ばかりが彼女の対応をするわけではありません。

ハルカさんが嫌いな職員の一人にナツコさんがいます。ナツコさんはこういったハルカさんの暴言等に反応することなく、食事の介助や日課の支援を淡々と行っています。ナツコさんは「子どもだって、好き嫌いがあるよね」とハルカさんの思いを受け止めながら、関わっています。

障害のある子どもたちのなかには、人の好みがはっきりしているタイプの子どもがいます。入所施設では、子どもたちはいつも自分の好きな職員とばかり関わることができるわけではありません。関わる保育者はそのもどかしさを受け止めながら支援することが求められます。間違っても、子どもが職員のことを苦手だからといって、こちらも同じような対応をすることがないようにしなければなりません。対人支援のプロとしての意識をもつことが求められます。

演習課題

①児童心理治療施設で暮らす子どもたちが習得する「社会スキル」について、具体的にどのようなものが考えられるか、話し合ってみましょう。

②児童自立支援施設で暮らした子どもが家庭復帰する際に家庭や地域での受け入れ体制として必要な社会資源について、話し合ってみましょう。

③あなたの居住する地域にある障害児入所施設の状況（入所児数、障害の程度、機能等）について調べてみましょう。

レッスン5

家庭養護の特性と実際

本レッスンでは、家庭養護を提供する里親、小規模住居型児童養育事業（以下、ファミリーホーム）、養子縁組の特性と実際について学びます。家庭養護は、「児童福祉法」の理念に基づいて、積極的に進められる方向にあります。家庭養護の特性について理解を深め、保育現場において、専門職として何ができるか考えていきましょう。

1. 家庭養護とは何か

1 社会的養護を要する子どもたちの生活の場

社会的養護を要する子どもの生活の場について、これまでわが国ではその多くの割合を施設養護として担ってきました。しかしながら、今日、社会的養護を含めた社会福祉全体の流れのなかで、**ノーマライゼーション***の視点に立ったサービス提供のあり方が進められています。社会的養護においても、子どもが育つ場のノーマルなあり方として「家庭」というモデルの存在は否定できないのが現状です。今日、子どもが育つ「家庭」は複雑多様化しているものの、子どもの育ちにとって望ましい姿の「家庭」の場において、社会的養護を要する子どもたちの育つ場を提供していくことは、大人や社会の責任の一つといえます。2016（平成28）年に行われた「児童福祉法」改正においても、その原理として、社会的養護を必要とする子どもたちの生活の場について「家庭における養育環境と同様の養育環境」で継続的に養育されること、家庭および家庭と同様の養育環境で養育されることが適切でない場合は「良好な家庭的環境」で養育されるために必要な措置を行うこととされています（「児童福祉法」第3条の2）。

この「家庭と同様の養育環境」と「良好な家庭的環境」に該当する社会的養護について、厚生労働省では図表5-1のように示しています。

この図をみるとわかるように、厚生労働省が示す「家庭と同様の養育環境」に当てはまるのが、**養子縁組・里親*・ファミリーホーム**となります。これらを「良好な家庭的環境」と区別する形で「家庭養護」を分類しています。

用語解説

ノーマライゼーション

社会福祉の理念の一つであり、誰もが地域でその人らしく暮らすことを意味する。今日では、インクルージョン、エンパワメント等の理念がポスト・ノーマライゼーションとして取り上げられている。

法令チェック

「児童福祉法」 第3条の2

国及び地方公共団体は、児童が家庭において心身ともに健やかに養育されるよう、児童の保護者を支援しなければならない。ただし、児童及びその保護者の心身の状況、これらの者の置かれている環境その他の状況を勘案し、児童を家庭において養育することが困難であり又は適当でない場合にあつては児童が家庭における養育環境と同様の養育環境において継続的に養育されるよう、児童を家庭及び当該養育環境において養育することが適当でない場合にあつては児童ができる限り良好な家庭的環境において養育されるよう、必要な措置を講じなければならない。

図表5-1 社会的養護を要する子どもたちの生活の場

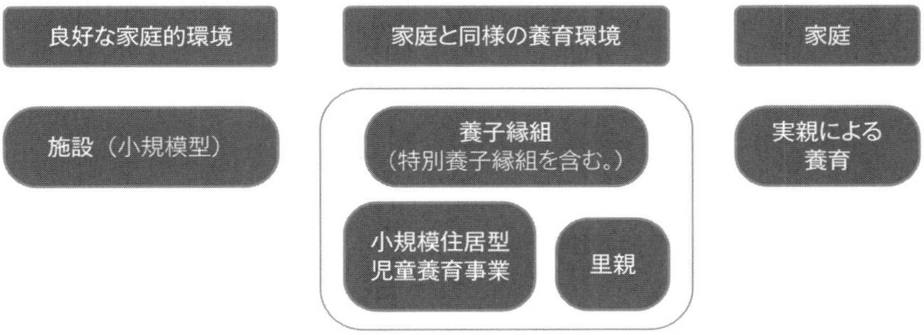

良好な家庭的環境	家庭と同様の養育環境	家庭
施設（小規模型）	養子縁組（特別養子縁組を含む。） 小規模住居型児童養育事業 里親	実親による養育

出典：厚生労働省「全国児童福祉主管課長等会議資料」資料2.（1）「児童福祉法等の理念の明確化等」2016年をもとに作成

2 「児童福祉法」に位置づけられた「養子縁組里親」

家庭養護の推進が法律上明確化されたことにともない、社会的養護を要する子どもにとってより家庭に近い養育環境である**養子縁組里親**についても法律上、記載されることとなりました。

これまでも、養子縁組を希望する里親として「児童福祉法」には記載されていましたが、今回の法改正によって、これらの里親を「養子縁組里親」と明確に位置づけ（「児童福祉法」第6条の4第2号）、研修の受講や名簿登録、欠格要件の設定などが規定されました（「児童福祉法」第34条の19～21）。

また、児童相談所の役割として、養子縁組家庭への支援も記載されることとなりました（「児童福祉法」第11条第2号ト）。

「民法」上の制度である養子縁組は法律上の親子関係を形成するものですが、これを子ども家庭福祉の観点から改めてその意義を確認し、子どもにとってよりよい育ちの環境を保障するために、「児童福祉法」に位置づけたといえるでしょう。

これからは社会的養護に関わる人たちにとって、養子縁組家庭を支援の範囲としてとらえていくことが必要となっています。

2．家庭養護の特性と実際

1 家庭養護の特性

①養育者の家庭に子どもを迎え入れて養育する

家庭養護の特性として、「養育者の家庭に子どもを迎え入れて養育する」ことがあげられます。養子縁組家庭はもちろんのこと、里親やファ

用語解説

里親

「児童福祉法」第6条の4に定める要保護児童を養育することを希望する者を指す。養育里親、養子縁組里親、親族里親から構成される。養育里親には専門里親が含まれる。

法令チェック

「児童福祉法」第11条第2号ト

養子縁組により養子となる児童、その父母及び当該養子となる児童の養親となる者、養子縁組により養子となつた児童、その養親となつた児童の父母（民法第817条の2第1項に規定する特別養子縁組により親族関係が終了した当該養子となつた児童の実方の父母を含む。）その他の児童を養子とする養子縁組に関する者につき、その相談に応じ、必要な情報の提供、助言その他の援助を行うこと。

ミリーホームも同じ特性をもっています。

社会的養護では、養育単位の小規模化や地域化の推進にともなって、地域で一軒家等を活用して生活を営む、グループホームがつくられるようになりました。具体的には、地域小規模児童養護施設が該当します。またファミリーホームも、地域において養育者の家庭で子どもが生活することとなります。

地域小規模児童養護施設[*]とファミリーホームは一見するとその違いがわかりにくいのですが、前者は子どもが生活する場に養育者が通うことが特徴であり、後者は養育者が生活する場に子どもを迎え入れることが特徴となります。

> 🞻 用語解説
> **地域小規模児童養護施設**
> 地域の住宅等を活用し、家庭的な養育環境、地域社会とのつながりのなかで育つことを目的とした施設。本体である児童養護施設からの支援を受けながら、養育を営むこととなる。

このことは、子どもにとっては大きな違いです。養育者が通う形での社会的養護の場において、子どもたちがよく口にする言葉に「今日は誰が泊まりなの？」という言葉があります。子どもにとって、夜寝るときに、自分と一緒に過ごしてくれる大人の存在は安定した生活に欠かせません。自分を見守ってくれる大人がいることで、子どもは安心して眠ることができます。施設でも必ず養育者がいることは変わらないのですが、この養育者が変わること、そのこと自体、子どもにとって「今日は誰がいてくれるのだろう」という確認を必要とする状況を生み出すことになります。

一方、家庭養護では、大人の生活の場に子どもを迎え入れることになるため、いつも同じ大人が必ずその場にいることになります。「今日は誰がいてくれるのだろう」と思う必要はありません。それが子どもの安心感や安定につながりやすくなっています。

②社会的養護の担い手であるということ

里親や養子縁組というと、特別に子どもへの思いのある人が善意で行っていると思われることがあります。実親と実子で構成されている親子関係が圧倒的多数であるわが国では、血のつながらない子どもを養育する人は何か特別な人だと思われることがあります。

しかし、家庭養護を提供する里親等は、「児童福祉法」に基づく社会的養護の担い手であり、保護を必要とする子どもの生活の場として、児童養護施設等、社会的養護施設と同じ位置づけにあります。私たちはこのことを正しく理解する必要があります。里親やファミリーホームで営まれる養育は、里親やファミリーホームにおける養育者が好きなように行っていいものではありません。子どもの福祉を守ることを最優先とした、社会的な養育が展開されることが必要です。

このことを示したものとして2012（平成24）年に定められた「**里親**

及びファミリーホーム養育指針*」があります。施設養護における養育指針と同様に、里親やファミリーホームにおける養育についても定められています。

先ほど示した里親やファミリーホームが社会的な養育の場であることについて、養育指針では「里親・ファミリーホームの理念」の項目に「社会的養護の担い手として、社会的な責任に基づいて提供される養育の場である」と記載されています。

また、保育士は施設養護の担い手ですが、ファミリーホームの担い手となることも可能です。ファミリーホームの養育者は、以下のように位置づけられています。

> ①養育里親として2年以上同時に2人以上の委託児童の養育の経験を有する者
> ②養育里親として5年以上登録し、かつ、通算して5人以上の委託児童の養育の経験を有する者
> ③児童養護施設等において児童の養育に3年以上従事した者
> ④①から③までに準ずる者として、都道府県知事が適当と認めた者
> ⑤法第34条の20第1項各号の規定に該当しない者（※①及び②については、平成21年4月1日より前における里親としての経験を含むものとする）[†1]

上記に該当する養育者が2名に補助者1名、もしくは養育者1名に補助者2名の形で配置されています。

このようにみると、①、②の条件としては、里親として養育経験のある人となりますが、③、④については、保育士がその担い手となることも可能です。保育士は施設養護だけでなく、家庭養護でも、保護を必要とする子どもたちの養育者になる可能性があります。

③開かれた養育

里親やファミリーホームは、上記の特徴を踏まえた子どもの養育を行っています。そのこと自体は、子どもにとっても安定した生活の場につながることになりますが、気をつけなければならないこともあります。

その点について、先にあげた「里親及びファミリーホーム養育指針」では、以下のように示しています。

用語解説

「里親及びファミリーホーム養育指針」
里親およびファミリーホームが提供する養育の内容および運営を定めたもの。社会的養護に共通する理念等に加えて、里親およびファミリーホームの位置づけや理念、具体的な養育内容等について示されている。

出典

†1　厚生労働省「小規模住居型児童養育事業（ファミリーホーム）実施要綱」（雇児発第0331011号通知別紙）2012年

社会的養護の養育は、家庭内の養育者が単独で担えるものではなく、家庭外の協力者なくして成立し得ない。養育責任を社会的に共有して成り立つものである。また、家庭内における養育上の課題や問題を解決し或いは予防するためにも、養育者は協力者を活用し、養育のありかたをできるだけ「ひらく」必要がある。

社会的養護の養育は、養育者のみで行うものではありません。地域にある社会資源等を活用しながら養育することが必要です。

今日、社会的養護を要する子どもたちは多様化しています。里親家庭等に至る前まで、実親とともに安定した生活を過ごしてきた子どももいますが少数です。むしろ、複雑な環境で過ごしてきた子どもが多いのが現状です。この子どもたちを受け入れて育てていくことは並大抵のことではありません。家庭養護の養育者だけでなく、児童相談所をはじめとする相談機関や保健所、医療機関、学校や幼稚園などさまざまな社会資源とつながりながら子育てを担うことが大切です。

調査によると、子どもを受託して最も大変だった時期における里親の心身上の問題について「あった」と答えた人が３割近くいました（図表5-2）。

また、具体的な内容として、「体調不良」が最も多くなっていますが、「睡眠障害」「不安症状」「うつ症状」といった精神症状もみられます（図表5-3）。こういった状況をできるだけ生じないようにするために、養育者だけが養育を抱え込むことのないように、開かれた養育を目指すことが大切です。

④「社会で育てる」「地域と育てる」

これまで里親等の家庭養護の担い手は、子育てを自ら希望する者という理解から、子どもに対する養育方法等について、特別な支援を必要とする存在として認識されることが少ない状況でした。

しかし残念なことですが、里親家庭における虐待死事件等、「家庭養護＝安定した子育て環境」とは言い切れない事件も起こっています。国は**被措置児童等虐待***について、毎年統計を発表しています。その結果によると、2013（平成25）年に全国の被措置児童等虐待の届出・通告受理件数は288件、うち虐待が認められた件数は87件でした。

内訳として、「児童養護施設」が49件（56.3%）、「里親・ファミリーホーム」が13件（14.9%）、「児童自立支援施設」が11件（12.6%）、「障

* 用語解説

被措置児童等虐待

社会的養護施設や里親等、措置委託先の生活の場で、施設職員や里親等の養育者等から、虐待行為を受けること。子どもの権利擁護と施設内虐待の防止のため、2008（平成20）年「児童福祉法」改正で法的に位置づけられた。

補足

里親による虐待死の事件

2010（平成22）年８月、東京杉並区で里親による虐待で３歳児童が死亡した事件が記憶に新しい。

図表 5-2　受託時の里親の心身上の問題

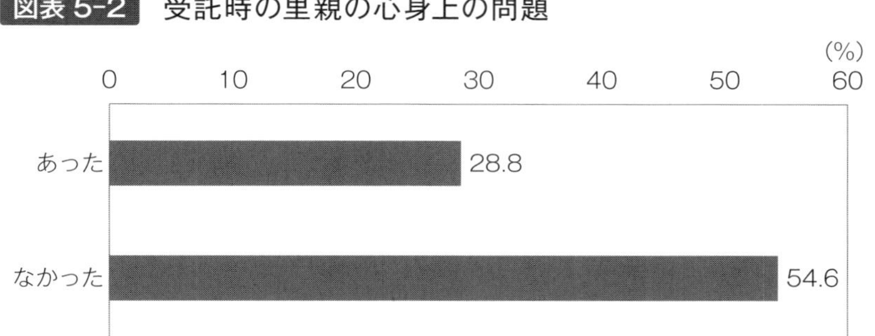

出典：全国里親会主任研究員・池上和子編『平成27年度調査報告書』全国里親委託等推進委員会、2016年、6頁をもとに作成

図表 5-3　心身上の問題の症状

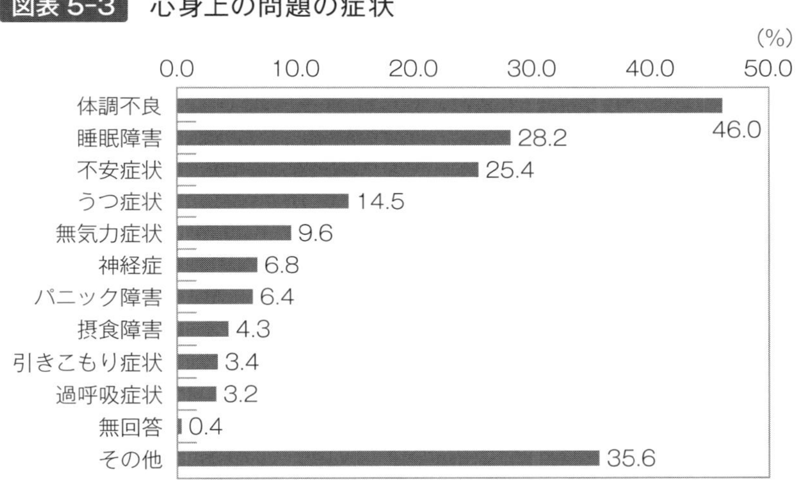

出典：図表5-2と同じ、7頁

害児入所施設等」が11件（12.6%）となっています。この割合だけをみると児童養護施設のほうが里親やファミリーホームよりも虐待が起こっているように読めますが、虐待が認められた件数のなかでの割合ではなく、委託されている子ども数に対する割合でみると児童養護施設よりも里親やファミリーホームで生じている割合が高くなっています。

委託児童数に対する被措置児童等虐待発生率

児童養護施設：49／28,831（平成25年施設入所児童数）＝0.17

里親・ファミリーホーム：13／5,407（同委託児童数）＝0.24

この数字だけみると、「里親やファミリーホームでは虐待が起きやすい」という単純な理解につなげてしまうことになります。しかし、社会的養護を学ぶうえで、もう少していねいに考える必要があります。里親家庭に限ったことではなく、閉ざされた養育環境で他者の支援を受けずに子育てをするという環境は、里親か実親かに関係なく虐待のリスクが高くなるのが、今日の日本での子育て環境です。特に、一定程度成長している子どもを家庭に迎える可能性の高い里親家庭では、子どもとの関係づくりや地域との関わり、養育への協力者といった面でよりリスクが高くなるのは当然のことといえます。

また、限られた養育者のなかで育つことが結果として、子どもに対する不適切な養育を未然に防ぐことを難しくしているともいえます。養育がみえない状況は、結果として子どもに対するマイナス面を生じやすくしてしまいます。

家庭養護は、大人のためではなく、子どもの権利を守るために取り組まれるようになった施策です。また、社会的養護の一つではありますが、「家庭での子育て」をイメージした支援が必要であることを理解し、家庭養護における子どもへの不適切な養育が行われることのないよう、里親家庭への見守りも含めた、状況に応じた支援をすることが必要とされています。

里親支援については、里親が養育にあたって抱えるニーズの視点からまとめた図表５-４が参考になります。

里親家庭をはじめとする養育者のニーズに応じた支援体制を構築することが今後の課題となってきます。保育所保育士、地域子育て支援者等、これまで家庭養護とはあまり近くなかった保育者にもその役割が期待されるところです。

2　家庭養護における具体的な取り組み

家庭養護の場で育つ子どもたちは、児童相談所の援助プロセスに基づき、乳児院や児童養護施設等から里親家庭等への委託となります。委託前、そして委託後においても、家庭に子どもを受け入れることによって、さまざまな出来事が生じます。ここでは、家庭養護での具体的な取り組みについて、事例を通して家庭養護の現状を理解し、保育者の役割について考えていきましょう。

インシデント①　養子縁組希望から里親登録へ

結婚して3年が経ち、子どもの誕生を願っていた土田さん夫妻。

図表 5-4　里親支援の体制整備のイメージ

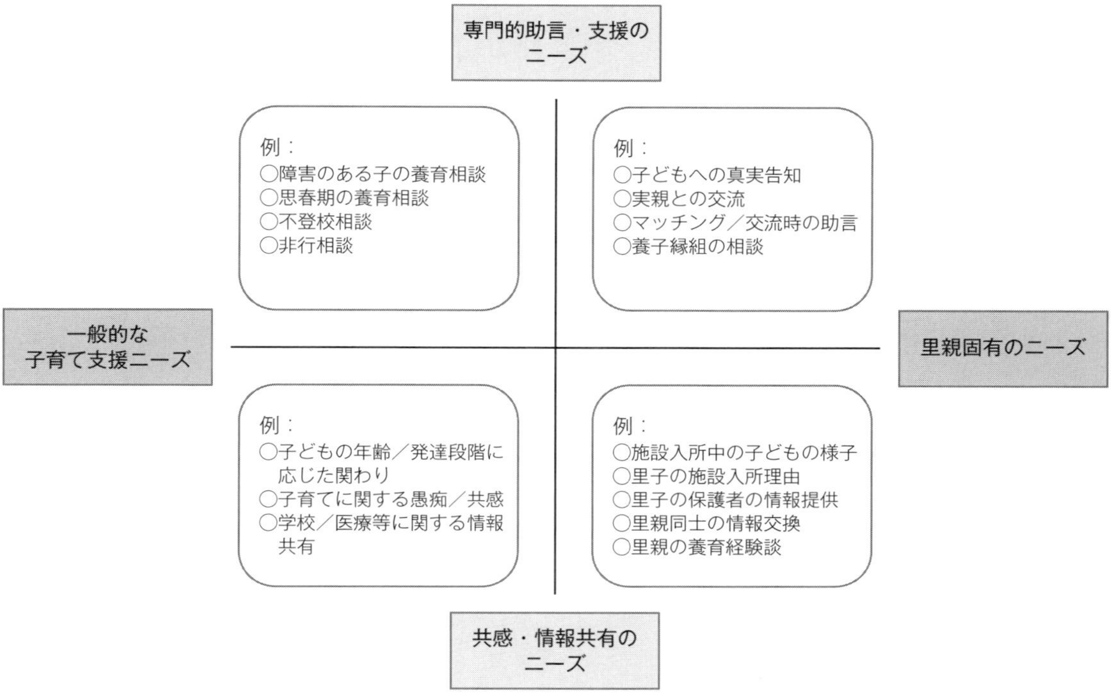

出典：伊藤嘉余子「『社会で育てる』『地域と育てる』ための里親支援」『季刊児童養護』（47）3、2016年、26頁をもとに作成

なかなか妊娠しないことを理由に診察を受けたところ、子どもができにくい体質であることがわかりました。夫婦で話し合い、養子縁組をして子どもを育てることにしようと思い、児童相談所に相談に行きました。そこで、養子縁組の対象となる子どもは少ないことや、養育を目的とする里親制度について説明を受けることとなりました。相談に行った当初、子どもと親子になることを望んでいた土田さん夫婦でしたが、話を聞くうちに、子どもを育てることができればいいと思うようになり、里親登録をすることとなりました。

里親になることを希望する人たちの最初の多くのきっかけは「子どもがほしい」です。その理由は、家の跡取りがいないことや子どもそのものがいないという理由もありますが、最初から「子どもの福祉のために」という理由をあげている人はごくわずかだといいます。里親や養子縁組の相談窓口となっている児童相談所では、こういった希望者の声を聞きながら、社会的養護を要する子どもたちの現状を伝え、「子どもがほしい」という大人の思いを優先させるのではなく、「子どもの福祉のため」に子どもを養育してほしいということを伝えていきます。里親制度をはじめとする、家庭養護の本来の目的を実現することが、社会的養護が家庭養護を推進する理由となります。保育者として里親家庭や養子縁組家庭と出会うとき、この本来の目的を踏まえて、親子に関わる視点も必要となってきます。

インシデント②

ファミリーホームでは、養育者と５～６人の子どもたちがともに生活することとなります。子どもたちは常に５～６人が措置されているわけではなく、児童相談所がファミリーホームにおける子どもの構成や養育者の状況を鑑みながら、委託することとなります。

ファミリーホームに新しい子どもが委託されるということは、それまでそこで生活をしていた子どもも新しい環境に置かれることとなります。中学３年生の受験生を養育しているファミリーホームで新しい子どもを受け入れてもらえないかという打診がありました。体験的に１泊２日でやってきた子どもでしたが、中学３年生のタクマくんから「これから受験生として忙しくなる時期に、新しい子どもが来ると、生活リズムが崩されるからやめてほしい」という意思表示があり、養育者として悩むこととなりました。

「里親及びファミリーホーム養育指針」では、ファミリーホームについて、「複数の子どもを迎え入れ、子ども同士が養育者と一緒に創る家庭」と示しています。施設であれば、新しい子どもがやってくるときに、すでに生活をしている子どもの意見を聞くことはありません。この事例でも、すでにファミリーホームで生活をしている子どもに意見を聞いたわけではありませんが、子どもは経験的に新しい子どもがやってくる流れが起きていることを知っているため、子どもからこういった意思表示が生まれてくることとなります。ファミリーホームでは、24時間ともに生活することや限られたスペースのために、逃げ場がないのも現状です。

養育者はこういった子どもの思いを受け止めつつ、子ども同士が育ちあう関係をつくることができるように働きかけていくこととなります。

また、子どもがこのように自分の思いを言葉にできることもファミリーホームをはじめとする家庭養護の特徴といえるでしょう。

インシデント③

ファミリーホームに委託される子どもたちのなかには、障害のある子どもも増えています。具体的には、心身の障害もありますが、発達障害や愛着障害なども含まれてきます。

ファミリーホームで暮らすアミちゃんは、その行動面でいくつかの特徴がみられました。ともかくよくしゃべる、大声で話す、勝手に走ってしまうなど、社会で生活するには、トラブルにつながってしまうような内容です。アミちゃんはファミリーホームに来た当初、このような行動を制御することを目的に服薬をしていましたがファミリーホームで生活をするうちに、服薬の量も徐々に減らすことができました。

このアミちゃんですが、放課後や夏休みなどの長期休みには、**放課後等デイサービス***に通っています。養育者の高橋さんは、アミちゃんのことをとても大切に思っており、長期休みに友だちと一緒に過ごす時間が減ってしまうことを心配していました。放課後デイサービスを利用することで、友だちやスタッフと楽しい経験を積み重ねることができるため、アミちゃんの育ちにプラスになることを喜んでいます。

これまで里親家庭やファミリーホームの養育者は、子育てについてよく理解している人であり、支えがなくても子育てができると受け止められているところがありました。しかしながら、里親やファミリーホームの養育者だけでなく、子育てそのものが他者からの支えを受けながら営まれる時代です。里親や養育者にとっても、さまざまなサービスを活用しながら子育てができる環境が求められています。

特に今日、障害のある子どもが委託されることも多くなっており、子どもの育ち、子育てをする人、両者にとって、家庭以外の場で過ごすことの意義や子育てが支えられることの必要性が高くなっています。放課後デイサービスのような地域資源を活用し、支えられ、開かれた子育てを営むことが、結果として子どものためにもつながっていきます。放課後デイサービスに限らず、子どもの地域生活を支える場において保育者が配属されることがあります。保育者は、里親家庭等、家庭養護の場で育つ子どもたちにとってこれらの資源がどのように生かされているのかを認識しながら支援にあたることが大切です。

インシデント④　乳児院からのサポート

ユメカちゃんは乳児院で育つ7か月の女の子で、里親委託へのマッチングが進んでいました。乳児院では里親家庭に委託される前、

✱ 用語解説

放課後等デイサービス
就学している障害のある子どもに対して、授業終了後または夏休み等長期休暇中に児童発達支援センター等で生活能力向上のために必要な訓練、社会との交流の促進等を行う事業である（「児童福祉法」第6条の2の2）。習い事に近い内容を行っているところもあれば、専門的な療育を提供しているところもある。

参照
マッチング
→レッスン3

候補となる里親に施設に来てもらい、定期的に子どもと関わってもらっています。ユメカちゃんも候補となる花園夫妻が施設に来て、関わりを深めていました。そろそろ里親委託ができる段階になって花園さん（妻）から相談がありました。これまで子どもを育てたことがなく、家に帰ってどうやって育てたらいいのかが不安であること、施設でできたことが家庭でできるかどうかも心配であるとのことでした。より具体的にたずねたところ、子どもが過ごす空間として部屋の安全性や離乳食のつくり方、食べさせ方などについて、まだ不安をもっていることがわかりました。施設の里親担当職員が家庭訪問をして、アドバイスをすることとなりました。花園さんはアドバイスを受けて、安心してユメカちゃんを家庭に連れて帰る決心をすることができました。

里親家庭のうち、実子がいるのは全体の47%という調査結果があります[†2]。この結果からも里親家庭の半数近くに実子がいないことがわかります。つまり、初めて子育てを経験する里親が半数近いということです。子どもを育てるという営みは、自分が育てられた経験に基づくところもありますが、知らないことも多く、教えてもらいながら行う営みでもあります。初めて子どもの委託を受ける里親を支える機関の一つとして、乳児院をはじめとする社会的養護に関する施設があるといえます。施設には今、**里親支援専門相談員***が配置されるようになりました。里親支援を専門的に行う相談員であり、施設から里親に委託された子どもやその里親家庭を支援することを役割としています。これまで施設養護に従事した経験がある職員が担当していることが多く、子どもの育ちや家庭状況、施設での様子等を踏まえて里親支援ができることがその強みとなっています。施設がこれまでの機能を生かして里親支援を展開することで、里親も安心して養育ができることにつながります。

出典

†2 「里親家庭の全国実態調査報告」『平成27年度調査報告書』全国里親委託等推進委員会、2016年

用語解説

里親支援専門相談員
乳児院や児童養護施設等に配置される里親支援全般に関わる相談員のこと。具体的な役割として、①所属施設の児童の里親委託の推進、②退所児童のアフターケアとしての里親支援、③地域支援としての里親支援が挙げられる。

演習課題

①一般の人たちがもっている「里親に対するイメージ」について話し合ってみましょう。そのイメージは、里親制度の目的と合ったものとなっているでしょうか。

②ファミリーホームで働く保育者に求められる資質について、グループで話し合ってみましょう。

③図表 5-4 で示した「里親の支援ニーズ」について、保育者ができる役割について考えてみましょう。

参考文献

レッスン３

才村眞理編著 『生まれた家族から離れて暮らす子どもたちのためのライフストーリーブック』 福村出版　2009年

須藤八千代 『(増補) 母子寮と母子生活支援施設のあいだ――女性と子どもを支援するソーシャルワーク実践』 明石書店　2010年

レッスン４

滝川一廣・髙田治・谷村雅子他編 『子どもの心をはぐくむ生活――児童心理治療施設の総合環境療法』 東京大学出版会　2016年

レッスン５

家庭養護促進協会編 『あしたから家族（あたらしいふれあい第４編）』 明石書店　2014年

厚生労働省 「平成25年度における被措置児童等虐待への各都道府県市の対応状況について」

津崎哲雄 「この最後の者にも：社会的養護施策と被措置児童等虐待防止――里親制度への意味合い」『子どもの虐待とネグレクト』 11（2） 2009年

おすすめの１冊

須藤八千代 『(増補) 母子寮と母子生活支援施設のあいだ――女性と子どもを支援するソーシャルワーク実践』 明石書店　2010年

福祉事務所で30年間、ソーシャルワーカーとして母子生活支援施設を社会資源として活用してきた筆者がまとめた1冊。福祉が時代とともに変遷するなかで、「母子寮」（筆者は、現在の施設名称である「母子生活支援施設」ではなく、「母子寮」という表現を使用。その理由についても考えてほしい）がどのような役割を果たしてきたのか。この1冊を通して、社会福祉が理念として掲げる「利用者主体」が「母子寮」でどのように実現されているのか、社会的養護の一面としてある、社会が女性や子どもたちをどのような存在としてみているのか、についても考えてみるとよい。

■35ページ・母子家庭での養育放棄に対する援助事例

参照レッスン　レッスン３　乳児院・児童養護施設・母子生活支援施設の特性と実際　３　母子生活支援施設の特性と実際

利用者の概要：母親（20代後半）、女児Ａ（2歳）
生活歴：夫からのDVあり。
事例の背景：Ｋ保育士の勤務する保育所を利用する女児Ａとその母親に対する援助。

インテーク

母親とＡは夫からのDVをきっかけに母子生活支援施設での生活を始める。母親の就労にともない、2歳から保育所を利用することになったＡであるが、クラス担当のＫ保育士がその様子をみていると、ときどきではあるものの、入浴しているかどうか、朝食、夕食をとっているかどうかがよくわからない状況であることがわかった。また、母親自身が不規則な生活となっているため、Ａの生活リズムも乱れがちとなっている様子がみられた。そのため、母子生活支援施設の担当者と保育所、そして関係機関で協議することとなった。

アセスメント

協議の場で関係者から出された情報により、以下の状況が把握された。

・母親は自分中心の生活リズムとなりがちであり、母子生活支援施設のルールを守らないことが多く、特に帰宅時間が遅くなることで、子どもの生活リズムが整わなくなっている。公共料金等を滞納することがあるが、催促をするとすぐに支払う。
・母親の子どもに対する愛情はあり、その成長を喜ぶことができる。ただ、母親自身が疲れているときには、子どもに十分な養育をできていないことがある。
・施設として子どもの様子をみていると、入所当初よりは会話も増えており、母親と離れて職員と遊ぶこともできるようになってきた。
・保育所での子どもの様子として、思い通りにならないとすねることや大声を出すことがある。絵本等の読み聞かせのときも集中して聞くことができない。食欲はあり、給食をしっかりと食べて、そのことを保育士に報告する様子がみられる。
・一方、母親は保育所生活に必要なものの準備ができない。提出物等が遅れがちであるが、提出するように声をかけると、出してくる。保育料等の滞納は生じていない。お便り帳はみていないようなので、直接声をかけるようにしている。
・生活保護の担当ワーカーより、現在の収支状況を確認のうえ、就労が安定しているため、今後、保護停止の予定であるとの報告があった。
・母親に今後の生活の場について、その意向をたずねたところ、退所の意向が示されたので、退所に向けた支援に取り組むことになった。

プランニング

母親の施設退所の意向を受けて、関係機関で連携のうえ、退所支援および退所後の地域での役割について確認を行った。

・母子生活支援施設では、母子の生活全般の把握と支援を行う。特に退所に向けて、子どもへの養育等について、状況をみながら、助言指導を行う。そのなかで、不適切な養育がみられるようであれば、児童相談所に連絡をする。
・保育所は、引き続き、子どもの日常の様子を確認する。身体的、精神的に何か気になることが生じた場合は、自治体の担当課もしくは児童相談所に連絡する。
・生活保護ワーカーは、収支状況を確認し、母の相談に継続的に乗りながら、保護停止に向けた支援を行う。
・地域担当保健師が定期的に家庭訪問を行い、養育に関する相談に応じる。
・児童相談所は、母親に対して子どもへの関わり方について指導を行う。また緊急時の対応を行う。

インターベンション

母親が退所の意向を示したため、施設担当者として「退所後の生活を考えた支援」に取り組むこととなる。母親自身の生活リズムの安定はもちろんのこと、Ａへの責任ある養育や安定した生活の継続に向けた指導や助言を行うこととなった。

エバリュエーション

母親は「施設退所」という目標にともない、施設のルールを守り、Ａへの養育も積極的に行うようになった。Ａの様子も笑顔が増えるようになり、保育所でみせる姿も安定したものとなってきた。母親が保育所生活に必要なものなどを忘れることは続いているものの、保育士が声をかければ、きちんと用意できるようになった。母親の就労の安定により、生活保護も近いうちに停止の予定である。施設退所後も「何かあれば、施設に相談に来ていい」ことを伝え、退所のための具体的な手続きに入った。退所後は保育所、そして地域の社会資源の連携のなかで、母子の生活を支えていくこととなる。

第3章

社会的養護における支援計画と内容

本章では、社会的養護における支援計画とその内容、および事例分析について学んでいきます。
個々の子どもに応じた支援計画の意味や活用法を学び、日常生活の支援や治療的支援、自立支援等の内容などを事例を通して具体的に理解していきます。

レッスン6　社会的養護におけるケースマネジメント

レッスン7　自立支援計画の作成

レッスン8　日常生活支援に関する事例分析

レッスン9　心理的支援に関する事例分析

レッスン10　自立支援に関する事例分析

レッスン11　記録および自己評価

レッスン6

社会的養護におけるケースマネジメント

本レッスンでは、ケースマネジメントとは何か、ケースマネジメントのプロセスについて、基本的なことを確認します。そのうえで、社会的養護施設で展開されるケースマネジメントについて、乳児院での事例を通して、具体的に学びます。

1. ケースマネジメントとは

ケースマネジメントは「多様な**ニーズ***を持った人々が、自分の機能を最大限に発揮して健康に過ごすことを目的として、**フォーマルおよびインフォーマルな支援***と活動のネットワークを組織し、調整し、維持することを計画する人（もしくはチーム）の活動」と定義されています[†1]。社会的養護施設では、社会福祉士や**家庭支援専門相談員***を中心に、施設内の専門職だけでなく、児童相談所などの関係機関と協働して、子どもとその家族を支援して、家族再統合、子どもの自立を目指していく活動を指すことになります。

また、デイビッド（1994）は**ケースマネージャー***が活動を通して次のような目標の実行に努めるべきであるとしています。

①これらの支援やサービスを見出して利用する間に、できる限り利用者の技能を向上させる。
②利用者の機能と健康が向上する間に、社会的ネットワークや関連する対人サービス供給者の力量を拡大する。
③最大限に効果的な方法でサービスや支援を供給しようとする一方、サービスの効率を向上させる。

児童福祉施設においては、子ども自身の成長発達だけでなく、保護者への養育支援や、子どもとの**愛着関係**を形成するための支援等が行われます。最終目標である家族再統合を目指して、子どもだけでなく、その家族についても、エンパワメントしながら、学校、病院、保健センター、家庭児童相談室などの各関係機関や地域での社会資源と子どもやその家族をつないでいくことになります。

用語解説

ニーズ（ニード）
社会生活を営むうえでの基本的要求。社会福祉でのニーズとは、家族や自身が解決できない生活上の問題があり、社会福祉の支援が必要になっていることを指す。

フォーマルな支援
公的機関や制度、専門職などによって行われる支援。

インフォーマルな支援
公的な制度や機関でなく、家族や親族、ボランティアなどによって行われる支援。

出典

†1　デイビッド・P. マクスリー／野中猛・加瀬裕子監訳『ケースマネジメント入門』中央法規出版、1994年、12頁

用語解説

家庭支援専門相談員
入所児童の保護者に対し、早期家庭引き取りを目指して相談援助を行う。また里親、養子縁組委託の推進、関係機関との連絡・調整、地域の子育て支援や退所児童の相談支援等を行う。

ケースマネージャー
ケースマネジメントを行う人物のことを指す。

参照

愛着関係
→レッスン1

図表 6-1 ケースマネジメントの過程

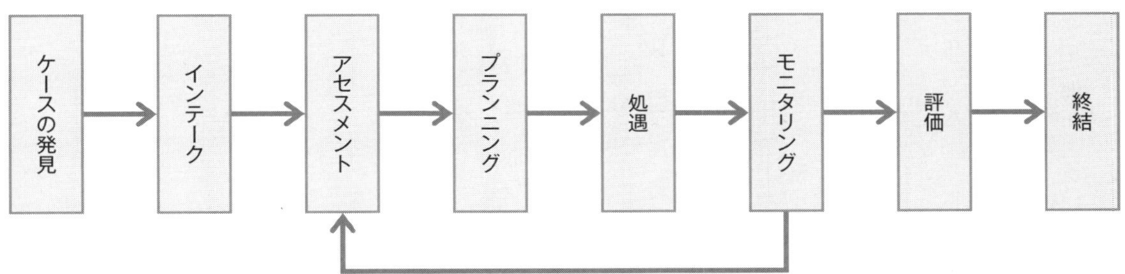

1 ケースマネジメントの方法

ケースマネジメントの過程は図表6-1のようになっています。実際のケースでは、モニタリングの後に再度アセスメントをして、プランニングをし、処遇、モニタリングと、何度も繰り返され、最終的な評価を行い、終結へとつながっていきます。

参照
ケースマネジメントの過程
→1章章末事例

2 インテークとは

ケースマネジメントにおける最初の段階が**インテーク**です。そこで行われる面接をインテーク面接といい、初回面接ともいわれています。生活をするうえでの困難や問題をもった人が行政機関や相談機関を訪れて相談する最初の面接になります。

①インテークの目的

インテークの目的は、支援を必要としている人の現状を整理し、課題を具体化させていくことです。インテークは実際の支援が始まる前の段階ですが、この時点で実際の支援が始まったときのことを想定しておくことが重要になります。

山辺（1994）はインテークの目的を以下の7つに要約しています[†2]。

①**アプリカント**[*]の現在の問題状況、主訴、要求、問題点等を正確に把握する。
②アプリカントの来談理由を明確化する。
③アプリカント自身の問題の認識、問題発生時から現在に至るまでの経過について把握する。
④当該機関の果たしうる機能、果たしえない機能について、アプリカントの要求や問題に関わらせて説明し、助言する。また援助を受けるための適格要件や手続き、料金が必要な場合は料金について説明する。

出典
†2　大塚達雄・井垣章二・沢田健次郎・山辺朗子編『ソーシャル・ケースワーク論――社会福祉実践の基礎』ミネルヴァ書房、1994年

用語解説
アプリカント
社会福祉問題の解決を求めて、社会福祉機関を訪れる人、援助の申請をする人。

⑤その上でアプリカントが当該機関で援助を受ける意思があるか否かを確認する。
⑥アプリカントの**ワーカビリティ***（workability）について予備的な見極めをする。
⑦当該機関で援助することが不適切な場合は、他の機関あるいは社会資源を紹介する。

用語解説
ワーカビリティ
自ら問題解決に取り組んでいこうとする意欲。

社会的養護におけるインテークは、必ずしも保護者や子ども自身が支援を望んでから開始されるとは限りません。虐待の発生、またはその疑いにより、児童相談所に強制的に介入されて、支援が始まることがあります。その場合、保護者は児童相談所に対する強い怒りや不満をもち、支援を受けることを拒むことが多くあります。また、子ども自身も施設入所での支援を拒むことがあります。当事者が支援を求めていない状態での強制的な介入では、上記の目的が十分に果たせない場合があります。

②インテークにおける優先事項

インテーク段階の利用者は大きな不安を抱えてやってきます。住友（1998）は「インテーク段階はクライエントを脅かさないことがまず優先される。そして、クライエントの気持ちを引き出すことが次に大事である。さらにクライエントの意欲や能力を妨げないことが３番目となる」と、この段階での優先事項を説明しています[†3]。この時点は、問題解決が重要なのではなく、利用者が支援を受けることを納得し、支援者も利用者への支援が必要であると確認する段階になります。

出典
†3　杉本敏夫・住友雄資編『新しいソーシャルワーク——社会福祉援助技術入門』中央法規出版、1998年

③社会的養護施設におけるインテーク

社会的養護施設へのインテークは児童相談所が施設への措置入所を依頼した時点から開始します。ケースにもよりますが、事前見学のときや、入所当日に社会的養護施設の職員が保護者や子どもに初めて会います。そのときに行われる面接が、施設でのインテーク面接といえます。

社会的養護施設でのインテーク時に、施設の役割、毎日の生活の流れ、子どもの養育の内容、施設の規則などについての説明をていねいに行います。子どもだけでなく、保護者の抱える不安にも配慮して対応します。そのうえで、子どものこと、家族のことを聞き取ります。それと同時に、子どもがどうして施設で生活するのか、どうなれば家庭引き取りとなるのか、現時点の目標を確認します。

3　アセスメントとは

アセスメントは利用者の抱える問題を解決するために、利用者自身、

利用者が抱える問題の状況、利用者の家族、利用者を取り巻く環境などを総合的に把握して、理解し、整理して支援計画につなげていく段階になります。

アセスメントの方法として、山辺（1994）は

①クライエント個人に関する身体的、心理的、社会的側面
②クライエントの関心、ニード、問題に関する側面
③クライエントに内在する強さと限界に関する側面

等をもとに、全体的な視点から問題状況をできるだけ正確に把握するものであると述べています[†4]。

『乳児院におけるアセスメントガイド』のなかで、アセスメントは専門的養育の基盤として求められるものとして、以下のように説明されています[†5]。

乳児院のケースの抱えた課題は、医学的課題、身体発育の課題、心理的課題、社会的課題（家族の課題）等多岐に渡ります。

そのため、子ども一人ひとりの状況を理解し、子どもそれぞれの状況に沿った支援を行うためには、多くの専門的視点が必要になります。

また、『乳児院におけるアセスメントガイド』では、どういった情報を把握すべきかを図表6-2のようにまとめています。

また、子どもとその家族の情報を把握するための方法として、①関わりをもつ機関からの情報把握、②関わりながらの行動観察、③家族への聞き取りの３つがあげられています。

アセスメントは、子どもとその家族を多角的にとらえて、理解していかなければなりません。そのため、複数の専門職が協働して、アセスメントを進めていくことが有効となります。社会的養護施設では、保育士、看護師、心理士、個別対応職員、基幹的職員、家庭支援専門相談員、里親支援専門相談員等の専門職が協働して、アセスメントをしています。また、家族関係や家族を取り巻く状況を視覚化して、わかりやすくするために、**ジェノグラム***や**エコマップ***等が使用されます（図表6-3）。

4　プランニング（支援計画策定）について

アセスメントで把握した利用者の情報と問題状況をもとに、支援計画を作成していく段階になります。山辺（1994）は支援計画の立案の目

出典
†4　†2と同じ

出典
†5　社会福祉法人全国社会福祉協議会全国乳児福祉協議会『乳児院におけるアセスメントガイド』2013年

用語解説

ジェノグラム
家族関係、親族関係を図式化したもの。

エコマップ
問題を抱えた利用者やその家族と、社会資源とのつながりを線や記号で表したもの。

図表 6-2　乳児院におけるアセスメントのポイント

①子どもの状態像を把握するための情報
（ア）身体的側面：身体的な発育や障害、疾病の有無など
（イ）心理的側面：情緒、言語、認知の発達、生活リズム、恐怖や不安などの心の状態
（ウ）関係性の側面：乳幼児は養育者との関係性が中心。成長に応じた他の大人や子どもとの関係など
②子どもの状態の背景にある要因に関する情報
（ア）障害や疾病、生まれながらの素因：生まれながらの障害や疾病、性格傾向、大きな事故等による障害など
（イ）過去の環境的要因：現在の状況に影響を与えてきた過去の人間関係、出来事、育ちの経過等
（ウ）現在の環境的要因：現在の環境や刺激、出来事、対人関係等
③回復と成長の経過を把握するための情報
（ア）ケースに関わり始めた以降の子ども（家族）の変化、成長、心身に抱えた課題の回復等

図表 6-3　事例のエコマップとジェノグラム

<エコマップ>

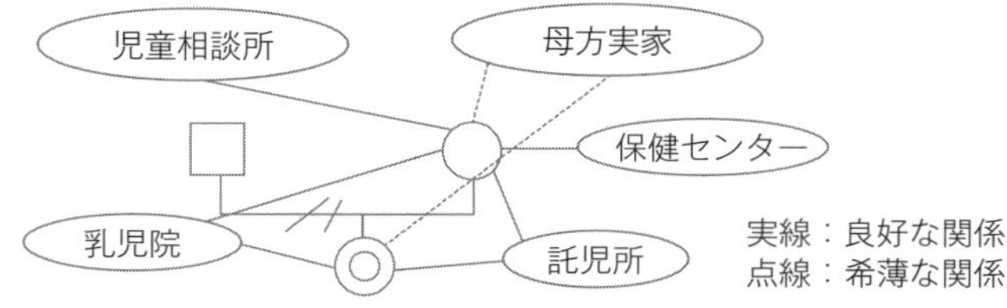

<ジェノグラム>

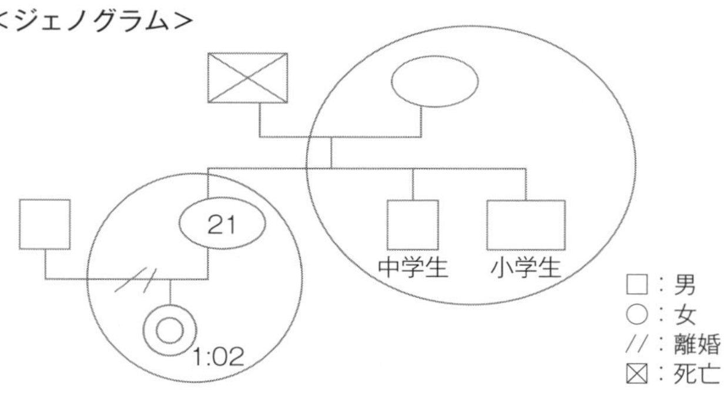

的を「第一に援助・処遇の方向性や焦点を定め、処遇の一貫性を保ち、さらにガイドラインを示し、計画的に効率的な処遇を行うこと」と述べています[†6]。

社会的養護における最終目標は基本的には家族再統合となります。けれども、子どもによっては、社会に出て、自分で生活していくことを最終目標とする場合もあります。それを目指して、長期目標、短期目標を設定し、支援計画を策定していきます。

もちろん、アセスメント同様に、子どもに関わるすべての専門職が集まって策定されます。関係機関、専門職それぞれがどういった役割をもって支援するのかも具体的に話し合われます。

▶出典
†6　†2と同じ

5　支援について

策定された支援計画をもとに、問題解決に向けての支援がなされる段階になります。支援計画で設定された目標を達成するために、それぞれの専門職、関係機関が担った役割に応じて、利用者に直接的、または間接的に働きかけをしていきます。

社会的養護における子どもへの支援は、生活のなかでの直接的な支援が主になります。また、保護者への養育支援も直接的な支援となります。大阪府社会福祉協議会が発行している「児童福祉施設援助指針[†7]」では生活における支援として、以下の項目で整理されています。

▶出典
†7　大阪府社会福祉協議会児童施設部会・援助指針策定委員会「児童福祉施設援助指針」2012年

①基本的生活習慣
②学習・学校・進路
③自己形成・対人関係・社会生活（施設における人格形成）
④家族支援（家族再統合に向けて）
⑤退所に向けて

支援を行ううえで最も重要なことは、支援者が利用者と**信頼関係を築く**ことです。子どもたちが施設で安心・安全な生活を送るためには、施設職員との信頼関係が必要不可欠となります。信頼できる大人のもとで、安心した生活を送ることによって、子どもたちは自分たちのもつ課題と向き合い、大人とともに、その課題を乗り越える努力ができるようになるのです。また、子どもの家族とも、同様に信頼関係を築くことが重要となります。家族再統合に向けて、保護者の抱える課題をともに解決していこうとする姿勢が大切だといえます。

6 モニタリングについて

支援計画に設定された長期目標を達成するために、まずは短期目標がどのくらい達成されているのかを定期的、継続的に確認する段階となります。

デイビッド（1994）は、モニタリングの基本的な４つの目的を以下のようにしています[†8]。

➤出典
†8　デイビッド・P. マクスリー／野中猛・加瀬裕子監訳『ケースマネジメント入門』中央法規出版、1994年

①サービス計画がどの程度適切に実行されているかを判断する。
②利用者へのサービス支援計画の小目標（ここでいう短期目標のこと）が達成されているか判断する。
③サービスと支援の結果を判定する。
④利用者の新しいニーズを知り、それがサービスの変更を要するか否かを判断する。

子どももその家族も日々生活が変化していきます。子どもは成長にともない、生活リズムも変化していきます。児童福祉施設での日々の生活で、支援をしながら、子どもの変化をよく観察し、達成できた課題、新たな課題を確認していきます。そうした状況を日々の記録に残して、アセスメント、支援計画の見直しに活用します。見直しについては、もちろん定期的に行われますが、新たな課題が生じたときや、子どもを取り巻く環境が大きく変化するときには、状況に合わせて見直しをしていきます。

7 終結

利用者の抱える問題が解決され、支援が必要ではなくなったときに、それまでの支援のあり方、利用者自身の状況等を評価してから**終結**となります。

社会的養護においては、児童福祉法での対象年齢を超えると、終結となります。家庭引き取り、里親や他施設への措置変更では施設内での支援は終結しますが、退所後の**アフターケア**を行う場合もあります。

２．事例を用いたケースマネジメントのプロセス理解

では、乳児院における事例に沿って、ケースマネジメントについての

理解を深めていきましょう。

1 乳児院でのインテーク

保護者が子どもの施設入所を希望した場合、最初にインテーク面接を行うのは、児童相談所の**児童福祉司**になります。

乳児院は児童相談所からの依頼を受けてのちに、保護者や子どもに会うことになります。児童相談所が保護者や子どもから聞き取りをしたものが最初の情報として乳児院に伝えられます。その情報をもとに、子どもを受け入れる準備をします。

インシデント①　経済的な問題を抱えた母子家庭のケース

乳児院へ措置入所依頼がありました。母子家庭で、経済的に苦しく、養育疲れから１歳２か月のトモキちゃんへの不適切な関わりがあったことで、子どもの施設入所を希望しているとのことでした。

児童相談所が現在把握している家族の情報は図表６-４の通りでした。

できるだけ早くトモキちゃんを預かってほしいとの母の希望か

図表 6-4　家族の情報

家庭環境	・母子家庭。母と子どもの2人暮らし ・職場の託児所に子どもを預けながら仕事をしている ・経済的に苦しく、生活に余裕がない ・母方祖父は早くに亡くなっている ・母方祖母は仕事をしながら、小学生と中学生の母のきょうだいを育てている ・実家の支援を受けることが難しい
母について	・母は21歳 ・工場での作業の仕事を始めたばかりでうまくいかない ・子どもが部屋を汚す、いうことを聞かないことでイライラする ・イライラが積み重なり、子どもを怒鳴ることが続いていた ・無視することもあったが、先日は初めて子どもを叩いてしまった ・子どもの面倒をみることがつらい ・トモキちゃんのことはかわいいと思っている ・このままだともっとひどいことをしてしまうかもしれない不安がある
子どもについて	・１歳２か月の女児 ・健診等で引っかかったことはなく、発達の問題はない ・アレルギーはないが、以前プリンを食べたときに発しんがでたことがあった ・肌が荒れやすく、冬場は肌の乾燥が特にひどい ・食事は大人と同じものを食べていて、離乳食は終わっている ・寝る前には哺乳びんでミルクを飲んでいる ・大きな病気にかかったことはない ・予防接種は順調に受けている

ら、数日以内での入所が決まりました。母の仕事の予定があり、事前見学をする時間がないため、入所当日に乳児院での生活についての説明をすることになりました。トモキちゃんに関するくわしい情報は入所当日に母へ直接確認することになりました。また、どうして乳児院で生活をするのかを当日までに児童福祉司と母で話し合って、トモキちゃんにも説明をしておくことになりました。

初回面接では、新しい生活の場所を不安に思う子どもと保護者に、施設での生活について、ていねいに説明し、子どもの様子、保護者のことを聞き取ります。精神疾患を抱えている保護者も少なくなく、その場合は保護者に無理のない範囲での聞き取りをします。そこには、児童相談所の児童福祉司も同席し、保護者のニーズについても共有されます。また、何かしらの障害のある保護者の場合、保護者の支援機関のケースワーカーが同席することもあります。

インシデント②

入所当日、児童福祉司と一緒に、疲れた表情の母親と、母親にしがみつくように抱っこをされて不安そうなトモキちゃんがやってきました。家庭支援専門相談員と担当保育士があいさつをすると、トモキちゃんは母親の胸に顔をうずめていました。まずは、母親とトモキちゃんと一緒に生活する場所の見学をしてもらいました。担当保育士が食事をする場所、就寝する場所、遊ぶ場所やおもちゃ、タンス、お風呂やトイレを案内しました。母親はトモキちゃんに「今日からここで生活するんだよ。お友だちと仲良くして、先生の言うことをちゃんと聞いてね」と声を掛けていました。トモキちゃんはじっと部屋の様子を見たり、説明する保育士の様子をちらっとうかがったりしていました。見学後、ふだん面会する部屋に行き、そこで乳児院の説明と、これまでの様子の聞き取りをすることにしました。最初に乳児院での生活についての説明をしました。母親は特に質問がないといったので、次にトモキちゃんのこと、母親のことを聞き取りました。母親はトモキちゃんの食事の様子で、遊び食べをすることや、前に食べたのに、次に食べない、わざとお茶やおかずをひっくり返すことがあって、どうしたらいいかわからないと言っていました。特定の好き嫌いはないとも話していました。

一通り聞き取りをした後、これから乳児院で生活をすることをトモキちゃんに母親と児童福祉司から説明してもらいました。母親は「お仕事して、お金がいっぱいたまったら、一緒に家で暮らすから、それまでここでいい子でいてね」と説明してきたとのことでした。再度母親に児童福祉司と保育士の前でトモキちゃんに伝えてもらいました。

今後について、仕事や経済状況を確認し、母親自身の気持ちの整理などをして、面会を進めながら、家庭引き取りを目指すことになりました。

施設入所はこれまでと違った生活環境、人間関係のなかで生活を始めることになります。保育士は子どもの不安を十分に理解して、子どもと関わることが大切です。施設入所時に大切なことは、子どもが施設で生活する理由をきちんと言葉で説明することです。赤ちゃんであっても、その年齢に応じた説明をします。最初はわからなくても、何度も説明されていくうちに、少しずつ理解できるようになっていきます。

一方、事前に子どもや家族の情報が得られない場合もあります。

虐待等による**職権保護***の場合、入所先が保護者に知らされません。保護者から情報を得ることが難しく、子どもの情報がほとんどないまま、施設に来ることも多くあります。子どもが小さくなればなるほど、保護者からの情報が重要になりますが、情報が得られるまでに時間がかかることが多くあります。

保護者からの情報が得られない場合、児童相談所から子どもが所属していた保育所、居住地にある保健所や家庭児童相談室、**要保護児童対策地域協議会***等に問い合わせてもらい、確認をしていきます（図表6-5）。

2 アセスメント

入所前に確認していた情報、入所時に得た情報、入所後の子どもの生活を観察することから得た情報を**アセスメントシート**にまとめていきます。

＊ 用語解説

職権保護
虐待などで子どもの生命の安全が確保されない状況や、子どもの権利が保障されない環境である場合などに、保護者の同意を得ずに、児童相談所の判断で、子どもを保護すること。

要保護児童対策地域協議会
要保護児童やその保護者（要保護児童等）に関する情報その他要保護児童の適切な保護を図るために必要な情報の交換や、要保護児童等に対する支援の内容に関する協議を行う機関。福祉に限らず、保健医療機関、教育、警察司法などの多機関でメンバーが構成されている。

図表 6-5 関係機関からの情報

保育所	保健センター	要保護児童対策地域協議会	主治医
ふだんの健康状態 アレルギー 食事の段階、様子 親子関係 保護者の様子 など	母子健康手帳の記録 ・出生時・健診 ・予防接種 親子関係 保護者の様子 など	保健師、家庭児童相談室職員による情報 子どもの様子 親子関係 家庭状況 など	疾患に関する情報 アレルギー など

まずは、入所までの家族の生活状況、保護者と子どもの関係性、保護者自身、子ども自身に関することをまとめていきます。そのうえで、保護者、子どもの強みと課題を整理していきます。

乳幼児の場合、それに加えて、健康情報が大切になります。乳幼児は、十分に言葉で表現することができません。泣いたり、機嫌が悪くなったりすることで体調を訴えてくれる場合もありますが、多くの場合は、大人が子どもの変化をよく観察して、体調管理をする必要があります。そのためにも、ふだんの健康状態だけでなく、妊娠時、出生時の情報も把握しておくことが子どもの体調不良の早期発見につながります。

インシデント③　トモキちゃんの入所１か月間の様子

母親が入所時にトモキちゃんへの困り感として、食事時の様子をあげていたことから、この１か月で食事の様子についても、よく観察していました。

最初の１週間は自分ではなかなか食べず、職員が抱っこしながら、食事介助をしていました。１週間経って、生活や職員に慣れてくると、いすに座って、手づかみで食べるようになりました。スプーンは右手でもって使おうとしますが、まだ上手には使えない状態でした。けれども、遊び食べや、食器をひっくり返すなどの様子はまだみられませんでした。肌荒れやプリンを食べたときにでた発しんの情報もあり、肌の状態も看護師と保育士でよく観察していました。

面会も開始しており、週に１回、母親の仕事が休みの日に来ることになっていました。母親は面会に来ることがつらそうな様子でした。久しぶりに会うトモキちゃんは、面会の初めに泣いてしまって、担当保育士から離れることができませんでした。少し時間が経つと、保育士の膝から離れて遊ぶことができていました。

子どもの全体像をとらえるために、「**身体的側面**」「**心理的側面**」「**関係性の側面**」から情報を整理します。子どもについては、乳児院の専門職それぞれの視点から情報を集めたり、保護者から話を聞いたりします。家族や保護者の育ちに関する情報は、児童福祉司が保護者と面接をして得た情報を確認して整理していきます。乳児院でも、保護者との信頼関係を築いていきながら、保護者自身のことや、子どもとの関係などを聞いていくようにします。

3 支援計画作成から処遇、モニタリング、再アセスメントの流れについて

まず、児童相談所で子どもと家族の**援助計画**が作成されます。そこには、入所理由、子どもと保護者それぞれの短期目標、長期目標、児童相談所の役割、施設に期待する支援内容が記されています。これをもとに、まずは入所してからの１か月間の**アセスメント**に基づき、**支援計画**を立てていきます（図表6-6）。

支援計画を立てることは、子どもに対する支援の方向性を明確にし、それを職員で共有し、子どもやその家族に必要なよりよい支援を行うことにつながっていきます。

①トモキちゃんの支援計画

子どもの発達に合わせた目標の設定をします。現在の発達段階を確認し、次の目指すべき段階について、各乳児院で作成される養育計画に沿って目標を立てます。

支援計画を立てて、担当保育士を中心に、看護師、保育士、児童指導員が子どもの日常の支援を行います。支援を行いながら、気になることや変化を**記録**に残していきます。子どもへの関わり方、支援の方向性など、日々の記録をもとに、情報を共有し、定期的に、また状況に応じてモニタリング、再アセスメントが行われて、支援計画が見直されていきます。

また、保護者についても、面会のなかで、養育スキルについて、どういったことが苦手で、どういったことが得意なのかを質問し、観察しながら、必要に応じた養育スキルを獲得できるように支援することも必要になります。

図表6-6　支援計画作成のプロセス

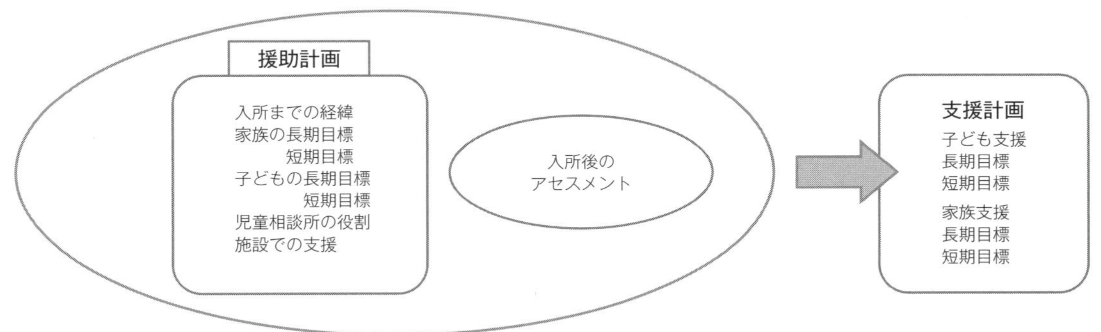

②保護者の状況が変化したケース

入所期間が長くなってくると、家族の状況が変化することも多々あります。離婚、再婚、次子の妊娠や出産などにより、家族の形が変わることで、それまでの支援計画が大きく変わります。また、保護者の経済状況の変化も支援のあり方に大きく影響します。引き取りの時期の見直しや、面会の進め方も再検討となります。

③家庭引き取りのケース

トモキちゃんのケースもそうですが、最初の支援計画策定時に、目標とすべき家庭引き取りの時期を確認します。経済面を含めた母親の生活状況、母親とトモキちゃんの関係を確認しながら、面会、外出、外泊の段階を経ていき、児童相談所が具体的な引き取りの時期を決定していきます。

また、子どもへの不適切な関わりがあったケースでは、退所後に児童相談所をはじめ、保育所、家庭児童相談室や保健センターなどの地域の機関による見守りが実施されます。

④児童養護施設や里親、ファミリーホームへの措置変更のケース

乳児院は法律上では就学前まで在籍することができますが、実際は２歳から３歳の間で、児童養護施設、養育里親、ファミリーホーム等への措置変更となります。子どもの施設入所時から保護者が特別養子縁組に同意していれば、特別養子縁組の成立を目指したケースマネジメントが展開されます。子どもの発達、**アタッチメント**などの状態に応じて、児童相談所と協議しながら、措置変更に向けての支援計画を作成します。具体的な移動先や時期が決まれば、措置変更先も交えて相談しながら、子どもとの交流を始めていきます。交流のなかで、措置変更先の職員との新たなアタッチメント関係をつくっていき、安心して新たな生活場所へ移動していけるように支援します。

参照
アタッチメント
→レッスン1

4　乳児院での終結

乳児院に限らず、施設を退所することが施設での支援の終結となります。けれども、家庭引き取りで退所をした後も、ケースによっては一定期間家庭訪問をしたり、保護者の求めに応じて相談に乗ったりします。

措置変更した子どもについても、措置変更先との相談のうえで、定期的な交流をしながら、子どもを支援する一つの資源となることができます。また、子ども自身が、自分のルーツを知るために、乳児院を訪れることもあります。小さいときに大切にされた経験を語れる機関として、必要に応じてアフターケアを行っています。

演習課題

①子どもに入所理由を説明するとき、あなたならどのように説明しますか。実際にロールプレイを行ってみましょう。
②入所してからすぐの子どもへの支援で配慮するべきことはどんなことでしょうか。グループで話し合ってみましょう。
③事例における支援目標を立ててみましょう。

レッスン7

自立支援計画の作成

本レッスンでは、社会的養護施設および里親家庭で子どもたちの支援をする際に策定する自立支援計画の意味と内容、活用法について学びます。自立支援計画で全体像を把握しながら支援することは、中長期的視点で効果的な支援につながります。

1. 自立支援とは

1 自立とは何か

子どもの自立とは一体どういった状態を指すのでしょうか？　子どもの自立について、1998（平成10）年に発行された厚生省児童家庭局家庭福祉課監修『児童自立支援ハンドブック』では次のように述べています。

> 児童の自立を支援していくとは、一人ひとりの児童が個性豊かでたくましく、思いやりのある人間として成長し、健全な社会人として自立した社会生活を営んでいけるよう、自主性や自発性、自ら判断し決定する力を育て、児童の特性と能力に応じて基本的生活習慣や社会生活技術（ソーシャルスキル）、就労習慣と社会規範を身につけ、総合的な生活力が習得できるよう支援していくことである。もちろん、自立は社会生活を主体的に営んでいくことであって孤立ではないから、必要な場合に他者や社会に助言、援助を求めることを排除するものではない。むしろそうした適切な依存は社会的自立の前提となるものである。そのためにも、発達期における十分な依存体験によって人間への**基本的信頼感***を育むことが、児童の自立を支援する上で基本的に重要であることを忘れてはならない。

このように「自立は孤立ではない」ことがしっかりと提起されている通り、自らの身に起こるすべてのことを児童ひとりだけで抱え立つ状況になるということが自立ではありません。むしろ子どもの自立とは、自分の考えで物事を判断し行動すると同時に、必要に合わせて知識や手助けを自ら他者に求め、他者の手助けとともに行動できる人間に育つこと

＊ 用語解説

基本的信頼感

基本的信頼感とは、「自分が他人から愛されていて、大切にされている」という感覚のことを意味する。「理由のない自己肯定感」とよばれることもある。乳児期に両親や養育者から気持ちを受け入れてもらい、たくさん愛情を注いでもらうことで、両親や養育者との間に強い情緒的な絆を築き、安心感や受容感を得るなかで基本的信頼感を育んでいく。逆に、親に拒否されたり、十分な養育が与えられなかったりすると人間全体に対する不信感につながっていく。

を指しています。

こうした自立への支援は施設を出るときにだけ求められるのではなく、乳幼児期の養育から当てはまります。社会生活の土台づくりとともに、自立のために必要な「発達期における十分な依存体験によって人間関係への基本的信頼感を育むこと」が「児童の自立を支援する上で基本的に重要」なのです。そしてすべての社会的養護において、こうした理念を具体的に施設での生活のなかで実現していくことが求められています。

２ 「児童福祉法」および「児童福祉施設の設備及び運営に関する基準」

> 「児童福祉法」第１条
> 全て児童は、児童の権利に関する条約の精神にのつとり、適切に養育されること、その生活を保障されること、愛され、保護されること、その心身の健やかな成長及び発達並びにその自立が図られることその他の福祉を等しく保障される権利を有する。

2017（平成29）年４月１日に施行された「児童福祉法」では、上記のように新たに自立についても明記されました。

自立支援計画ですが、社会的養護施設では従来から「**個別処遇計画**」を策定していました。1998（平成10）年の「児童福祉法」改正後の「児童福祉施設の最低基準（現：児童福祉施設の設備及び運営に関する基準）」の改正を踏まえ、「児童養護施設等における入所者の自立支援計画について」として厚生労働省雇用均等・児童家庭局家庭福祉課長より通知が出され、児童養護施設、児童自立支援施設、母子生活支援施設、情緒障害児短期治療施設（現：児童心理治療施設）における**自立支援計画**の策定が始まりました。

2004（平成16）年に**乳児院**を追加し、2005（平成17）年に「児童福祉施設の最低基準」の改正を踏まえ「児童養護施設等における入所者の自立支援計画について」が新たな厚生労働省雇用均等・児童家庭局家庭福祉課長より通知されました。

「児童福祉施設の設備及び運営に関する基準」第45条の２で児童養護施設においては、「児童養護施設の長は、第44条の目的を達成するため、入所中の個々の児童について、児童やその家庭の状況等を勘案して、その自立を支援するための計画を策定しなければならない」と明示されたのをはじめ、ほかの社会的養護施設も同様に自立支援計画の策定が明確に義務づけられました。さらに里親、第二種社会福祉事業であるファミリーホームについては2012（平成24）年、自立援助ホームについては2015（平成27）年にそれぞれの運営（養育）指針において明示されました。里親については、児童相談所の作成した児童自立支援計画をもとに、自立援助ホームにおいては入所時のアセスメントをもとに自立支援計画を策定し養育することとなっています。

3　自立を支援するということ

自立という育ちの目標は、社会的養護施設で育つ子どもたちだけに特別に求められるわけではありません。どこで育つ子どもに対しても望まれる育ちの姿でしょう。しかし社会的養護施設で生活する子どもたちは入所理由にともない何らかの社会的な支援を必要とし、それに対応するべく包括的に連携した支援が求められています。

何らかの理由により社会的養護施設で生活する子どもたちの自立支援を行うことが養育者の業務です。そして子どもたちを自立へ導くために、子どもたちに関わる大人が力を合わせて取り組むための目標となるものとして策定するよう指定されているものが「**自立支援計画**」です。

子どもの自立は当事者である子どもはもとより、その保護者、施設職員や里親、その他関係機関等の地域社会が自立に対し想いをはせています。「このような子どもに育ちたい、育ってほしい」というそれぞれの想いを収集し子どもの想いを軸に（**自己決定の原則***）統合分析することを**アセスメント**といいます。アセスメントを行うことで課題を整理するとともに対応するための情報を収集します。そして、それらの情報を視覚的に把握しやすくするために自立支援計画を策定します。策定に際し前出の「児童福祉法」第１条にもあるように**子どもの権利**を念頭に置き、調整していくことが重要です。

自立支援計画を策定したのちには、自立支援の方向性について、関わる職員間で共有し、よりよい支援へとつなげていくこと、そしてそのプロセスを蓄積し、新たな子どもたちの支援へとつなげていくことが望まれています。

🞳 用語解説

自己決定の原則

バイステックの７原則の一つ。自分のことは自分で選択し、決定する権利があるため、援助者は、利用者の意思を尊重し、利用者が自ら選択・決定できるように支援していくこと。

→レッスン13

4　すべての社会的養護施設で行われる「自立支援」という一貫した視点

社会的養護施設とひとくくりにいっても、乳児院、母子生活支援施設、児童養護施設など施設種別によって年齢構成や環境はバラバラです。そのため「基本的生活習慣や社会生活技術（ソーシャルスキル）、就労習慣と社会規範を身につけ、総合的な生活力」を養う自立支援といわれてもすぐには母子家庭や乳幼児などにおいては結びつけにくいと感じるかもしれません。

ですが「自主性や自発性、自ら判断し、決定する力」を育てることが最終目標であるとみえていると、子どもが課題に直面した場合に、その場の職員個人の感情や価値観、状況判断だけでの場当たり的な解決策を減らし、計画的なよりよい育ちのための継続可能な養育が行いやすくなります。

自立支援を念頭に置いた養育を行うことで、養育担当職員が替わっても、場合によっては次の施設や里親へ措置変更されても、新しい養育担当職員がこれまでの自立支援計画を確認し、次の支援を行うことにより安定した継続支援を行うことができ、それが子どもの生活の安定につながっていきます。

2．自立を支援するための計画とは

自立支援計画を作成するためには、まず「児童福祉法」に規定されている各種施設の設置目的、そして個々の施設で大切にされている理念や目的について十分理解したうえで、そこに子どもの担当者や所属するグループの想い、保護者の想いを反映させて計画を立案する必要があります。

こうしたプロセスを経て作成した計画について、子ども自身の想いを軸にしてアセスメントを行い、みんなで共有したうえで、養育担当者がその「想いがつまった計画」に基づいて日々の養育を実践していくことが大切になります。

散らばっている情報をそのときどきに集めていては課題対応への初動においても時間がかかり効率的でなく、また実践の蓄積においても非効率です。まずはその「想い」という情報を１か所に集め整理する必要があります。ただし、情報を集めるには自立支援においてどのような情報が必要か知っておかなくてはいけません。そのために必要な情報を一覧化したものが**自立支援計画**でもあります。自立支援計画を念頭に置き情報収集を行っていないと、必要になった際にその都度必要な情報を集めなければならず、子どもへのケアよりも情報収集自体に時間がとられます。そして情報不足は子どもが表出してきたものを「なぜ」と問うための情報をもっていないことにもなり、対応が後手に回ることもありえます。子どもと日々ともに生活し養育や支援を展開している子どもの担当職員が、その子どものことを最もよく理解できる立場にあることは間違いありません。しかし、その子どものことを理解し、十分に情報を把握しているつもりでも、いざ必要な情報の一覧と照らし合わせると、不足していることがよくあります。日頃から、多様な角度から、その子どもに関する理解や情報収集を心がけておく必要があります。

自立支援計画策定に向けてアセスメントする際に必要となる情報には、時間軸で大きく分けて３種類あります。固定化された①**過去情報**、現在目の前で行われ収集される②**現在情報**、想いの実現のために必要となる想定される課題への③**未来情報**です。それらを念頭に置いて情報収集することが効率的な自立支援計画の策定につながっていきます。

1　過去情報

過去情報とは、今後変わることのない過去に起こった固定化された事実です。家族構成、家族史、入所までの生育歴や医療情報、入所理由、そのときの当事者（入所児とその保護者）の想い、名前の由来など、今後変わることのない情報があります。これらの情報の多くは保護者しか知らない情報です。入所までの面接などを通して児童相談所が把握していることが多いですが、今後の面会や保護状況を予測しつつ養育初期の段階で手に入れることが重要になります。

自立支援計画は、子どもの施設入所時に策定する方法に加え、入所後数か月間は児童相談所で作成した援助指針を自立支援計画として活用することになります。その後もこれらの情報を基礎として扱いますが、このときに提供される情報が固定化された過去情報です。ケースによっては情報が不足していたり、未確認であることもありますが、入所後に保護者と音信不通になる可能性もありますので、養育するなかで必要になる情報に関しては事前に児童相談所を経由し、しっかりと集める必要があります。

2　現在情報

一時保護所で行動観察が行われるように、入所してすぐはその子がどのような子なのか、どんな好みがあり、どんな性格で発達段階はどのくらいか、子どもが表出する生活習慣や対人関係などの状況をつかむ必要があります。児童相談所で策定された援助指針や一時保護所の行動観察が入所後数か月間、自立支援計画として活用されることになるのはこの

補足
一時保護の目的
一時保護の目的として（1）緊急保護、（2）行動観察、（3）短期入所指導などがある。一時保護所担当者は、援助指針（援助方針）を定めるため、一時保護した子どもの全生活場面について行動観察を行う。その場合種々の生活場面の行動を観察し、定期的に他の職員と観察結果の比較検討をする等して、総合的な行動観察を行う（全国社会福祉協議会中央福祉学院『児童相談所運営指針』2009年）

ような理由からです。

入所後も同様に常に子どもたちの変化をつかみながら、保護者の変化や新たにできた施策や制度変更、NPOなどの支援団体についての情報を収集していきます。集めた情報をもとに見直しながら、変化に対応した自立支援計画を再策定していきます。くわしくは再アセスメントの項目で説明します。

3 未来情報

子どもにとって重要な人生の節目がさまざまにあります。家族再統合、里親委託、進学、就職、医療ケアの必要な子どももいるでしょう。想定される課題に対して当事者である子どもの意見を尊重しながら、それを実現するためにはどうするべきでしょう？　本人の気がついていないニーズも把握し、よりよい自己実現へ向け必要になるものが未来情報です。

家族再統合であれば再統合までに必要な、面会の段取り、外出の計画、外泊をし、その後引き取りとなるステップを検討し保護者にわかりやすく提示できるように情報を集める必要があります。里親委託であれば児童相談所を含めた里親開拓機関との調整、委託後のアフターケアに何が必要になるかをその家庭に合わせて調べる必要があります。進学希望の場合であれば希望進路に合わせた奨学金情報、就職希望の場合には家庭引き取り・**施設内措置延長***・自立援助ホームの利用検討、一人暮らしを希望する場合には自立生活に必要な会計知識と貯蓄計画など、それぞれの場面にあった情報を整えておく必要があります。また措置解除後に相談に訪れることができる機関を紹介しておくことも重要です。

3. 短期目標、長期目標という視点

自立支援計画において設定が求められる**短期目標、長期目標**は、その子の想いを軸に、家族の想い、学校や関係機関等の地域社会や施設内での想いを整理し、そして過去、現在、未来という時間軸という視点でまとめていくアセスメントの行程を経ていくと、自然とみえてくるものです。

短期目標とは、アセスメントによりみえた子どもの望む3か月程度先に達成したい姿です。子どもの月齢に合わせ変化の幅を考え、見直していきます。長期目標は6か月から2年くらいの単位で望む子どもの姿

* 用語解説

施設内措置延長

社会的養護施設は、「児童福祉法」下の施設であり、第4条で児童について、36条から44条にかけて施設を規定する中において、その児童（満18歳に満たない者）が措置入所の対象であると定めている。さらに何らかの理由により措置期間を満了しても、継続した養育が必要となる場合については、現在入所している施設等での措置を延長できる。「児童福祉法」第31条において児童養護施設、児童心理治療施設、児童自立支援施設、母子生活支援施設は満20歳までと定め、乳児院は第37条において幼児（満1歳から、小学校就学の始期に達するまでの者）と定められている。また、自立に向けた措置延長の積極的な活用として、厚生労働省からの通知（雇児発1228第2号）で、20歳までの措置延長が示されている。さらに2017年、「社会的養護自立支援事業等の実施について」（雇児発 0331 第 10 号）において大学進学等における20～22歳までの自立支援について、記載された。

です。長期目標においては子どもの意思、家族の意見、地域社会の３点を加味し並行して展開していけるように計画し進めていきます。実際に実行していくなかでは目標到達に差異がでてきてしまうのは当然ですので、総合的な視点での判断や計画が必要になってきます。

最善の利益に基づいた子どもの意思決定のなかで策定していくのですが、このときに注意するべき点が三つあります。一つ目は問題点の指摘は目標にはなりえません。二つ目は目標と手段とを明確に分けて計画することです。三つ目は、目標は客観的、具体的、数値的に把握でき体感できるものとし、実現可能な計画である必要があります。

どういった目標設定であればその子どもが達成感を感じ、子どもの**ストレングス**を引き立てエンパワメントできるかを考え策定することが求められます。

参照
ストレングス
→レッスン３

インシデント①

シンジくんは親権者の同意により特別養子縁組をすることになりました。児童相談所や支援団体による養親候補の調整とマッチングが行われ、２週間後にお見合いを行うことになりました。

この事例の場合の短期目標は、「里親候補者と子どものお見合いを行う。シンジくんが里親との関係を築けるように人的配置を含め環境に配慮し、実習のなかで愛着関係のきっかけをつかむ」というものになるでしょう。長期目標は「里親委託後、特別養子縁組成立」となります。

インシデント②

アスカさんは大学進学を希望しています。本児の意欲もあり高校の担任からも「行かせてやってほしい」と推薦をもらっています。保護者からの支援は期待できず、学習支援と進学後の学費と生活に関する計画が必要になります。

この事例の場合の短期目標は、「学習ボランティアと学習塾の併用で学習支援体制を整え、模試で合格ラインを超えること」となるでしょう。進学支援として奨学金制度の把握、住居支援として施設の措置延長と自立援助ホーム利用の可能性などとなり、事前に想定できるものに関しては手段を把握し、長期目標としては「大学へ進学し、措置継続」と不合格だった場合の「措置継続の可能性と**自立援助ホーム***の利用と学習支援の併用」ができるかどうかを自立支援計画に盛り込むことになります。

用語解説

自立援助ホーム
「児童福祉法」第６条の３で「児童自立生活援助事業」に規定された第二種社会福祉事業。何らかの理由で家庭を出ざるをえなくなった、または社会的養護施設を退所したのち家庭からの支援がなく働かざるをえなくなった、原則として15歳から20歳までの青少年に、住居と日常生活の支援と相談の場を提供する施設。

これらの想定される計画の行程は、施設として把握し蓄積する必要があるものです。一人の職員が支援した経験上からこれらの経緯を把握していることが多いのですが、過去の経験という点だけで把握するのではなく職員間で共有し合える環境、職員それぞれがもつストレングスをつなぎ、施設として面で対応できる環境をつくり、次のニーズにつなげることが重要になります。よい点（**社会資源**）とよい点をつなげ線とし、それらの線を束ねて面とすることでよりよい効果を発揮できる場面づくりが求められます。

4．自立支援計画の実行・確認見直し・評価・再計画

社会的養護の子どもたちは入所までにさまざまな課題を抱えてきていることが多く、それらの課題が生活するなかで表出されます。また子どもたちやまわりを取り巻く環境は日々変化しています。

課題改善に向けて立てた自立支援計画は、立てて終わりではなく、計画を実行している最中にも子どもは変化し、その他の環境も変化し続けていることを理解し、それに合わせた見直しが必要となります。変化に合わせた対応をとるために、計画を立てる子どもの月年齢や変化の速度に合わせ**再アセスメント**を行い自立支援計画の見直しをすることが必要となります。

1　自立支援計画の事後評価（効果の検証）

養育を行うなかで最も近い大人である担当者は、その子のすべてを知っている感覚に陥りがちです。しかし一歩身を引いて自立支援計画という項目化されたものと向き合うと、もれ落ちた情報に気がつけるはずです。自立支援に必要な情報は多岐にわたります。計画にある項目を念頭に置き、日々の養育記録をしっかりと書き留めることで情報も探しやすくなるでしょうし、活用しやすくなります。そして集めた情報をもとに策定された自立支援計画を、施設長をはじめ先輩職員から**スーパービジョン***を受けることが望まれます。先輩の経験に裏づけされた視点は、担当者としての想いからみえなくなりがちなものをみせてくれることもあるでしょう。また前出した通り、各々がもつスレングスをつなぐことを意識したスーパービジョンを行うことで、課題改善に向けた対応が担当職員という個人からグループや施設での対応に広げていくことが望まれます。

＊用語解説
スーパービジョン
指導的立場にある職員（スーパーバイザー）が、対人援助者（スーパーバイジー）に教育・助言を行い、援助技術の向上を目指すこと。

課題を抱えている子どもたちへの支援は、施設で行われる養育のなかで占める割合が年々大きくなってきています。課題への対応には多くの時間を必要とし、養育業務においては課題解決だけが目標となってしまいがちです。グループ内での価値観と社会的な価値観にずれが生じても気がつくことが遅れたり、支援を計画する場面においても閉塞的な支援になったりする可能性も否定できません。そのような場合、スーパービジョンによって自己の閉塞感に気付かされることもあるでしょう。

自立支援計画を考える際に担当者だからと一人で抱え込む必要はありません。むしろ孤立化させないようにチームとして担当職員への応援や連携が必要です。スーパーバイズを受けていくことでチームとしての対策がとりやすくなるでしょう。そして経験が共有され自立支援計画を策定することが容易になり、よりよい支援につながります。

フレームワーク*とよばれる課題解決手法のなかで、問題分析を積み重ねてケースを見通す方法に「**フォーキャスト***」「**なぜなぜ分析***」とよばれるものがあります。施設内でもよく使われる技法ですが、先が見通せないような状況でのフォーキャストだと問題点ばかりが表出し、その子どももしくは担当職員に対する責任追及になりやすく、子どももしくは担当職員が責任を果たしていないようにみえてしまいます。「将来」こうするために「今」こうするという**バックキャスト***（タイムマシン法）への視点切り替えや、目標のために何が必要かという議論（ギャップ分析）など、フレームワークの技法を使って振り返ることもよいでしょう。

課題への絶対的な「解決策」はなくとも、よりよい育ちのための「**改善策**」を探す視点が自立支援計画には大切です。また子どもと職員、そして施設によっても得意不得意となる部分があり、チームとしてそれぞれの強み（ストレングス）を生かし、自己肯定感を育める環境をつくれるように計画していくことも、スーパーバイズに求められるところです。

2　定期的な再アセスメントの必要性

一人ひとりの子どもの中・長期的な自立支援計画を立て、それに基づき支援していく。そうはいっても、子ども自身の成長にともないニーズや嗜好も変化します。外部環境である保護者の状況や職員の異動、社会情勢も変化していきます。所属グループ内での人間関係、外部の友だちや異性との関係、保護者の変動、家族再統合、里親委託へ移行、医療ケア、進学、就職など子どもを取り巻く環境要因はさまざまあり、それに合わせた子どもの変化、家族の変化を総合的に把握し計画します。

そしてアドミッションケア、インケア、リービングケア、アフターケ

✱ 用語解説

フレームワーク
業務改善、問題解決技法として物事を考える際に使うさまざまな分析や思考法、枠組みの総称。

フォーキャスト
フォーキャストとは、過去の事由があって、現在の事由がある。だから未来はこうなるであろうという推察法。

なぜなぜ分析
なぜなぜ分析とは、事象に対しなぜそのようになったかと問い、その答えにもう一度なぜと問い続けることを数回繰り返すことで問題解決を目指す手法。トヨタ生産方式ともよばれる。

バックキャスト
具体的な目標やゴールを先に定め、そこへ到達するにはどうするべきかを問い、出た答えに再度同じ問いをし、現状に落としていくことで問題解決を目指す手法。

◆ 補足

ケアの種類
施設入所前に行う入所にともなう関係者との調整、情報収集などの総称をアドミッションケア、施設入所中のケア総称をインケア、施設を退所する直前に行われるケア総称をリービングケア、施設を出たあとに行われるケア総称をアフターケアとよぶ。これらを、連続性をもって実施する必要がある。
→レッスン12

アとさまざまな場面でそのケアに合わせた情報を収集して再アセスメントを行い、変化にともない実行中の自立支援計画を振り返り、新しい情報をもとに見直すことが大切です。

ニーズの変化に対応できるように、また子どもを取り巻く環境が突発的に変化した場合においても対応できるように、自立支援計画を通して日々の状況変化を把握しておく必要があります。いつ、どこで、誰が、何を、どうしたことによる変化なのか。細かいことになりますが、詳細をつかむことが課題解決への近道にもなります。振り返りのなかで今何が必要なのかがみえてくることもあります。

自立支援計画の再アセスメントを行う際には、現状に行き着いた経緯の分析や新たな課題を見定め、その改善策の道筋を一つではなく複数検討しておくことも必要です。必要な関係機関とも連絡を取っていることで子どもたちの課題への取り組みや表出が想定外に動いた場合でも、複数検討していたものをかけ合わせた支援を行うことで柔軟に対応できます。

3　地域社会・関係機関との連携

アセスメントを行うなかで施設内だけで解決できない課題が表出してくることが多々あります。課題改善に向けた関係機関との連携が必要になります。児童相談所、福祉事務所、里親、弁護士、学校、行政、NPOなど関係機関は多岐にわたります。自立支援を計画するなかで初めて出会う機関もあるでしょう。これらの関係機関との連携を自立支援計画に記載しておくことで、今後同様の支援が必要になった際に先を見通しながらの支援につながり、経験の共有も行えます。外部連携という、施設を含めた関係機関という点をつなぐ環境をつくっていきましょう。自立に必要な支援を組み立てるためには、他機関の機能をしっかりと理解し、協働していくことが重要です。

5.　自立支援計画と再アセスメントのPDCAサイクル

自立支援計画という目標が定まっていれば、支援を行いやすくなります。しかし、支援行動の結果、子どもの行動が変化し、特に「想定していない変化」がもたらされた場合は、その変化に即座に対応していかなければなりません。また変化から現状の計画では無理があると判明した際にも即座に変更をしていかなければなりません。

図表 7-1　PDCAサイクルとOODAループ

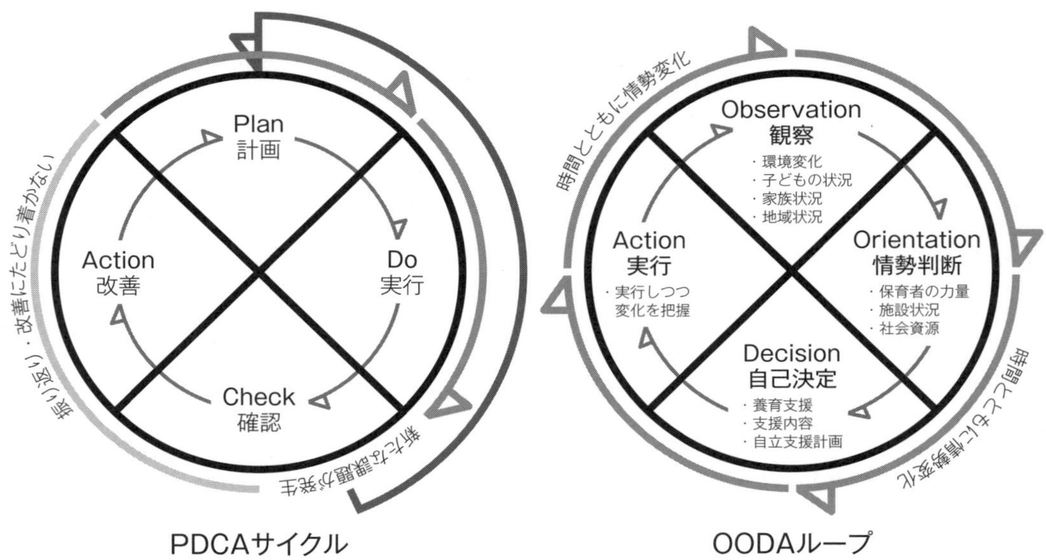

計画（Plan）し、実行（Do）する。その結果を確認（Check）し、改善（Action）する、これを**PDCAサイクル**といいますが、急激な変化の場合には、行動したその結果を振り返り次のプランにつなげる行程を見落としかねません。そこでPDCAのPDのあとにどう変化するか観察（Observation）し、次の支援をアセスメントする情勢判断（Orientation)、自己決定（Decision)、実行（Action）のサイクルを回す**OODAループ**という視点も重要になります（図表7-1)。

子どもたちと生活をともにするなかで子どもたちの状況を「**観察**」し、ニーズを把握します。そのニーズに対応するための情報を集め改善策をアセスメントとして「**情勢判断**」し、「**自己決定**」として自立支援計画を策定します。策定している間にも状況は変化し続けているので、自立支援計画に基づく「**実行**」とともにその結果を「観察」、計画に基づき養育を行いながら再アセスメントとして「情勢判断」し、自立支援計画を振り返り「自己決定」して自立支援計画を再考していく、そしてまた新たに生まれる課題を改善するため情報を集めていくというループです。

自立支援計画とはまさにこのループを回すためのツールであり、課題改善に必要な情報を漏れや重複することなく、効率的に情報収集するための書式でもあります。

6．自立支援計画を立ててみよう

以下の事例を参考に自立支援計画を立ててみましょう。子どもたちの人生は施設に入所するその一瞬で終わりではなく、継続していくものです。目の前でともに生活しているときのことだけでなく、その先の変化にもしっかりと目を向けて計画していくことが大切です。さらに時間軸で計画をしつつ、子どもの権利、想いを汲み取った計画となるように組み立てていきましょう。

事例は３段階に分けています。③のみサンプルとして自立支援計画を策定してみます（図表７-２）ので、④⑤については振り返りとともに協議し、再度自立支援計画を策定してみてください。

インシデント③

シンジくんが１歳の頃母親が失踪しました。父親との２人暮らしとなりましたが、父親は仕事を理由に養育放棄傾向にありました。地域住民らの説得で父親より児童相談所に相談があり乳児院に一時保護委託で入所しました。父親は入所に同意はしたものの、親権を放棄しない方針です。親族からの支援はあてにできないといいます。

一時保護から入所に措置を切り替えた後も父親は親権を保持はしていますが、面会頻度は低くなっています。シンジくんはともに生活する子どもたちに面会や外泊がある様子を見聞きしていくなかで、「シンちゃんの母さんは？　父さんは？」と担当保育士にたずねる姿も確認され始めました。父親には面会の意思はある様子ですが、仕事の兼ね合いもありなかなか来づらいといいます。

インシデント④

シンジくん（３歳）は、乳児院から児童養護施設に措置変更されました。その後も父親との面会頻度は低いものの、電話などでのやり取りが多くなりました。14歳の頃、突然父親が引き取りを希望しました。理由は仕事が安定したからとのことでした。それまで面会や電話などが中心で外泊等の関わりも少なかったため、まずは施設への訪問頻度を上げ、面会、その後外出、外泊という段取りを取りました。そのなかで「父さんのところに、行くんだ」などとシンジくんのなかで引き取りへの期待も大きくなってきています。

図表 7-2　自立支援計画（例）

<table>
<tr><td>ふりがな</td><td>あんの しんじ</td><td>性別</td><td>男</td><td>施設名</td><td>くじら乳児院</td></tr>
<tr><td rowspan="2">児童氏名</td><td rowspan="2" colspan="3">安野 真司</td><td>記入日</td><td>2017/5/5</td></tr>
<tr><td>施設担当者</td><td>鈴木保育士</td></tr>
<tr><td>生年月日</td><td colspan="3">2014/6/6</td><td>児童相談所担当者</td><td>近藤ケースワーカー</td></tr>
<tr><td>主たる
入所理由</td><td colspan="5">母、失踪。父は一人でがんばっていたが、仕事を理由にしだいに養育放棄傾向になる。父母の両親は遠方に住むため援助が期待できない。本児の生活状況を見かねた近隣住民が父親を説得し児童相談所に相談。施設入所を希望する。</td></tr>
<tr><td>施設での
生活状況</td><td colspan="5">同施設に入所する他児に保護者の面会があり、そこでパパ、ママという意識をもっている。時折、「シンちゃんのママは？　パパは？」と聞くことがある。父親との生活を望んでいる言動があり、面会も楽しみにしている。好き嫌いはあるが食事も順当に取れてきている。</td></tr>
<tr><td rowspan="4">児童本人の
意向等</td><td>保護者について</td><td colspan="4"></td></tr>
<tr><td>進路等について</td><td colspan="4"></td></tr>
<tr><td>今後の生活
（目標）について</td><td colspan="4"></td></tr>
<tr><td>その他</td><td colspan="4"></td></tr>
<tr><td rowspan="2">保護者の意向</td><td>保護者氏名</td><td colspan="2">安野 玄道</td><td>続柄</td><td>実父</td></tr>
<tr><td>意向</td><td colspan="4">里親委託は考えておらず、経済状況や生活環境が落ち着けば引き取りたい。</td></tr>
<tr><td rowspan="5">その他関係者
の意見</td><td>区役所等</td><td colspan="4">保育所や町会等からの民生相談等により、把握していたケース。</td></tr>
<tr><td>保育所・学校</td><td colspan="4">保育所を利用中であるが、入所にともない退園となる。家族再統合時には保育所利用は必須であるため、退所時には調整が必要。</td></tr>
<tr><td>職場</td><td colspan="4">父の職場は最初は無理を聞いてくれてはいたが、長引くにつれ「慈善事業ではない」と上司から父はいわれている。</td></tr>
<tr><td>親族</td><td colspan="4">母方祖父母とは疎遠になっており、現在のところ連絡は取っていない。父方祖父母については遠方に住んでおり、支援したい思いはあるがなかなか難しい。</td></tr>
<tr><td>その他</td><td colspan="4"></td></tr>
<tr><td>医療的ケアの
必要性</td><td colspan="5">食事環境からの貧しさから低身長などが見受けられる。</td></tr>
<tr><td>特記事項</td><td colspan="5"></td></tr>
</table>

<table>
<tr><td>児童相談所との協議内容</td><td colspan="5">父の生活環境が落ち着くには時間がかかりそうであるため、入所支援へ切り替え、面会・外泊を定期的に行い、生活環境が整った後に家族再統合を目指す。</td></tr>
<tr><td>支援方針</td><td colspan="5">入所措置により父の養育負担を減らし、施設から定期的なお便りや電話連絡等を入れ家族関係の継続を目指す。また面会、外泊等を行いやすいように施設内の宿泊施設の提供も視野に入れる。</td></tr>
<tr><td>次期検討時期</td><td colspan="5">2017/11</td></tr>
<tr><td rowspan="5">子ども本人</td><td>長期目標</td><td colspan="4">家庭再統合</td></tr>
<tr><td rowspan="4">短期目標</td><td rowspan="3">目標</td><td rowspan="3">低身長傾向であることから医師からの助言等を仰ぎつつ、発達にあった食生活を取り入れていく。ファミリーソーシャルワーカーから定期的に連絡を入れ、面会や外泊等を行いやすい環境を整える。またその際には宿泊施設の利用も可能であることを伝える。</td><td></td><td>見直し</td></tr>
<tr><td>1回目</td><td></td></tr>
<tr><td>2回目</td><td></td></tr>
<tr><td>手段</td><td>ファミリーソーシャルワーカーからこまめな連絡を行う。宿泊施設の提供。</td><td>3回目</td><td></td></tr>
<tr><td rowspan="5">家族関連
（養育者・家族）</td><td>長期目標</td><td colspan="4">家庭引き取りを目指す。</td></tr>
<tr><td rowspan="4">短期目標</td><td rowspan="3">目標</td><td rowspan="3">養育放棄傾向であったことを念頭に、環境を整え、連絡の途絶えないように定期的な連絡やお便り、イベント案内を用いて面会の頻度を上げ、養育相談に乗る。</td><td></td><td>見直し</td></tr>
<tr><td>1回目</td><td></td></tr>
<tr><td>2回目</td><td></td></tr>
<tr><td>手段</td><td>電話連絡、お便りでの近況報告、親子イベントへの招待</td><td>3回目</td><td></td></tr>
<tr><td rowspan="5">地域関連
（養育者・家族）</td><td>長期目標</td><td colspan="4"></td></tr>
<tr><td rowspan="4">短期目標</td><td rowspan="3">目標</td><td rowspan="3"></td><td></td><td>見直し</td></tr>
<tr><td>1回目</td><td></td></tr>
<tr><td>2回目</td><td></td></tr>
<tr><td>手段</td><td></td><td>3回目</td><td></td></tr>
</table>

インシデント⑤

順調に面会頻度が上がってきており、シンジくんの父親のもとで暮らしたいとの意思もあり、父親宅に外泊を開始しました。しかし、父親の労働環境は安定しているものの長時間労働のためほとんど家にいない状況の様子です。高校進学を機に長期外泊を始めますが、親子関係の再構築はなかなか進んでおらず、また思春期と親子再構築へのストレスもあってか父親からの「お前には失望した」などと言葉の虐待とともに養育を再度放棄され、施設へ帰ってきました。児童相談所が父親と面接した結果、家庭引き取りの可能性を絶たれました。シンジくんへの支援は、その後施設からの大学進学等を目指した取り組みを進めるとともに週末里親、養育里親を検討することになりました。

演習課題

①厚生労働省雇用均等・児童家庭局『子ども虐待対応の手引き』（雇児発第0123003号2007年１月23日）の内容を踏まえつつ、「自立とはどのような状態を意味するのか」を考えたうえで、「自立に必要な支援とは何か」について考え、グループで話し合ってみましょう。

②入所理由と退所理由を見比べると現在の社会的養護施設におけるニーズを垣間見ることができます。厚生労働省の統計などをもとにし、特定妊婦を含む入所前の家族や施設退所を控えた子どもが、退所後に必要となる支援と社会資源となる関係機関を想定してみてください。そこから必要とされるインケアについてもみえてくることでしょう。

③施設に勤務していると施設内で行われる日常生活が普通になり、社会とのズレに気がつきにくくなります。たとえば「衛生管理のために、残った食品は毎回必ず処分する」ということは、施設衛生管理では当たり前にあることですが、一般家庭においては非常識です。また施設にいる大人は外に働きに出ません。このように施設のなかでは当たり前のことと、一般家庭での当たり前なことに視点をあてると、子どもたちが将来抱える課題がみえてきます。ほかには、どんなことが想定できますか？　グループで話し合ってみましょう。
ヒント：切符、買物、ATM、受診券（医療券）

レッスン8

日常生活支援に関する事例分析

本レッスンでは、児童養護施設における日常生活支援の様子をみていくことによって、社会的養護施設の日常生活場面における子どもたちの様子や、職員が行う支援の実際について理解を深めていきます。また、日常生活支援をするにあたって、職員に必要な姿勢や専門性等についても学んでいきます。

1. 日常の生活を通して子どもに伝えたいこと

1 大人から子どもへの「願い」と「思い」

北海道の児童養護施設・美深育成園で園長を長く勤めた木下茂幸が東京の児童養護施設での研修会で語った内容を書籍化した本があります。『児童養護とは何か——木下茂幸の養育論』と題されたこの本には、児童養護施設職員として押さえておきたい心得がいくつも散りばめられています。

そのなかで、「理念のない養育は、子どもにただ餌(えさ)を与えて大きくするだけの飼育である」という内容の話があり、そこでは、日常生活支援のなかに職員が込めるべき「願い」や「思い」の大切さが語られています。

木下は児童養護施設の職員研修で、職員にこう語ります[†1]。

> 児童福祉という抽象概念は形に表さなければならない。ところが、形に表すべきときに、毎日の日常に忙しくて子どもたちを叱咤激励ばかりしていたのでは、これはなかなかうまくいきません。(中略)児童養護施設では日常生活を維持することが要です。食べさせて、寝かせて、学校にやること、それでいいのですが、食べさせるということはそんなに簡単なことではない。その中に大人たちの願いが入っていないと、それこそ先ほど申し上げた飼育ということになってしまいます。そんなものは社会福祉でも、児童福祉でも何でもない。(中略)どんな願いをもって子どもたちに食事を出して食べさせるのか、どんな願いでお風呂に入れるのか。どんな願いで寝かせているのか。

職員の「思い」や「願い」とは、**子どもに幸せになってほしい、社**

出典

†1 前田信一監修、木下茂幸『児童養護とは何か——木下茂幸の養育論』明石書店、2007年、22頁

会で通用する大人に育ってほしい、人の痛みのわかる子になってほしい、といったものです。そして、それを子どもに一方的に押し付けるのではなく、子ども一人ひとりの生育歴や抱えている課題、未来への希望などを的確に把握し、それに沿った内容で伝えていく必要があります†2。

ふだんの生活のなかでは、つい「雑用」「ルーチンワーク」といった言葉で片付けてしまうような、炊事や洗濯、掃除といった「家事」に思いを込めることが大切です。そして、家事は毎日繰り返すことなので、そこに込められる職員の願いがゆっくりと子どもの心身に染み通っていくものなのです。

施設に実習生が来たとき、家事の手伝いをお願いすることが多いですが、その際に筆者はこうした「大人から子どもへの願い」を込めて仕事をしてほしい、ということを伝えてからお願いしています。

出典

†2　相澤仁編集代表・奥山眞紀子編『生活の中の養育・支援の実際（やさしくわかる社会的養護4）』明石書店、2013年、20-21頁

補足

児童養護施設における実習生

児童養護施設に来る実習生には、保育士や社会福祉士の資格をとるための実習生や、教員免許取得のための介護体験に来る実習生がいる。

2　繰り返す日常がもたらす安心感

現在、子どもたちが児童養護施設に入所する理由は親からの虐待、貧困、親の精神疾患等さまざまです。そして、そうした家庭で育った子どものなかには、その日暮らしの生活を強いられてきた子どももいます。

朝起きて顔を洗い、朝ご飯を食べて歯磨きやトイレを済ませて登校する。帰宅後は友だちと遊んで宿題をし、夕食を食べてお風呂に入って寝る。そんな当たり前の生活を家で経験したことのない子どもたちもいます。彼らにとっての生活とは、毎日何が起こるかわからない、１日の見通しが立ちにくいものだったのでしょう。

そうした生活を送ってきた子どもたちに見通しをもった生活を体験させることが、児童養護施設の大切な役割であり、それはふだんの何気ない日常生活がもたらすものだといえます。

参照

児童養護施設の入所理由

→レッスン3

インシデント①

５歳のタロウくんが施設に入所して１年。入所した当初は生活リズムがなかなか整わず、朝寝坊して朝食に間に合わなかったり、夜テレビを見ていて遅くなったりし、寝るのが22時になることもありました。

毎朝決まった時間に職員がタロウくんを起こし、タロウくんが顔を洗っていると台所から包丁の音が聴こえてきます。そして食卓の席につくと温かいご飯が出てきて、生活をともにする子どもや職員と一緒に食卓を囲みます。そうした朝の過ごし方が毎日繰り返されるうち、タロウくんは朝起きたら顔を洗い、トイレを済ませて食卓

へ向かうことが自然に身につきました。また、幼稚園に行く時間までに準備をするなど、先の見通しをもって行動できるようになり、生活全体に落ち着きと安心感が出てきました。

ただし、ここで注意しなくてはいけないのは、「同じ日常が繰り返されること」といわゆる「日課」との違いです。「日課」は融通が効きません。毎日決められた時間に決められた場所で決められたことをする、という拘束力をもつものが「日課」です。「同じ日常」という言葉と似ていますが、日常生活のほうが柔軟で、日々の出来事や子どもの体調、その日の行事などによってさまざまに変化していきます。このように**柔軟性をもちながらも、同じリズムで淡々と流れるものが日常生活**であるといえます。図表8-1は、ある**地域小規模児童養護施設（グループホーム）***の一日の生活の流れです。大まかな時間の目安はありますが、起床、登校、就寝時間以外は幅をもたせ、「時間で動かされる生活」ではなく、「**時間をみて子どもが自主的に動く生活**」となるよう工夫しています。

図表 8-1　あるグループホームの生活の流れ

時 間	生 活 の 流 れ
6：30	起床・洗面・着替え 学校の準備を済ませて、思い思いに過ごす。配膳手伝い。
7：00	朝食
7：45～	登校・登園
8：00	
15：00	帰宅・おやつ・宿題 帰宅したら手洗いをしておやつを食べる。宿題を終えたら遊びに出かけたりテレビを見たり、自由に過ごす。
17：00	入浴 子どもたちで話し合って順番を決め、順に入浴。幼児は職員が一緒に入浴し、介助する。原則 21 時までに、全員入浴を済ませるようにする。
19：00	夕食 みんなでワイワイ言いながら食卓を囲む。部活やアルバイトのある中高生は、帰宅後食卓に。食事後は自由時間。
20：00	幼児就寝 職員が絵本の読み聞かせをして、添い寝をして就寝。小学生も同じく、20：30 には布団に入る。21：00 消灯。
21：00	中高生自室へ それぞれ自室で過ごし、各自自分の時間で消灯。

＊ 用語解説

地域小規模児童養護施設（グループホーム）

地域小規模児童養護施設は、2000（平成12）年から制度化された。定員6名（本体施設とは別）の児童に対して職員2.5名が配置されている。地域の一軒家を使用（賃貸も可）して生活する。

3 「あなたは大切な存在である」ということを伝える

日常生活支援を通して、職員は子どもに「あなたは大切な存在なんだよ」ということを伝えます。たとえばそれは、毎日きれいに洗濯され、たたまれた衣服を通してであったり、その日の子どもの体調や好み、天気や気温に応じてつくられた食事を通してであったり、また、きれいに掃除された寝室やダイニングを通してであったりします。こうした些細なことが「あなたのことを大切にしているよ」というメッセージを子どもに伝えていくのです。

ただし、職員が言葉や態度で子どもに「あなたは大切な存在だよ」「私はあなたを大切に思っているよ」というメッセージを伝えることができていないと、これらの日常生活支援は子どもにとっても職員にとっても当たり前な、ただのルーチンワークになってしまう危険性があります。

子どもが「自分はここで、職員から大切にされているんだ」という実感をもつようになるには、時間も手間もかかります。言葉や態度、そして身の回りの生活を整えるという具体的な行動を通して、職員は子どもへのメッセージを送り続けているのです。

4 日常こそが「生きる力」「自立支援」の基礎となる

☑ 法令チェック

「児童福祉法」第41条

児童養護施設は、保護者のない児童（乳児を除く。ただし、安定した生活環境の確保その他の理由により特に必要のある場合には、乳児を含む。以下この条において同じ。）、虐待されている児童その他環境上養護を要する児童を入所させて、これを養護し、あわせて退所した者に対する相談その他の自立のための援助を行うことを目的とする施設とする。

児童養護施設の目的の一つに、「**自立支援**」があります。一言でいうと、子どもが社会に出て一人前に生活していくのに必要な、生活力や人とうまくやっていく力、炊事洗濯などのスキルを身につけられるようにする、ということです。

子どもが施設から巣立つ前に、「自活生活の練習」として一人部屋で買い物から調理、洗濯、掃除などを何日間か経験させるプログラムを実施している施設があります。こうした取り組みが大切なのはいうまでもありませんが、本来ならば子どもが生活し、育っていく過程でそのような生活力が身につけられるようにしていったほうがいいでしょう。

また、生活上のスキルだけではなく、人に頼ることや自分の意見をきちんと人に伝えること、ときとして人からの頼みごとを断ることなど、生きていくうえで必要な人との関係の取り方や折り合いのつけ方なども、職員とのやり取りや、子ども同士の関係から自然と身につけていくほうが望ましいのです。それが子どもにとって実用的な「**生きる力**」になります。

子どもがそのような力を獲得し、自立していくのを支援するには、日常生活をていねいに積み重ねていくことが、何よりも効果的であるといえるでしょう。

さらに、職員に求められるのは、子ども一人ひとりの生育歴や能力（学力や得意なこと等）、子どもや家族の将来への希望などを理解し、それを伸ばすための支援を行うことです。それぞれの子どもが必要とする支援はそれぞれ違います。その子どもに合ったオーダーメイドの支援ができるよう、適切なアセスメントに基づく児童自立支援計画の策定、施設内での多くの専門職（心理士や栄養士、看護師等）との協力、関係機関との連携等をつくる必要があります。そのうえで、その内容を日々の生活支援に生かしていくことが求められます。

✦ 補足
職員に求められる資質
村瀬嘉代子はアセスメント項目やそれを行う職員に求められる資質をまとめている（相澤仁編集代表・奥山眞紀子編集『生活の中の養育・支援の実際（やさしくわかる社会的養護4）』明石書店、2013年、20-21頁）。

2．具体的な生活場面を通して

1 食事と食卓

ある施設では、食卓を大切にしています。それは、食卓が単なる栄養補給としての食事をする場所ではなく、食事をともにしながら一緒に暮らしている子どもや職員と語り合い、楽しいことや困っていることなどを共有できる場だと思っているからです。いわゆる「**団欒**（だんらん）」のある食卓を目指しているのです。

子どものその日の様子は、食卓場面に端的に現れます。楽しそうに「聞いて聞いて！」と話してくる子どもは「何か楽しいことがあったのかな」と思いますし、食卓で黙り込んでいる子どもは「面白くないことでもあったかな」と思います。また、子ども同士けんかをしたときや、職員とトラブルがあったときなどは部屋にこもって食卓に出てこないといったこともあります。

これらの場面を通して、職員は子どもからのさまざまなサインを受け取ります。そして、折をみて子どもと話をし、何を思っているのか、日常生活のなかでの不満や人間関係での悩みがないかといったことを知っていくのです。

また、施設によっては、毎日の献立を考えること、買い物から調理・片付けまで居室担当の職員が一貫して行っているところもあります。献立から食事を考える場合、旬の食材は何か、その日のスーパーマーケットの特売で安い食材は何か、子どもの好みのものを出してあげよう、お祝いごとがある日だからちょっと豪華にしよう、今日は疲れているからちょっと手抜きさせてもらおうなど、日々の生活やリズムに合わせて柔軟に対応することができます。もちろん、栄養状態が悪くならないように、月に一回実施している献立を施設の栄養士に提出し、改善点を出してもらうように工夫されています。

インシデント②

ある日のホームでの会話。「今日の晩ご飯、何食べたい？」と担当保育士が子どもに聞くと、「餃子パーティーがしたい！」といった声が上がりました。みんなで相談し、その日は餃子にすることにしました。保育士と小学生が近所のスーパーマーケットまで買い物に行き、材料を買ってきて一緒に調理を始めました。

このように、子どもの希望するメニューをすぐに食卓に載せることができるのは、「自分の望みをすぐに聞いてもらえた」と子どもが実感しやすく、「あなたの意見を尊重しているよ」というメッセージを送るという意味でも大変効果的です。

また、部活動で帰りが遅くなる高校生には夕食を取り分けておいて、帰ってきてから鍋や電子レンジで温め直して出すようにしたり、部活動の朝練習で早く出かける中高生には朝食に加えておにぎりを用意したり、このようなちょっとした気遣いができることも、調理室でつくられたものをみんなで食べている大きな施設にはないメリットです。

2　衣類

衣類は、気温や天候の変化から体を守るという役目だけではなく、ファッションを楽しんだり、共通の衣服を通して友だちとつながったりと、自己表現の手段としても機能しています。

昔の施設では、下着やシャツなどが支給され、みんな同じ服を着ているということもあったようですが、今はほとんどの施設で子どもが自分の好みに合わせて服を選ぶようになっています。

幼児の場合は、担当職員が買ってきてタンスにしまっておいた衣類からその日の気分に合わせて選ぶ、ということが多いですが、小学生、中学生と大きくなるにつれて、子どもが自分の好みに合わせて衣類を選んで買う、ということが多くなります。「**衣類を選ぶ**」ということを通して、子どもが自分の好みを知ったり、自分の意見を表明したりする（どの服を着るのかを選択する）ことを学ぶことができます。

また、親の買ってきた衣服を大事に着ている子どももいます。子どもにとっては、「親が自分のために買ってきてくれた服」は、親とのつながりを感じられる大切な宝物なのです。

さらに、TPOに合わせて着る服を変えることや、日々の洗濯のほかにも、学校の制服をクリーニングに出すこと、破れた衣服を修繕するのを教えることなども大切な日常生活上の支援です。

3 住まうということ

人が安心して暮らすには、暮らすための「場」が必要です。ここでは、その「場」を物理的な「家」や「部屋」と、人と人とがつながる「居場所」や「地域」とに分けて考えてみたいと思います。

まず、家や部屋といった物理的な空間についてですが、子どもがそこを「**自分の場所**」だと感じられることが大切であると考えます。そのために、子どもが自分の好きなキャラクターのグッズを部屋に飾ったり、自分で模様替えをして好きな使い方ができるようにしたりしています。すべての子どもに個室を与えることはなかなか難しいですが、複数の子どもが一緒に使う部屋でも学習机やベッドまわりなど「**自分だけのスペース**」を確保できるように、各施設で工夫がされています。

一方、台所やダイニング、トイレや浴室などは共有スペースです。職員はそうした共有スペースを掃除してきれいに保ち、みんなが気持ちよく暮らせるようにしています。反対に、個人のスペースはできるだけ子どもが自分で掃除や片付けをできるように支援します。小さい子の場合は、職員が一緒に片付けたり、日々整頓したりします。大きい子は、職員が片付けを促したり、場合によっては一緒に片付けをしたりします。

片付けや掃除で大切なのは、「きれいだと気持ちいい」「きれいが当たり前」という感覚を子どもたちのなかに育てることです。汚れた部屋のなかに置かれていては、子どもは自分が大切にされているという実感をもちにくいのではないでしょうか。きれいに整えられた環境は、「あなたを大切にしているよ」というメッセージを感覚的に子どもに伝える手段となります。

人が「ここは自分の居場所だ」と感じられるようになるには、物理的空間があるだけでは不十分です。そこに居心地の良さや「ここにいてもいいんだ」という肯定的な感覚が必要です。そのためには、ともに過ごす人との関係が大切です。

「ともに過ごす人」には、同じホームや施設で暮らす子どもたち、職員、そして地域の人たちがいます。特に近年、厚生労働省も数を増やそうと力を入れている**地域小規模児童養護施設（グループホーム）**では、地域の一軒家を借りて生活しているため、本体施設に比べて地域の近隣住民との距離が近いといえます。

✦ 補足

自分の場所

子どもが「自分の場所」を感じられるためには、そこに「僕のおもちゃ」「私の服」「俺の食器」「あたしのお父さんお母さん」「俺たちの先生」といった一つひとつの「自分のもの」があるという感覚を育てることが必要である。そうした感覚の先に、「自分の人生」を歩んでいくという前向きな意志が育まれるのである。

インシデント③

ある地域小規模児童養護施設の所在する地域は住民の高齢化が進んでおり、近所の人たちからは「子どものにぎやかな声が聞こえると元気が出る」「うちの孫みたいな感覚だね」と言ってもらい、子どもたちはかわいがってもらっています。また、職員も子育てのアドバイスをもらったり、菜園で取れた野菜をお裾分けしてもらったりと大変お世話になっています。お返しに、ホームで旅行や外出に出かけたときにはご近所にお土産を買っていったりして、気軽なご近所付き合いをしています。子どもも、学校の友だちをホームによんで遊ぶことが当たり前になり、地域のなかの一員として暮らしています。

こうした近隣との関わりのなかで育つことで、子どもたちは「地域のなかで見守られている」という感覚を得ることができるのではないでしょうか。

都市化が進んだ地域ではご近所付き合いのない生活が一般化していますが、施設が自分たちだけの世界で閉じこもってしまうのは危険です。子どもの生活が施設内部だけで完結してしまわないよう、地域に開かれた施設であろうとする姿勢が大切であると思っています。

4　ケースワークの土台となる「日常」

子どもたちの施設での生活は、いつか来る家庭復帰や、社会への自立のための大切なステップです。子どもたちが施設へやってくるのは児童相談所の決定（入所措置）が出たためで、必ずその「**措置理由**」があります。レッスンの冒頭にも述べた通り、虐待や貧困、親の精神疾患等のさまざまな理由があります。子どもたちは施設での生活を送りながら、措置理由が改善し、家庭に帰れる日を心待ちにしています。また、親や家族も子どもを家庭に戻せる日を待っています。

そのために、児童相談所を中心にして親への指導や生活の見守り、子どもへの心理的支援などのソーシャルワークが行われます。

施設が担うソーシャルワークは、主に子ども自身の育ちに関する支援（学習の支援や発達障害を抱える子どもへの特別支援も含む）と、親子関係の調整、関係機関との意思の疎通とスムーズな連携です。

そうしたケースワークを行う際、施設の強みは子どもの日常を知っていることです。子どもが日々どのように過ごし、どんなことを話し、何を思っているのか、職員がそのことを子どもの日々の成長とともに身近に感じていることが、施設の行うソーシャルワークの土台となるのです。

たとえば、親は子どもの小学校卒業を機に引き取りたいと思っても、子どもは施設からの中学校進学を望んでいる、といったように、子どもの思いと親の思いがすれ違ってしまうこともあります。そのような場合、双方の思いを聴いたうえで、意見の調整を図ります。その結果、たとえば児童相談所に入ってもらいながら具体的なステップを考え、いつごろが家庭復帰に適切な時期であるのかといった目標を定め、そこに向けて親も子どもも一つずつステップを越えていくという見通しをもった支援を行っていきます。その際、施設はできるだけ子どもの意見を尊重し、子どもの権利を守るという立場に立つことが大切です。

子どもの思いを土台にしたソーシャルワークをするために、子どもとの何気ない日常生活を大切にしたいと思っています。

3.　児童養護施設職員として筆者が思うこと

参照
児童福祉施設の種別
→レッスン3、4

1　入所施設だからできること＝環境を活用した支援

児童福祉施設には、保育所などのように家庭から通う「**通所施設**」と、児童養護施設や乳児院などのような「**入所施設**」があります。

入所施設の最大の強みは、入所している子どもの生活を丸ごと抱えていることです。1日のうち限られた数時間だけの関わりとなる通所施設と比べて、朝起きるときから夜寝るときまでの生活を丸ごとみることのできる入所施設には、子どもを支援するための資源が豊富にあります。

本レッスンで伝えてきたような「**日常生活支援**」とは、まさにこのような「**資源**」です。子どもの居室空間をきれいに整えること、温かい食事を提供すること、団欒のある食卓を一緒に囲むこと、お風呂で背中を流し合うこと、お日さまの匂いのする布団に寝ること、日常のなかで何気ない会話やあいさつを交わすこと――こうした日々流れている「日常の生活」こそが、子どもを支援するための「資源」なのです。施設という環境が、子どもの育ちのための豊かな土壌であるように願い、私たち施設職員は日々、暮らしを耕し続けています。

2　自分自身を支援の「道具」として活用する

筆者が今いる施設に就職して12年の歳月が流れました。この間、筆者自身多くのことを経験しました。

子どもとの生活を通して、筆者自身のみたくない部分にも否応なく向き合わされることがたびたびありました。感情的になって怒鳴ってしまったり、手を上げてしまいたくなる衝動にも出会いました。そのたびに後悔したり、自分が嫌になったりもしました。

そうして悩んだり悔やんだりしながら、だんだんと自分自身の弱さやダメな部分も受け入れられるようになってきました。そこには、「そんなあなたでもいいんだよ」と受け止めてくれる子どもたちや同僚たちの存在がありました。筆者は子どもを支援する「施設職員」という立場にいますが、同時に子どもたちに支えられる「一人の人間」でもあったのです。

誰もが自分だけの人生の歴史をもって生きています。私には私が歩んできた人生がある。子どもには子どもが歩んできた人生がある。その長さには違いがあっても、これまで歩んできた人生があるという点では同じです。異なる人生を送ってきた子どもたちを支援する以上、その子どもの人生を尊重した関わりをすることが求められます。職員は経験年数が短いと、自分の経験則だけで判断し、自分の感覚や経験に子どもを当てはめようとしてしまいがちになります。私もある程度経験を積み、いろいろなタイプの子どもと生活するなかで見方にも幅が生まれ、余裕をもって子どもを受け入れることができるようになったと感じています。

そうした意味では、施設職員も日々成長している存在です。これまでの経験をもとにしながら、新しい知識や技術を学ぶために研修に出たり、子どもとの日々のやり取りから学んだりして成長しているのです。

子どもは職員の肩書や学歴など気にしません。その職員がどんな人か、何が好きで何が嫌いか、一緒にいてどんなことをすると楽しく過ごせるのか、何が得意で何が苦手なのかといった、職員の「人となり」をしっかりみています。ですので、職員は自分の人間の幅を広げ、子どもたちと自分の全人格を使って接する努力を惜しんではならないと思っています。

たとえば、運動が得意な職員はグラウンドで子どもとキャッチボールやサッカーをして体を動かします。料理が好きな職員はキッチンで子どもとお菓子づくりや食事づくりを楽しみます。楽器演奏が得意な職員は施設内でバンドを結成して演奏します。本を読むのが好きな職員は子どもにおすすめの本を紹介したり、一緒に図書館に行って本を選んだりします。

職員それぞれ得意なことや好きなことが違いますし、同じように苦手なことや嫌いなことも違います。職員も子どもも、そうした一人ひとりの違いを尊重し合えるような関係を、日常生活をともにするなかからつくっていきたいと願っています。

演習課題

①あなたがこれまで生活してきたなかで、親の思いや友だちの思いを感じられた出来事はどんなことでしたか？　言葉で伝えてもらったこと、さりげない気遣いを感じられたこと。できるだけたくさん箇条書きにして出し、まわりの人と紹介し合ってみてください。

②児童養護施設での生活には、集団生活だからこそ経験できることもあれば、制約がかかることもあります。どのようなものがあるのか、施設での生活を想像しながらあげてみてください。もし施設での実習やボランティアを経験している人がいたら、その人の経験を聞かせてもらってください。

③あなたがもし施設で働くとしたら、子どもの成長にどのような「願い」をもちますか？　また、その「願い」を、どのようにして子どもに伝えていきたいと思いますか？　できるだけたくさん箇条書きにして出し、まわりの人と紹介し合ってください。

レッスン9

心理的支援に関する事例分析

被虐待児など、心のケアが必要な子どもへの支援において、保育士と心理職が適切に連携していくためには、お互いの専門性への理解が欠かせません。本レッスンでは、社会的養護における心理的支援や家族再統合支援のあり方について、事例を紹介しながら学んでいきます。

1. 社会的養護における心理的支援

1 心理的支援とは何か

社会的養護の現場における心理職の仕事というと、どのようなイメージをもつでしょうか？　面接室という守られた空間のなかで、子どもがセラピストに対して心の悩みを相談している場面を思い浮かべるかもしれません。あるいは、大人のように言葉で表現することが苦手な幼い子どもに対しては、**プレイセラピー***や**箱庭療法***などを行っている姿をイメージする方もいるかもしれません。このように一対一の個別面接で行われるカウンセリングや心理療法は、心理職の最も大切な専門性の一つであり、その実践活動のことを「**セラピー**」、その担い手のことを「**セラピスト**」などとよんだりします。

しかし、社会的養護の現場における心理職の仕事は、面接室内で行われる狭義の「セラピー」だけにとどまらず、もっと多様な支援形態をとって展開されます。たとえば、施設心理士は、セラピストであると同時に、生活の場を構成する一員となって、子どもと日々の暮らしの出来事を共有したり、面接室以外の場で子どもと一緒に何かに取り組みながら話をしたりします。また、子ども虐待対応では、家族を取り巻く生活環境の改善や**社会的ネットワーク***の構築によって問題を解決するという視点が必須です。そのため、児童相談所などの相談機関には、多機関・多職種の協働によるチーム支援、さらにはコミュニティにしっかりと根差した総合的な支援を行うことが求められます。

このように社会的養護の現場で働く心理職には、従来の「セラピー」の枠組みを超えて、生活の場へと積極的に入っていき、さまざまなニーズに応えるべく柔軟な発想をもって対応することが期待されています。こうした心理臨床の多様なあり方を考慮して、心理職が行う専門的活動

🗼 用語解説

プレイセラピー
言語能力が未熟で内的な世界を言語で表現することが困難な子どもを対象に、遊びを媒介として自己表現を促す心理療法のこと。

箱庭療法
セラピストが見守るなか、砂の入った箱の中にミニチュアを自由に置いていく手法。通常、プレイセラピーなどのなかで適宜用いられる。

🗼 用語解説

社会的ネットワーク
家族、友人、近隣、職場の同僚などの人間のつながりのこと。

のことを「**心理的支援**」とよびたいと思います。

2 虐待を受けた子どもの特徴

児童相談所の子ども虐待対応相談件数は、毎年のように過去最高を更新しており、増加の一途をたどっています。こうしたなかで、施設の入所児童全体に占める虐待を受けた経験をもつ子どもの割合は、児童養護施設59.5%、情緒障害児短期治療施設（現：児童心理治療施設）71.2%、児童自立支援施設58.5%と増加傾向にあります†1。施設で暮らす子どもの多くが治療的な関わりを必要としているのが実情であり、社会的養護の現場では、心理的支援機能の強化が最重要課題となっています。

虐待を受けた子どもは、感情コントロールの問題（些細なことでコントロールを失ってパニック状態になるなど）、挑発的行動（相手の気持ちを逆なでするような言動をとるなど）、自己評価の低下（「自分は生きている価値がない」などといった極度に低い自己評価を示すなど）、対人関係の不安定さ（抱っこを求めたり、べたべたしたりするなど強い愛着を示したかと思うと、急変して無関心な態度を示すなど）といった特徴があります。これらの行動は、虐待的な環境に最大限に適応しようとしてきた結果としての行動であったり、適切な対人関係を築くことができなかったりすることから起きている行動だと考えられます。

虐待を受けた子どもを保護し、一時保護所や施設などで生活をさせると、わざと叱られるような言動を執拗に繰り返すようになることがあります。これは**リミットテスティング（試し行動）**とよばれる行動傾向であり、どこまでやったら自分はこの相手から虐待行為を受けるのかを確かめようとする作業であると考えることができます。リミットテスティングに関する正しい知識がない場合、子どもへ直接的に関わるケアワーカーは、子どもから裏切られたような気持ちになったり、自分の力量に対して無力感を抱いたりすることになります。最悪の場合、「こんなに一生懸命に関わっているのに、どうしてこの子はわかってくれないのか」「虐待する親の気持ちがわかる気がする」というように虐待を加えた保護者と同じような心理状態になることで、施設などの場でも虐待的な関係性が再現されてしまう危険性すらあります。

こうした悪循環に陥ることを避け、支援の土台となる子どもとの良好な関係性を築いていくためには、「虐待的環境への適応†2」という視点などをもつことが重要になってきます。子どもが生活に安心を感じとり、適切な対人関係のあり方を再構築するには、長い時間が必要となります。そのため、施設などの社会的養護の現場では、虐待を受けた子どもの特

補足
子ども虐待の相談対応件数
厚生労働省「平成27年度福祉行政報告例」によれば、児童相談所の子ども虐待の相談対応件数は、「児童虐待防止法」施行前（平成11年度）と比べて、8.9倍に増加（103,286件）している。

出典
†1　厚生労働省「児童養護施設入所児童等調査結果（平成25日2月1日現在）」2015年

補足
リミットテスティング
リミットテスティングの対応としては、ただ漠然と受容的・献身的に関わるだけでは逆効果になってしまう場合がある。そのため、激しい行動上の問題を抱えた子どもへの対応では、「ここまではできるけれどもここからはできない」というリミットセッティング（限界設定）を行うことが重要とされる。

出典
†2　玉井邦夫『<子どもの虐待>を考える』講談社、2001年

徴を理解したうえで、粘り強く対応していくことが求められます。

3 施設における心理的支援のあり方

施設で行われる心理的支援の内容は、児童養護施設や児童心理治療施設、児童自立支援施設といった施設種別はもちろん、個々の施設の状況によって大きく左右されるものです。しかし、心理職が心理的支援を行う場と、子どもが生活する場が同一であるという点は、どのような施設にも共通する特徴だといえるでしょう。こうした生活のなかで行われる心理的支援のあり方については、児童心理治療施設などにおいては「**総合環境療法***」としてすでに確立しており、施設全体を治療の場とみなし、施設内で行っているすべての活動を治療的なものとして活用していくことを重視しています。

こうした治療的な養育環境をつくりあげていくためには、子どもと生活をともにし、的確な見立てとチームアプローチに基づいて、個人と集団のバランスに配慮すると同時に、施設の生活が子どもを抱える枠となるように環境を整え、不測の事態には子どもの背景を汲んで臨機応変に対応することが必要となります。そのため、施設における心理的支援では、プレイセラピーや**心理教育***などにより、子ども個人や子ども集団に働きかけるだけではなく、子どもを取り巻く大人や施設という「場」そのものを対象とした心理的支援を同時並行的に展開していくことが重要になります。

こうしたアプローチ方法としては、子どもの直接処遇を行うケアワーカーに対する**コンサルテーション***などが考えられます。コンサルテーションは、大きく分けて**フォーマル**なものと**インフォーマル**なものがあります。前者はケースカンファレンスなど公の会議の場で子ども理解を深め、心理的支援の内容について共通理解を図るものであり、後者は、日常場面においてその都度話し合うものになります。コンサルテーションを効果的に行うことによって、子どもの言動の背景にある心理的な意味を理解したり、子どもとの適度な距離をとることができるようになったりすることにつながります。その結果、ケアワーカーの気持ちと子どもへの関わり方に余裕が生まれ、好循環が生じることが考えられます。

以上のように、施設の心理職には、心理療法の原則が他の時間も通して連動していくように、子どもの言動をはじめとするさまざまな現象について、臨床心理学的な枠組みからの理解を他職種との間で共有することで、施設全体の心理的支援機能を促進していくことが求められています。つまり、施設における心理的支援とは、生活のなかに臨床心理学的

＊ 用語解説

総合環境療法

福祉、医療、心理、教育の協働により、施設での生活を治療的な経験にできるように、日常生活、学校生活、個人心理療法、集団療法、家族支援などを有機的に結びつけた総合的な治療・支援のこと。

→レッスン４

＊ 用語解説

心理教育

心理的なものの見方や行動の仕方を教えることで、子どもの健全な発達を促し、不適応を予防したりすること。施設などの社会的養護の現場では、社会的スキル訓練や性教育などが実施されている。

コンサルテーション

専門家が専門家に対して行う助言・支援のこと。ここでは専門家（心理職）と専門家（保育士など）がお互いの専門性を尊重しながら、子どもへの具体的な対応方法について話し合うことを指す。

な視点をもち込み、全職員の関わりが治療的なものになっていくように支援するところに、その本質が集約されているといえます。

4　施設における心理的支援のあり方

施設におけるチームとしての心理的支援能力を向上していくためには、**ケースカンファレンス**を有効に活用することが重要になります。ケースカンファレンスとは、よりよい支援を提供するために、ケース担当者と異なる立場の専門職がそれぞれの視点から多角的に意見を出し合い、適切な支援方針を立てる会議のことです。会議においては、ケースの問題などに焦点を当てながら、さまざまな情報を整理することで、ケースに対する共通理解を深め、次の一手を考えていきます。

ケースカンファレンスを有意義なものにするためには、中立的な立場の**ファシリテーター**を置くことが重要です。ファシリテーターとは、「促進者」という意味で、厳密にいえば、会議の進行をする司会者のことを指すわけではありません。会議において、グループ・プロセスを適切に観察し、介入と促進を図ることで、当事者が自分の問題を解決するように支援することがファシリテーターの役割です。もともとファシリテーターという用語は、**ロジャース***が提唱した**エンカウンターグループ***のリーダーのことを指すものであり、「治療的人格変化の必要十分条件[†3]」で示されている「受容」「共感的理解」「純粋性」といったカウンセリングの3条件が基本的な態度として求められます。

社会的養護においては、虐待を受けた子どもや発達障害の傾向のある子どもに対して、ケアワーカーが対応に苦慮することが少なくありません。そこで、チームとして適切な養育や支援を展開していくためには、ケースカンファレンスを積極的に活用し、情報共有を行うとともに、支援方針について共通理解を深めることが必要になります。

インシデント①　ケースカンファレンスを活用した心理的支援

施設で生活するヒロシくんは、他児童とのトラブルが絶えず、そのことを注意すると激しく反発するため、多くのケアワーカーが対応に困っていました。そのため、ケアワーカーが集まる会議の時間を使って、ケースカンファレンスを行うことにしました。

施設心理士がファシリテーターを務め、簡単にケースの概要や会議の目的を共有してから、まずヒロシくんのよいところやがんばっていることをケアワーカーに聞くところから会議を始めました。その後、ヒロシくんの困った行動や対応に苦慮している点をあげても

人物

ロジャース
(Rogers, C. R.)
1902～1987年
アメリカ合衆国の臨床心理学者。クライエント中心療法を創始した。

用語解説

エンカウンターグループ
クライエント中心療法の理論を健常者グループに発展させた集団療法の一つ。「エンカウンター」とは「出会い」という意味であり、参加者がそれぞれの本音を言い合うことにより、お互いの理解を深め、また、自分自身の受容と成長、対人関係の改善などを目指す。

出典

†3 Rogers, C. R. (1957). The necessary and sufficient conditions of therapeutic personality change. *Journal of Consulting Psychology*, 21 (2), 95-103

らいました。さらに、ヒロシくんへの対応でケアワーカーがうまくいったエピソードも引き出していきました。このように困っていることだけではなく、うまくいっているところにも焦点を当てるファシリテーションを心がけることで、何ができていて何ができていないのかが明確になっていきました。最後に、これからの対応について考える際には、ヒロシくんの強みやケアワーカーのすでにうまくいっている対応を拡張していく方向で話し合いを進めていきました。

こうしたケースカンファレンスを通して、それぞれのケアワーカーがヒロシくんをどのようにとらえているのか、さらにはこれから何を目標にして対応していけばいいのか共通認識をもつことができました。また、ヒロシくんの問題行動ばかりではなく、よいところにも注目するようになることで、ヒロシくんとケアワーカーの関係性にも少しずつ変化が生まれました。

社会的養護における心理的支援とは、一人の心理職が単独で行うものではなく、施設全体で行っていくものです。こうしたチーム支援の基盤となるのは、子どもへの肯定的なまなざしだと思います。コンサルテーションやケースカンファレンスを通して、子どもの強みへの気付きやケアワーカーの子どもへの支援がかみ合っている場面を見いだすことで、施設全体で肯定的なメッセージが飛び交うようなチームづくりに貢献していくことも心理職の重要な役割の一つだと思います。

2.　家族再統合支援に関する事例分析

1　家族再統合の必要性

子ども虐待対応の目的は、「児童虐待の防止等に関する法律（児童虐待防止法）」第１条に、「**児童の権利利益**の擁護に資すること」と明記されています。また、同法第４条には、国及び地方公共団体の責務として、児童虐待の予防及び早期発見、迅速かつ適切な児童虐待を受けた児童の保護及び自立の支援並びに児童虐待を行った保護者に対する親子の再統合の促進への配慮その他の児童虐待を受けた児童が良好な家庭的環境で生活するために必要な配慮をした適切な指導及び支援を行うことがうたわれています。

子ども虐待とは、虐待をする保護者から子どもを保護するだけでは根本的な解決にはなりません。むしろ長期的には、家庭と保護者からの分

補足

児童の権利利益

「児童の権利利益」とは、「児童の権利に関する条約」で規定されている「最善の利益の考慮」に沿ったものであり、たとえば、①生存・成長発達などの基本的人権が保障されること、②子ども本人に影響を及ぼす事項についての意見表明など、参加の権利が確保されること、③家庭環境の下で幸福、愛情および理解のある雰囲気のなかで成長する状況が確保されることなどが含まれている。

図表9-1 家族再統合の定義

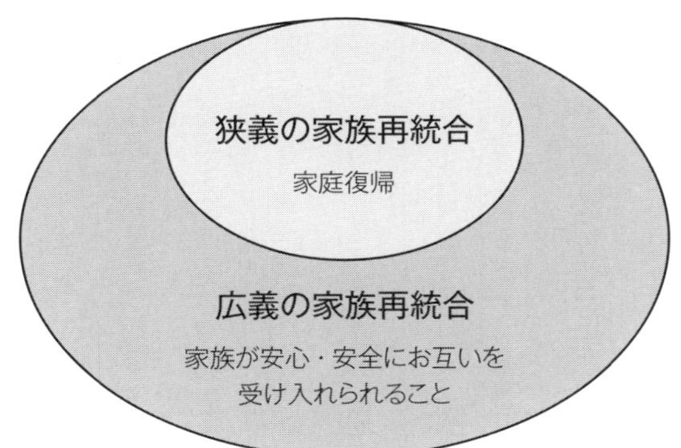

離にともなう心理的な影響を抱え、社会や他者に対してだけでなく自己にも不信を抱く子どもを大量に生み出してしまう危険性もあります。そのため、子ども虐待対応における介入の目的を達成するためには、個々のケースにおける**子どもの最善の利益**とは何かを意識しながら、**家族再統合**に向けたさまざまな支援を提供していく必要性があるといえます。

2 家族再統合のとらえ方

一般的に家族再統合とは、施設入所などによって分離された親子が再び一緒に暮らすことを指すととらえられます。しかし、虐待の再発などの問題があるため、家庭復帰に向けた支援は決して一筋縄ではいきません。そのため、施設で暮らす子どもたちの家族再統合を考えるとき、保護者と一緒に暮らすというあり方を常に理想とするのではなく、保護者と子どもが安心・安全にお互いを受け入れられる関係性を構築していくことを心理的支援の意義としてとらえる必要があります。仮に家庭復帰が実現しなくても、家族機能が改善され、家族の情緒的なつながりが再構築されることは、子どもが自立していくための精神的な支えとして大切なことです。

このように家族再統合には、狭義と広義の両方のとらえ方がありますが、これらは矛盾するものではありません。狭義は広義のなかに含まれるものであると考えると、図表9-1のように整理することが可能であり、いずれの形の家族再統合を目指す場合であっても、子どもの安心・安全から決して焦点をずらさずに支援することが重要になります。

3 家族と安全を中心に据えた家族再統合支援

従来の児童相談所では、保護者のニーズから相談が始まり、保護者の

> ✦ 補足
> **家族再統合の定義**
> 厚生労働省の『子ども虐待対応の手引き』では、わが国の家族再統合の定義には、「施設入所などによって分離された親子が再び一緒に暮らすこと」(reunification) という狭義のものと、「親子関係のあり方の様々な変容、家族機能の改善・再生」(reintegration) という親子が再び一緒に暮らすことに限定しない広義のものがある。しかし、国際的な視点からみると、家族再統合とは、「子どもの家庭復帰」を意味する用語であり、元の親子が一緒に暮らさずに親子関係を修復する「家族再構築」「家族再生」は、これらの定義に含まれていないという指摘がある。そのため、あくまで家族再統合のとらえ方のグローバル・スタンダードは、「家庭復帰」であることを忘れてはいけないと思われる。

意向を尊重した支援を行うことが大半でした。しかし、子ども虐待が社会問題化してからの児童相談所では、保護者のニーズを出発点として受容的に関わっていくだけでは、子どもの安全を守ることができず、介入的な関与を行うことができる新たな支援モデルを模索することになりました。

そうしたなかで、海外のさまざまな取り組みが紹介され、**サインズ・オブ・セイフティ・アプローチ***や**安全パートナリング***（以下、「安全パートナリング等」と略記します）といった子どもの安全に焦点を当てた支援の枠組みが児童相談所の現場に取り入れられるようになってきました。これらの支援方法は、子ども・家族・援助者の関係性を重視し、家族が安心・安全を構築していく主体者となれるように支援していく子ども虐待対応の枠組みであり、**解決志向アプローチ***などの心理療法の技法を介入的な文脈で行われる児童相談所の子ども虐待対応に応用したところに、その独自性があると思います。

安全パートナリング等は、アセスメントとプランニングの枠組み（図表9-2）を中心に組み立てられており、①心配していること、②うまくいっていること、③安全のものさし、④起きる必要があることの４つの問いかけによって情報を整理していきます。具体的には、【これまでの危害】として過去に起きた虐待の事実などをしっかりと押さえたうえで、【難しくさせている要因】などの否定的なことばかりではなく、【保護的な行動】や【強み】などの肯定的なことにも積極的に焦点を当てていきます。さらには、過去の危害から想定される【今後の危険】と【安全ゴール】を家族と共有し、【今後の安全に向けての次のステップ】を

図表9-2　安全パートナリングのアセスメントとプランニングの枠組み

①心配していること	②うまくいっていること
【これまでの危害】 【難しくさせている要因】	【保護的な行動】 【強み】
③安全のものさし ０（危険）←→10（安全）	

④起きる必要があること：今後の安全のための計画づくり	
【今後の危険】	【安全ゴール】
【今後の安全に向けての次のステップ】	

出典：Parker, S. (2012) "*Partnering for safety*" *Assessment and planning framework*. SP Consultancy.（井上直美・井上薫訳『安全パートナリングのアセスメントとプランニングの枠組み』安全パートナリング研究会、2012年）をもとに作成

✳ 用語解説

サインズ・オブ・セイフティ・アプローチ
家族と児童相談所等がパートナーシップを結び、解決志向アプローチの対話技法を活用し、子どもの安全を協働して構築していく支援方法。

安全パートナリング
サインズ・オブ・セイフティ、解決志向アプローチ、リゾリューションズアプローチ、ナラティブセラピーなど多くの方法を統合した子ども・家族・家族のネットワークとの協働を重視した支援方法。

解決志向アプローチ
従来の心理療法とは異なり、問題や原因の追求をせずに未来の解決像を構築していく短期療法の一つ。その本質は、例外探しと例外の拡張にあり、例外的にすでにできていることをていねいに拾い集め、それらを維持・促進していくための質問を繰り返すことを通して問題の解決を図る。

一緒に考えていきます。

このように安全パートナリング等による支援は、リスク（弱み）だけではなく、ストレングス（強み）にも焦点を当てたバランスのとれたアセスメントを土台として、子ども・家族・援助者の共同作業による「安全計画づくり[†4]」へと向かっていきます。そのプロセスは、①危険と今後の安全を特定するプロセスに全員に関わってもらう、②当面の安全を確保する、③「安全計画づくり」について説明し、安全応援団をみつける、④全員が心配事を理解する、⑤詳細な安全計画をつくる、⑥安全計画のモニタリングと見直しを行うという段階を経ていきます。

安全パートナリング等の支援方法とほかの家族再統合プログラムとの大きな違いは、保護者を変えることを必ずしも援助の目標としないところにあると思います。たとえば、全国各地の児童相談所等で行われている**ペアレントトレーニング**[*]をベースに作成された保護者支援プログラムでは、保護者の不適切な養育行動を変容させることが支援目標となります。それに対して安全パートナリング等では、家族のできていないところではなく、すでに家族がうまくやれていることや、親戚や地域の協力者から得られているサポートなどの肯定的な面に焦点が当てられます。こうした解決志向アプローチの発想に基づき、家族をことさら変えようとするのではなく、家族の本来もっている力や地域の社会的ネットワークの強みを引き出すことで、子どもの安全に関連する問題の解消を試みるところが安全パートナリング等の支援方法の大きな特徴だといえます。

4　視覚的な情報収集ツールの活用

安全パートナリング等の実践では、子どもや家族といった当事者の主体性を何よりも大切にします。子ども虐待対応のプロセスに当事者の意見を効果的に取り入れるのに役立つツールとしては、「三つの家」があります。「**三つの家**」とは、**マオリ族の健康モデル**[*]、解決志向アプローチ、サインズ・オブ・セイフティ・アプローチなどの考え方を理論的な背景として、ニュージーランドで開発された視覚的な情報収集ツールであり、家の形をした３つの枠組み（図表9-3）のなかに子どもや家族の問題などを**外在化**[*]しながら話し合っていきます。

また、安全パートナリングでは、アセスメントとプランニングの枠組み以外に、子どもや家族と一緒に描く「安全の家[†5]」や「これからの家[†6]」などの視覚ツールを積極的に活用します。子どもの安全に関する話し合いは複雑なため、どうしても専門職中心で進められがちですが、これらのツールを活用することで、当事者である子どもや家族が家族再統合に

出典

†4　Parker, S. (2011). *Detailed safety planning: Working with families and safety networks to develop comprehensive safety plans.* SP Consultancy.（井上直美・井上薫訳『具体的な安全計画づくり――家族や安全応援団と一緒に包括的な安全計画を作る』安全パートナリング研究会、2011年）

用語解説

ペアレントトレーニング
ロールプレイなどを通して保護者に子どもへの適切なしつけの方法を伝える支援方法。子ども虐待防止プログラムとして行われる場合には、暴力や暴言を使わない子育て方法を保護者が習得することが支援目標となる。

用語解説

マオリ族の健康モデル
ニュージーランドの先住民族のマオリ族の健康に関する考え方は、スピリチュアルな健康、心理的な健康、身体的な健康、家族的な健康の４側面からなる。

外在化
問題を個人や家族から取り出して外側にあるものとして描くこと。「三つの家」では生活で起きていることを「心配の家」「いいことの家」「希望と夢の家」として描いていく。

図表 9-3　「三つの家」の枠組み

向けた援助プロセスに主体的に参画することが可能になります。

インシデント②　「三つの家」による子どもとの話し合い

ナオキくんはお父さんからの身体的虐待のため児童相談所に保護されて、一時保護所で生活をしていました。その一方で、児童相談所では、スーパーバイザーと児童福祉司が保護者に虐待告知をしたうえで、これからのことについて話し合っていました。こうしたなかで、子ども担当の児童心理司は、当事者であるナオキくんが児童相談所の援助プロセスに主体的に参加することができるように「三つの家」を使った話し合いをすることにしました。

「心配の家」では、ナオキくんがお父さんから叩かれることがあげられました。その一方で、「いいことの家」では、お父さんが公園でいっぱい遊んでくれること、お母さんの料理がとてもおいしいことを教えてくれました。そして、「希望と夢の家」のなかには、家族みんなで笑顔で暮らしたいこと、お父さんには叩くのではなく、優しく口で教えてほしいことが語られました。完成した「三つの家」については、ナオキくんの許可を得て、保護者にみせることにしました。

このように「三つの家」によって可視化されたナオキくんの願いがテコとなって、ナオキくんの安全をつくることへの保護者の問題意識が高まりました。その結果、児童相談所と保護者の家族再統合に向けた話し合いが進展していきました。

「三つの家」のようなツールを使うときには、こうした方法に込められた意図や哲学を十分に理解したうえで使用することが不可欠です。たとえば、「三つの家」とは、支援者側が必要な情報を集めるためではなく、子どもや家族の意見が聞いてもらえるようにするために考案されたツールです。このような背景をしっかりと理解せずに安易に使用してしまう

出典

†5　Parker, S. (2009). *The safety house: A child protection tool for involving children in safety planning.* SP Consultancy.（井上直美・井上薫訳『安全の家――安全プラン作りに子どもたちを招き入れるためのツール』安全パートナリング研究会、2010年）

†6　Parker, S. (2010). *The future house: Involving parents and caregivers in the safety planning process.* SP Consultancy.（井上直美・井上薫訳『これからの家――安全プラン作りに親や養育者を招き入れるためのツール』安全パートナリング研究会、2011年）

補足

三つの家

「三つの家」の開発者であるウェルドは、「三つの家」を面接ツールとしてとらえられることを意図していない。なぜならば、「面接」として関わっていくと、面接者が質問するために存在し、もう一人（子どもや家族）は答えるよう期待されるパワーの不均衡が生まれかねないからである。そのため、「面接」という代わりに「会話」という関わり方をすることを推奨している。つまり、「三つの家」とは、「面接ツール」ではなく「会話を促進するツール」だといえるだろう。

と、家族と「ともに（with）」というより、家族「に（to）」やらせる別のツールに容易に成り下がってしまいます。

「三つの家」の中核には、マオリ族の健康モデルがありますが、マオリ族にとっての健康やウェルビーイングとは、身体、精神、家族、スピリチュアルな側面を包括した全体的なものとしてとらえられます。マオリ族が大切にするスピリチュアルとは、日本語では「霊性」「魂」などと表現されますが、具体的には、自分の存在に対する居心地、アイデンティティや価値観、自然とのつながり、先祖とのつながりなどを指す概念であり、人間の深い側面から健康について考えていきます。また、「三つの家」とは、強みに基づく実践原則、人間関係に基づく仕事の原則、傾聴の空間をつくる原則、共感、希望、尊厳、親切、尊重をもって人々に接する原則、人々を積極的に理解する原則、安全を高めながら有効で持続可能な変化をつくる原則に基づいて使うことで、本来の力を発揮することができます[†7]。

「三つの家」の根本的な原則は、自分自身の世界や考えについて、じっくりと語ることができる空間をつくるということです。こうしたツールを最大限に活用し、子どもや家族と関係性を形成しながら、会話を促進していくことで、さまざまな情報を得ることができ、より適切なアセスメントとプランニングを行うことが可能となります。

出典
†7　ウェルド，N・パーカー，S・井上直美編『「三つの家」を活用した子ども虐待のアセスメントとプランニング』明石書店、2015年

5　家族応援会議の活用

安全パートナリング等による支援では、アセスメントから詳細な安全計画の作成に至るまでの援助プロセスに、子どもや保護者などの当事者や、地域で家族を支える安全応援団などをよび込むために、会議という場を積極的に活用します。たとえば、安全パートナリングの**家族応援会議**は、1回限りの特別なイベントではなく、ケースワークの流れのなかで複数回実施されます。

家族応援会議のあり方には、①協働的なアセスメントのための家族応援会議、②子どもの措置・委託先と家族交流のための家族応援会議、③安全計画づくりのための家族応援会議、④モニタリング／見直しのための家族応援会議などがあり、目的に応じて使い分ける必要があります[†8]。こうした当事者参画型の会議のあり方は、諸外国で実践されている**ファミリーグループ・カンファレンス***などの流れを汲むものであり、当事者の主体性を重視した対応を行うことで家族やコミュニティをエンパワメントすることが援助の基本姿勢となっています。

出典
†8　Parker, S. (2015). *Family safety conferencing. A partnering for safety approach to conferencing in child protection casework.* SP Consultancy.（井上直美監訳『家族応援会議――児童保護ケースワークにおける安全パートナリングによる会議の進め方』安全パートナリング研究会、2015年）

用語解説
ファミリーグループ・カンファレンス
ニュージーランドで生まれた家族（拡大家族・親族・子どもにとって重要な人物を含む）を意思決定プロセスに参加させる手法。背景には、先住民族のマオリ文化の影響がある。

インシデント③　家族応援会議を活用した家族再統合支援

マナブくんは、お母さんがもともと精神的に不安定なところがあり、体調を崩してしまったことで、児童相談所に保護されて、施設で生活することになりました。施設入所後の親子交流は順調に進んでおり、お母さんの体調もよくなってきたので、児童相談所は、そろそろ家庭復帰を検討することにしました。そのため、家族応援会議を活用した家族再統合支援を行いました。

まず家族と協働的にアセスメントするために、「三つの家」を活用した家族応援会議を開催することにしました。参加者は、お父さん、お母さん、おじいちゃん、おばあちゃん、児童相談所の職員でした。ホワイトボードに、「心配の家」「いいことの家」「希望と夢の家」を描き、家族の視点からの心配なこと、うまくいっていること、これからの希望について話してもらいました。その結果、家族が抱える課題とこれからのゴールを共有できました。また、お母さんは、体調がいいときはマナブくんと適切に関わることができますが、精神的に不安定なときには、誰かの助けが必要なこともわかりました。そのため、お母さんが不安定なときであってもマナブくんが安心・安全でいられるようにするための「安全計画づくり」に取り組むことにしました。

「安全計画づくり」のための家族応援会議では、家族に加えて、保健師さんや保育所の保育士さんなどの地域の支援者も参加しました。まずは「マナブくんは、家庭でいつでも安心・安全に子育てしてもらいます」という安全ゴールのために、すでにできている安全行動を引き出していきました。その結果、お母さんの体調が悪いときには、お父さんやおじいちゃん、おばあちゃんの協力を得たり、地域の保健師さんや保育士さんなどに相談していることがわかりました。このように、うまくいっている部分を引き出したうえで、「安全ゴールが十分に達成できている状態を10点、まだ何もできていない状態が０点だとしたら何点をつけるでしょうか？」と点数をつけてもらいました。さらに、「今の点数が10点になるためには何が起きる必要があるでしょうか？」と質問することで、これからの安全行動を引き出していくことを試み、「安全計画づくり」を進めていきました。

最終的には、お父さんとお母さんが話し合った内容を言葉と絵でわかりやすくまとめ、マナブくんに説明しました。マナブくんは説明に納得すると、笑顔で絵に色を塗ってくれました。また、家庭復

◆補足

家族との会議

安全パートナリングにおける会議とは、Family Safety Conferencing（家族安全会議）とよばれるが、家族との会議は、アセスメントとプランニングに家族を参加させる手法であり、子ども虐待対応に限らず、さまざまなケースで有用である。そのため、井上（2015）の翻訳では、子どものために家族を応援する会議という意味を込めて、「家族応援会議」とよんでいる。

帰後のモニタリングの方法などについてもていねいに検討したうえで、マナブくんの家庭復帰を行いました。施設を退所してからも、「安全計画づくり」の見直しをするために、家族応援会議を開催しました。このように十分なアフターケアが行われることで、マナブくんは家庭でも安心・安全に生活することができ、児童相談所はケースを終結することができました。

3．まとめ

社会的養護の現場で心理職に求められる役割は多岐にわたるものであり、今回紹介した実践は、そのなかの一部に過ぎません。虐待を受けた子どものトラウマ治療が心理職の重要な役割であることはいうまでもなく、**ポストトラウマティック・プレイセラピー**[*]や**トラウマに焦点化した認知行動療法（TF-CBT）**[*]といった心理療法を行うことが施設心理士には期待されているかもしれません。

しかし、社会的養護の現場における心理的支援について考える場合、軽微なケースであれば、ネットワークの環境調整を少しするだけで自然治癒していきます。逆に、困難ケースであれば、ネットワークを見立てながら、心の深い部分を扱うようなセラピーを実施することが可能かどうかを見極める必要があります。そのように考えると、虐待を受けた子どもへの心理的支援とは、いずれにしろ「セラピーありき」ではなく、ネットワーク支援を優先することが基本となります。そのため、今回は、さまざまな心理職の役割のなかでも、心理的ネットワーク機能を促進するためのコンサルテーションやファシリテーションに焦点を当てました。

また、家族再統合支援の事例分析では、家族と安全を中心に据えた安全パートナリング等による実践について紹介しました。しかし、わが国の現状としては、こうした当事者参画を積極的に促していく支援のあり方は、十分に浸透しているとはいえません。2016（平成28）年５月に「児童の権利に関する条約」を基本理念として明記した改正「児童福祉法」が成立し、子どもは「保護の対象」から「権利の主体」として位置づけられるようになり、これからは子どもの意見を尊重し、その最善の利益を優先した支援を行うことが求められます。そうした支援を実現していくためには、今回紹介した「三つの家」や家族応援会議などの手法がわが国の社会的養護の現場でも積極的に活用されていくことが望まれると思います。

＊ 用語解説

ポストトラウマティック・プレイセラピー
人形やぬいぐるみを使ってトラウマ体験を再現させた遊びをすることで、虐待体験にともなった激しい感情を解放していくことを目指す心理療法。

トラウマに焦点化した認知行動療法（TF-CBT）
子どものトラウマに対するエビデンスのある治療プログラムのこと。TF-CBTはTrauma-Focused Cognitive Behavioral Therapyの略。

演習課題

①相談機関の面接室内で行われるカウンセリングと施設で行われる生活に根差した心理的支援では、心理職に期待される役割がどのように違うのか話し合ってみましょう。
②施設全体の心理的支援機能を促進するためには、チームとしてどのような支援を行うことが求められるのか話し合ってみましょう。
③インシデント③で行われた家族応援会議のような当事者参画型の支援モデルの意義について話し合ってみましょう。

レッスン10

自立支援に関する事例分析

本レッスンでは、児童養護施設の役割の一つである「自立支援」について、事例を通して学んでいきます。若者のホームレスの10人に1人は児童養護施設の出身者であるという統計もあります。10代で施設を退所し、社会に出る彼らは、孤立しやすいという現状があります。入所前から退所後まで施設が支援していくことが求められています。

1. はじめに

児童養護施設における自立支援は、入所前から退所後まで多岐にわたります。自立支援においては、入所前に行う**アドミッションケア**、入所中に行う**インケア**、退所前に行う**リービングケア**、退所後に行う**アフターケア**があります。それぞれの支援が連続したものになるようにすることが大切です。本レッスンでは、インケアからリービングケアにつながるものを2つピックアップしました。

参照
アドミッションケア、インケア、リービングケア、アフターケア
→レッスン12

2. 事例①の概要(進学に関する事例)

1つ目の事例は、進路選択について考える事例です。厚生労働省によれば、高校生が大学や専門学校などに進学する割合は80%程度であるにもかかわらず、**児童養護施設の退所児童の進学率はそのわずか4分の1**にあたる約20%にとどまるというデータがあります[†1]。大学進学への意欲が同じでも生活環境の違いで進学できる子どもと進学できない子どもがいます。このような現状への理解と、そこで働く職員に求められるスキルについて考えていきましょう。

◆**利用者の概要**：母親（40代後半)、男児M（17歳）

◆**生活歴**：母子家庭　小学1年生よりA児童養護施設にて生活している高校2年生の男児。

◆**事例の背景**：A児童養護施設では、この数年間4年制大学の進学者がほとんどおらず、在園児童も18歳になれば就職して自立しなければならないと思っている。

出典
†1　厚生労働省「社会的養護の現状について」2014年

3．援助の過程

1 インテーク

Ａ児童養護施設に入所しているＭは、高校は進学校に入学しました。学力も高く成績優秀であったＭですが、高校２年生になり学校から配られたはずの進路希望調査用紙を提出していないことが発覚しました。

担当職員であるＨ保育士が個別面接を行うなかで、就職するか進学するかを迷っているという相談がありました。将来は中学校の教員になりたいと話しますが、進学するためのお金がないためどうしたらいいかわからなくなっているといいます。

個別面接では、進学するためのお金のシミュレーションを行いました。その結果、社会資源の乏しいＭにとっては学費だけではなく、自立して生活するお金も必要になり、４年間で1,000万円を超えるお金が必要だということがわかりました。それ以降、進路の話をしても「どっちでもいい」と投げやりになってしまいました。

１か月ほどがたち、再度個別面接を行うなかで「やっぱり就職して自立したい」とＭから話がありました。Ｈ保育士も「Ｍが決めたことなら」と納得し、就職の方向で進めていくことになりました。

2 アセスメント

Ｈ保育士より、自立支援担当職員のＫ指導員にＭの進路について「就職を希望している」との報告がありました。

Ｋ指導員は、これまでの経緯を確認したうえで、「Ｍは就職すると話しているが、本当は進学したい気持ちがあるのではないか。資金面について返済不要の奨学金の情報を調べると同時に、施設退所後に活用できる社会資源について精査する必要がある」とＨ保育士に伝え、今後は一緒にＭの進路について考えていくことになりました。

3 プランニング

Ｍの大学進学におけるハードルを少しでも下げるためにできることがないかを考えるために、施設によってケースカンファレンスが実施されました。カンファレンスのなかでは、３つのポイントについて話し合いが行われました。

①返済不要の奨学金について

ケースカンファレンスでは、児童養護施設退所児童を対象にした返済不要の奨学金について情報を集め、申請時期、給付金額、申請方法などをまとめたリストを自立支援担当職員が作成しました。その結果、作文、面接などうまく申請が通れば学費のほとんどがまかなえることがわかりました。

②施設退所後に生活する場所について

児童養護施設は原則18歳までの子どもが生活していますが、20歳まで措置を延長できる制度があります。その制度を活用すれば、20歳までは施設で生活しながら大学に進学することも可能です。また、児童養護施設退所者を対象に進学する期間、無償で住居を提供してくれる企業があります。そこを活用すれば、４年間の住居費はかからないことがわかりました。

③社会資源の精査

母親の経済状況は安定しておらず、現在生活保護を受給中であることがわかりました。経済的にも頼ることは困難なため、別の社会資源について検討した結果、下記が施設退所後もサポートしてくれることになりました。

Ⅰ　施設と連携しているNPO法人
Ⅱ　施設と連携している弁護士
Ⅲ　Mが通っている塾の先生

4 インターベンション

H保育士、K指導員、Mで面談を行い、ケースカンファレンスで決定した内容をMに報告する場を設けました。

①返済不要の奨学金について

返済不要の奨学金リストをみながらMに説明しました。作文や面接などの審査はあるが、一度申請してみないかと伝えたところ、Mは返済不要の奨学金がこんなにもあることに驚いていましたが、申請してみたいと話しました。

②施設退所後に生活する場所について

措置延長について説明するとともに、無償で提供してもらえる住居について説明したところ、Mは、「18歳になると施設を出なければいけないと思っていた。20歳まで生活できることがわかって気持ち的にとても安心した」と話しました。また、無償の住居にも興味があるので一度見学に行きたいと話しました。

✦ 補足

児童養護施設退所者に無償で住居を提供する企業

都道府県によって地域差はあるが、近年このような支援先が増えてきている。

③社会資源の精査

母親の現状を伝えるなかで、本児のことをサポートしたいと思ってくれている人がいることを説明すると、Ｍは、「18歳になり施設を退所すれば、すべて一人でやっていかなければならないと思っていた。自分のことをサポートしてくれる人がいるのはとても心強い」と話しました。

面談を通じて、「自分の気持ちを抑えて就職すると言っていたが、本当は大学に進学したかった」と話し、「進学に向けて勉強とアルバイトの両立をがんばる」と話していました。

5　エバリュエーション

インターベンションで伝えられた①②③については、自立支援担当のＫ指導員が中心となって調整することとなりました。平行して、Ｍは大学進学に向けて自己資金を貯めるためアルバイトを開始しました。担当者と目標金額を設定してアルバイトを継続し、無事に目標金額を達成しました。学力的にもぎりぎりではありましたが、塾、学校との連携もあり、第一希望の大学へ合格することができました。

4．事例①を通じて

初めのインテークの段階で、表明していた「就職して自立する」という意見を**真のニード**だと理解してしまっていたら、大学進学はできていなかったでしょう。

ニードにもさまざまな種類があります。ブラッドショーのソーシャルニードの分類法にあるように**エクスプレスト・ニード（expressed need：表明ニード）**＊だけで判断するのではなく、**フェルト・ニード（felt need：自覚ニード）**＊、**ノーマティブ・ニード（normative need：規範ニード）**＊、**コンパラティブ・ニード（comparative need：比較ニード）**＊を理解したうえで、真のニードとは何かを判断する必要が求められます。

また、返済不要の奨学金についての知識、措置延長制度の理解、公的機関だけではなく、民間団体による支援があることを知るための情報収集力など、有効な自立支援を行うためにはさまざまな知識が求められます。

さらに、Ｍを大学に進学させることがゴールではなく、進学後も安心して継続できるようにサポートしていくことも自立支援として今後、

＊ 用語解説

エクスプレスト・ニード（expressed need：表明ニード）
本人が充足の必要を自覚し、その充足（サービスの利用など）を申し出たニーズのことをいう。

フェルト・ニード（felt need：自覚ニード）
本人が充足の必要を自覚しているニーズのことをいう。

ノーマティブ・ニード（normative need：規範ニード）
何らかの価値判断に照らして、行政機関、専門家、研究者などが判断するニーズのことをいう。

コンパラティブ・ニード（comparative need：比較ニード）
サービスを利用している人と比較して、ニーズがあると判断される場合をいう。

必要になります。

5.　事例②の概要（インターネット使用に関する事例）

次に、２つ目の事例に入ります。この事例については、スマートフォンを中心として、急速に普及しているインターネット機器との上手な付き合い方について考えていきます。

携帯電話の所持については、施設によってルールにばらつきがありますので一概に何が正解であるかはわかりませんが、自立支援を考えるうえでどのような視点をもつことが大切なのかについて考えていきます。

◆利用者の概要：父親（40代後半）、男児N（16歳）

◆生活歴：父子家庭　小学６年生よりA児童養護施設にて生活。高等特別支援学校１年生の男児。

◆事例の背景：A児童養護施設での携帯電話所持のルールは、高校生以上、アルバイトをして携帯電話の利用料金が自分で支払えることを原則として許可している。アルバイトのできない支援学校に通う子どもについては、小遣いで支払える範囲でもてるフィーチャーフォン（いわゆるガラパゴス携帯）の所持しか認めていなかった。しかし、高校生の段階でスマートフォンをもたないことで退所後いきなりインターネット環境に触れることになるため、さまざまなトラブルに巻き込まれる退所児童が多いことが近年問題になっている。

1　インテーク

Nより担当職員のT保育士に相談がありました。話を聞くと「スマートフォンをもちたい」といいます。T保育士が理由をたずねると、「LINE（ライン）ができないので友だちがいなくなる」と涙ながらに訴えました。T保育士は、「施設のルールでアルバイトをして携帯電話の利用料金が払えないと、もたせることはできない、今もっている携帯電話のメールで我慢してほしい」と伝えました。納得ができないNはT保育士に対して暴言を吐き、部屋を出ていきました。

2　アセスメント

T保育士より、自立支援担当職員のK指導員にNの携帯電話についての相談が入りました。K指導員としては、これまでスマートフォンをもたず退所した子どもの例を出しながら、Nに今の段階からインターネッ

✦ 補足

LINE（ライン）

LINEは、スマートフォンアプリを中心に無料でチャット（トーク）や通話を利用でき、ゲームや音楽など関連サービスも楽しめるコミュニケーションツールである。インターネットサービス企業のLINE株式会社（旧名：NHN Japan株式会社）が運営しており、2016（平成28）年7月には東京およびニューヨークで同時上場を果たしている。

トとの上手な付き合い方を学んでもらう必要性を感じていることを伝え、以下のことについて施設として考えていくことになります。

①スマートフォンをもたせることによって起こるメリット、デメリットについて
②スマートフォンをもたせないことによって起こるメリット、デメリットについて
③スマートフォンをもたせる場合、どのような方法が考えられるか

3　プランニング

K指導員より主任会議（施設長、主任、事務員、各フロアのリーダーが参加）においてNの携帯電話についての議題を提案し、①②③について話し合いの場を設けました。

①スマートフォンをもたせることによって起こるメリット、デメリットについて

メリット……早い段階からインターネットに触れることで、施設にいる間にインターネットについての教育ができる。失敗してもフォローがしやすい。
デメリット……出会い系サイトなど、危険な目にあうリスクが高い。危険な目にあった場合、責任がとれるのか。

②スマートフォンをもたせないことによって起こるメリット、デメリットについて

メリット……子どもが危険な目にあうリスクを下げられる。施設としてリスクが低い。
デメリット……子どもの意見を吸い上げることができていない。子どもの抱える不満が大きい。退所後に危険な目にあってもタイムリーにフォローすることができない。

③スマートフォンをもたせる場合どのような方法が考えられるか

1）小遣いの範囲でもてる安いものを利用する。

小遣いをすべて携帯電話の利用料金に使用することになり、自由に使えるお金がなくなる。

2）児童手当など貯金を使い、スマートフォンをもつ。

預貯金、児童手当には個人差があり、もてない子どももでてくる。

3）施設のWi-Fi環境を整え、タブレットや通信機器をもっていれば利用できるようにする。

誰でも利用できるFree Wi-Fiであれば、小学生でも利用できてしまう。ある程度の制限やルールが必要である。

【上記の話し合いの結果】

施設を退所してから困るより、施設に入所しているうちに失敗体験をしてそれをフォローしていくことが自立支援ではないか、子どもにとっても施設にとってもリスクはあるが、失敗することを前提にインターネットとの上手な付き合い方を教えていくことが大切であるという判断になりました。

では、どのようにもたせるかというと、高校生ではなく、中学生からの教育が大切であり、誰でも平等にもてるという観点からみて、3）の「施設のWi-Fi環境を整え、タブレットや通信機器をもっていれば利用できるようにする」こととして、中学生以上で職員が提示する一定のルールが守れるものとしてルールの策定、インターネット環境の調整を行うことになりました。

4　インターベンション

主任会議での話し合いの内容を再度、職員会議（全職員参加）にて提案し、意見の集約をしたうえで子どもにも説明を行いました。

Nについては、個別に話し合いを行い、自立に向けてインターネットとの付き合い方を考えていくことになりました。その後、担当者のT保育士と一緒に家電量販店にてタブレットを購入し、LINEなどを利用できるようになりました。

しかし、数か月が経過した頃にプリペイドカードを購入し、1万円ほどのお金を1日で利用していることがわかりました。Nをよんで話を聞くと、出会い系アプリに課金していることが判明しました。さらに職員が調べると、そのアプリは、悪質な出会い系アプリであることがわかりました。Nとしては、「そんなはずはない」と悪質なものであるとは理解できず職員にも反発していましたが、一緒にインターネットを使って調べ、被害状況を目の当たりしたことで、ようやく悪質な詐欺であることを理解しました。その後は、自分のやったことがいかに危険なことだったかを理解している様子で、今後は利用しないと約束しています。

6.　事例②を通じて

近年スマートフォンが急速に普及していることで、児童養護施設での養護問題も変化しています。従来のルール通りにスマートフォンをもたせず、施設が管理することは簡単であり、リスクは低くなります。しかし、それでは本当の意味での自立支援にはならないのではないでしょうか。

本事例の背景でもある、**さまざまなインターネットトラブルに巻き込まれる退所児童が増加しているという状況**を施設のほうで理解していなければ、今回のような対応にはつながらなかったでしょう。

入所児童の状況だけをみて判断するのではなく、**退所した児童がどのようなことで困っているのか、どのようなトラブルに巻き込まれやすいのかなどをしっかり把握し**、一緒に課題解決をしていくことが今後のインケアの向上につながる大切なポイントです。

今回のケースを振り返ると、Nが悪質なサイトに課金していたことは、インターネットを利用できる状況に置いたからこそ起きた問題であり、それが、施設にいる間なのか、施設を出たあとなのかの違いでしかありません。施設にいる間にトラブルに巻き込まれたことで、職員が寄り添い一緒に考えることができた事例といえます。

演習課題

①現在高校３年生、来年度から自立して就職が決まっている子どもがいます。施設での生活が長く、これから一人で生活するのに不安が非常に高いと相談がありました。

ⅰ：実際に１人暮らしに必要なお金をシミュレーションしてみましょう。

ⅱ：子どもの不安を取り除くためにどのような取り組みが考えられるかグループで考えてみましょう。

②児童養護施設を退所する子どもを対象とした返済不要型の奨学金があります。実際にどのようなものがあるのか調べてまとめてみましょう。

③児童養護施設からの進学についての事例を取り上げましたが、進学率の低さだけではなく、中途退学率の高さも問題になっています。どのぐらいの割合で退学しているのでしょうか？　その理由にはどのようなことがあるのかを調べてグループで考えてみましょう。

レッスン11

記録および自己評価

本レッスンでは、社会的養護における記録の意義やとり方、また実践の自己評価の方法について学びます。保育者として何のために記録をとるのか、また、適切な記録の条件やよりよい実践のために有効な記録のとり方、さらに実践の質を適切に評価する自己評価の方法などについて理解を深めていきましょう。

1. 子どもの記録とは、どのようなものか

1 子どもの成長と記録

私たちのもとに子どもが生まれてきたら、親となる私たちはどのような行動をとるのでしょうか。多くの場合、生まれたときの感動をさまざまな方法で記録し、その子の名前に両親としての想いを託すことになります。

そして、子どもとともに暮らす生活が始まると、乳児期には、授乳量や排泄の管理を通して健康状況を把握し、病気にかかると病院へ受診し医師の判断を仰ぎ、その理由を調べたり対応策をとったりし、そのことを母子健康手帳に記録することになります。また、子どもたちの成長やともに味わう感動を写真や動画の形で残し、その成長と感動からその子の将来を思い浮かべ、その記録をまとめることになります。

保育所・幼稚園への通園が始まると、連絡帳を通して保育者とともに子どもの成長記録を分かち合い、子どもたちが集団のなかで友だちと出会います。成長と変化のなかで親としてできることは何かと模索しながら見守り、友だちとの関係づくりの場を提供し、次の展開を想定し準備を行い、もし思い通りの展開にならなくてもそれを楽しんだり、懐かしく親子で振り返ったりすることもあります。

小学校、中学校、高校へ進学するなかでは、学校と連絡し合ったり、学外の教育支援の利用機会を提供したりしながら、成長する過程で起こる子どもたちの葛藤や**モラトリアム***に親として付き合い、徐々に社会というものに触れさせていきます。子どもが異性と出会うことを心配しながら見守ります。そして、大学へ、社会へと巣立つ準備をともに行い支援していくことになります。

子どもの成長は、そばにいる大人が一番感じるところです。成長の喜

補足

母子健康手帳

子どもの出生にともない、市町村から交付される手帳。妊婦健康診査や乳幼児健康診査など各種の健康診査や訪問指導、保健指導の母子保健サービスを受けた際の記録や、予防接種の接種状況の記録が一つの手帳に記載される。そのため異なる場所で、異なる時期に、異なる専門職が母子保健サービスを行う場合でも、これまでの記録を参照するなどして、継続性・一貫性のあるケアを提供できる（「母子保健法」第16条）。

用語解説

モラトリアム

E・エリクソンは、青年期の発達段階において子どもから大人の社会階層に変わる、自分は何者であるかを己に問うアイデンティティ（自我同一性）の確立に必要な葛藤が起こる猶予期間を「モラトリアム期」とよんだ。

び、苦闘、感動の記録は、その場面ごとに記録され、そのとき必要になると同時に、その子が将来必要になったときへと、ともに過ごす大人の想いとともに大切に保管されていることでしょう。

2 社会的養護における記録

社会的養護のなかで生活する子どもと、一般家庭で生活する子どもとの大きな環境の違いは何でしょうか。血のつながった家族ではないことでしょうか。再婚家庭は同じ環境をつくり得ます。集団で生活していることでしょうか。都市部を除けば大家族は昔からよくある形態です。

最も大きな環境の違いは、**ともに生活する大人が日常的に変わってしまうこと**です。なぜなら、職員の退職や異動という離別経験が何度も子どもに訪れるからです。

社会的養護のなかで生活する子どもたちにももちろん、前述の親として行われることを家庭の代替えとして実行することが求められています。一般家庭にある諸般の記録は、一貫して養育者が記憶し、それを思い出し活用しています。しかしそれを社会的養護に置き換えた場合には、職員が退職、離職するという前提でその子どもの情報を蓄積していかないと、その子の育ってきた思い出や情報がその都度消去されるのと同じ状況になってしまいます。

子どもたちが大人になり、自分はどんな子ども時代を過ごしたのかと振り返るときのことを想像してみてください。この教科書を読んでいる人のなかには「自分とはどんな人間なのか？　自分はどう進むべきなのか？　自分とは何者なのか？」という自問自答を経験された人もいることでしょう。人にはモラトリアム期とよばれる時期がありますが、一般的に、家庭のなかで育った子どもが対峙する状況と社会的養護施設で生活している子どもたちが対峙する状況では、少し事情が異なります。

家庭のなかで育った子どもが自分自身を振り返る際には、どのようなことを手がかりにするでしょうか。たとえば、両親や親戚などから年少の頃の話を聞いたり、過去の思いが詰め込まれたアルバムを眺めたりしながら、両親などから語られる物語を頼りにし、思い出すことになるでしょう。そのような情報をもとにモラトリアム期の自己と対峙してきたのではないでしょうか。

私たちの身の回りにあるそれらの記録は誰がそろえてくれたかと考えると、多くの場合、ともに生活していた両親が整理しています。一方で、施設で生活する子どもたちの記録を残すのは職員です。そのため、社会的養護の職員は、委託期間が短期間であろうと、離職しようと、**その**

ときの子どもの人生の一部を預かる立場であると理解し、成長の記録をしっかりと蓄積する必要があります。

2．記録に関する法・運営指針での記録の扱い

1　社会的養護で扱う情報

社会的養護施設における記録については、「児童福祉施設の設備及び運営に関する基準」第14条に以下のように規定されています。

> （児童福祉施設に備える帳簿）
> 児童福祉施設には、職員、財産、収支及び入所している者の処遇の状況を明らかにする帳簿を整備しておかなければならない。

また、社会的養護施設それぞれにある運営（養育）指針にも多少の違いはありますが、それぞれに記録に関しての記載があります。また、記録の項目以外の場面にも、指針で取り扱われる各項目を実現するためにはどうすればよいかと問うと、必ずそれぞれを実現させるための**記録**と**情報共有**が必要になってきます。

社会的養護における記録とは、対象の個人がもつ情報をまとめたものです。社会的養護施設で扱う情報は、施設に入所している子どもを主軸に、その家族、関係機関、どのような養育で育ってきたかなどを指しています。実際に施設内で行われる記録は多岐にわたり、入所時に作成する**フェイスシート***（図表11-1）、子ども一人ひとりの治療・支援の実施状況を適切に記録した日々の養育記録（日誌、ケース記録、通院記録や看護記録）、家族および関係機関とのやり取りの記録、パーマネンシーを意識した入所からアフターケアまでの支援実施記録、児童の金銭管理簿、児童の成長記録（写真アルバムや映像など）、入所中の養育方針を決める自立支援計画などがあります。

> ＊ 用語解説
> **フェイスシート**
> 子どもの氏名や居住地、年齢、性別、家族構成などを簡潔にまとめて記したもの。これにより子どものおおまかな状況を把握することができる。

2　記録を作成する意味

必要とされる情報は施設によって違いがあります。乳児院であれば、月齢と比べた発達段階はもとより、直近の排便排尿状況、予防接種状況、感染症、食事の段階や生活リズムなど、保健的な項目が多くなります。また、保護者の意向も子どもの代弁者として重要性が増してきます。

図表 11-1　フェイスシート(例)

フェイスシート		記入日		記入者	
ふりがな		性別		担当児相	
名前		生年月日		担当CW	
措置事由					
生活状況					
現住所					
本籍地					

家族構成	関係	名前	年齢	職業	住所・連絡先	ジェノグラム

特記事項	

保育所・学校等の状況	年月日	機関名	担当	連絡先	備考

関係機関	年月日	機関名	担当	連絡先	備考

障害者手帳	有・無	B1　B2　A		健康保険証	国保　健保　無
眼鏡の使用	有・無	母子健康手帳	有・無	マイナンバー	
入所時 所持品					

児童養護施設であれば、乳児院ほどの保健的情報を求めませんが、代わりに学校状況や友人関係、言語化できる場合には本児の意志の確認などが含まれます。必要とされる情報に違いがありますが、その目的は施設に入所し、生活を始める子どもが不利益を被らないようにすることです。

これらの記録は、職員間における**情報共有ネットワーク**により、必要な情報が、必要なときに、必要なだけ、迅速に届くしくみを構築することを目的に作成されています。手書きであるほうが効率的に記録を取ることができる場面もありますが、ICTの活用によりパソコンやタブレット等を利用した情報処理の効率化を図っている施設もあります。

子どもの情報については、職員が交代する施設だからこそ記録を「引き継ぎ」、当時担当した職員が不在になっても、また子どもたちが措置変更になり、里親や他施設等へ異動したとしても記録を引継ぎ維持できる「**連続性**」に注目をおいて処理することが大切です。

✦ 補足
連続性
保育者の目前で行われる養育内容は、保育者からみれば人生一片でしかないかもしれない。だがその一片はクライエントの生活史上の出来事であり、一人ひとりの時間軸上に存在している。クライエントの望む将来の姿に近づけるように、担当職員の変更、施設変更などで支援・生活史が分断化されないように、支援を組み立てていく必要性がある。

3.　記録における３つの観点

社会的養護施設で求められる記録の観点を大きく分けてみると３つに分かれます。「**専門職として支援業務を行った記録**」「**子どもの成長記録**」そして、「**それらの記録の活用**」です。

1　支援業務の記録

①記録の対象

社会的養護施設における記録は、**支援の実施を記録する**ことが第一です。記録の対象は日常生活における、起床場面、食事場面、学習場面、遊びの場面、排泄場面、就寝場面などさまざまです。場面ごとにどんな支援を行ったかを記録し、また、行った支援の結果を記録することが重要になります。記録された行動が、発達段階が理由で表出したものなのか、職員の介入により意図的に表出したものか、偶発的にでたものか、子ども個人の計画で発生したものか、他児への影響はどうなっているかなど、記録を通して振り返ります。そしてその振り返りから導かれた次の支援を計画し、展開することへつなげていきます。これは自立支援計画を立てるうえでも重要になる基本的な業務です。

インシデント①

アスカ（16歳）はここのところ自室内の備品をたびたび壊しています。理由をたずねても「むしゃくしゃしたから」といいます。いつ、どのようなときに行動化しているのかを養育記録をもとに確認したところ、担当のA保育士が勤務する日に頻発していることがわかりました。しかし、現状の記録では詳細がつかみきれず、A保育士に直接たずねましたが理由はわからないといいます。そこで次回何か破壊行為を起こした際には、その前後に起こったことをくわしく記録するように指示を出しました。しばらくしてアスカは備品を破壊しました。

（記録：帰園後アスカはA保育士に対して甘えをみせており、またA保育士もそれに答えいろいろとアスカに声をかけ関係づくりを図っていた。そのとき、年少児が帰園して来たため、A保育士は別室で対応にあたるため移動した。しばらくするとアスカの部屋から突然ガシャンと何かが割れる音がした。慌てて見に行くとアスカの部屋にあったコップが割れていた。アスカに確認したところ、ノートに当たりテーブルからコップが落ちたという。割れたものを一緒に片付けながら、「むしゃくしゃしていたのか」とたずねたところ、素直に頷いた。A保育士はいつものように「怒りをモノにぶつけることはいけない」とアスカとしばらく話し合うことになった。）

スーパービジョンの場でこの状況を、記録を通し振り返ったところ、アスカはA保育士との時間を確保するために備品を破壊してきたようにみえました。そこで他児のケアをする際にもできるだけ同室で行い、アスカにはA保育士の手伝いをしてもらうようにしたところ、アスカの生活は落ち着きを取り戻し、備品の破壊もなくなりました。

参照
スーパービジョン
→レッスン7

②記録における留意点

記録するべき生活のなかでの支援とは、日常的なものが主役になります。子どもが表出したものを記録し、**求められたニーズと隠れたニーズ**を拾い上げ、どのように共感し、受容したのか、そしてどのように介入したのかを記録します。これらは自らが実践した養育を振り返る手段になります。

保育者は反省的実践家であるといわれます。記録を通し自らの行った支援の結果を振り返り、次の子どもたちへとつないで生かしていくことが求められています。ただし、ここで少し気をつけたいのがこの「反省」という言葉には語弊があるということです。支援の結果があまり望ましい方向に展開できなかった場面においては、その結果をもって、担当した保育者や子ども自身を責めることに終始してしまうことがありますが、これは「反省」として適切ではありません。よい方向に動かなかった場面においては**その記録を通し、どの点において変化が発生したのかを見定め**、改善点を探し、次の支援につなげていく振り返りこそが「反省」となります。

記録は、子どもの成長、変化、そこに立ち会った人の心情などを記載することで、有効性を発揮します。チームで子どもをみている環境であるからこそ、子どもをともにみている仲間を**エンパワメント**するために、記録を活用していくことが重要です。子どもたちの養育でつまずきを感じているのはその場面に直面している担当者です。日常に起こるポジティブなこと以外に子どもにとってマイナスなこと、大人にとってマイナスであることを記載することが「どうすれば現状をプラスに、よい形に改善できるか」を検討するための重要な資料であるという認識をもつことが重要です。絶対に記録を子ども、職員を責めるためのものにしてはいけません。責められると感じる環境で作成される記録には、責められることを回避するため、その事象に直面した職員の気持ちや子どもの気持ち、事象の実情が伝わらない記録が作成されることになります。

参照
エンパワメント
→レッスン３

③ヒヤリ・ハット事例

ヒヤリ・ハット（インシデントと同義語）・事故（アクシデントと同義語）は養育を行うなかで必ず発生します。子どもの生命に関することは当然ながら、事故には至らなくても場合によっては事故に直結したかもしれないエピソードのことを**ヒヤリ・ハット**とよびます。語源は、「ヒヤリとした」「ハッとした」というところから発生したようです。間違った支援が行われそうになったが、未然に気付いて防ぐことができたケースや、危険があったものの子どもには被害が及ばなかったケースなどが該当します。ヒヤリ・ハットには子ども自身が行って起きた場合、環境に発生因子があった場合、職員側の行動で起こった場合など形はさまざまあります。

インシデント②

出生後すぐから乳児院で生活していたレイは、幼児期になり地域小規模児童養護施設へ措置変更されました。担当者との人間関係の構築を目指し、常に一緒に動く形で生活していました。昼食づくりの際、保育士がガスコンロにフライパンを用意し炒めものをし始め

参照
地域小規模児童養護施設
→レッスン８

図表 11-2　ハインリッヒの法則

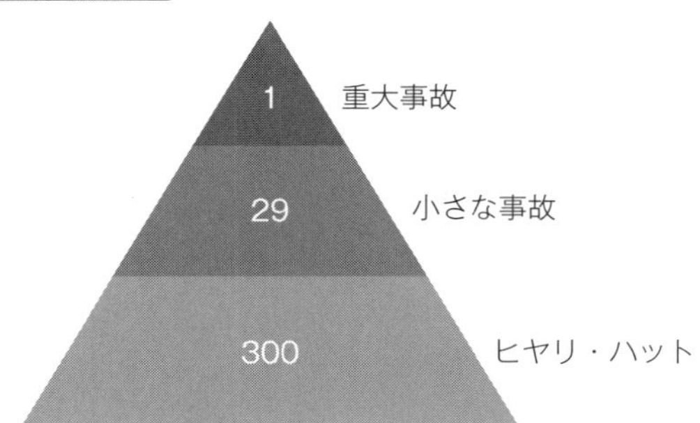

ました。保育士がコックをひねり火をつけたところ、レイはおもむろにコンロの火に手を差し出し触ろうとしました。

養育を行っていくなかで事故に至った事例の背後には、それよりはるかに多数のヒヤリ・ハット事例が潜んでいます。この事例の場合、これまで大人が調理する風景をあまりみてこなかったレイは火を触ってはいけない、火傷するものであるという認知がなかったようです。そこで、ヒヤリ・ハット事例としてこの記録を収集し、分析して、再発を防ぐ手立てを考えます。このケースであれば付き添わせる場合には十分に説明することや、火に手が届かない位置で見学させること、もしものことを念頭に保育士側が常に気を配るなどが考えられます。

この記録情報を共有することが重大事故の防止につながります。同じ場面を再度つくることを防げるからです。**ハインリッヒの法則***として「重大事故の陰に29倍の軽度事故と、300倍のニアミスが存在する」ということがいわれます（図表11-2）。

2 子どもの成長記録

各種の運営（養育）指針において、特に「児童養護施設運営指針」においては「**自己領域の確保***」として取り上げられている部分があります。子どもたちの生活場面である社会的養護施設は、その日常がその子のライフストーリーとしての「生活史」です。また施設に入所するまでにもつそれぞれの入所前の生活史があり、それを一時的に預かることも重要な記録保全です。その両方の保全が社会的養護施設に求められています。

インシデント③

レイは、その後特別養子縁組を行いました。養親に養育されるなか、真実告知*を受けました。レイは、養親から乳児院で楽しげに

用語解説

ハインリッヒの法則（1：29：300の法則）
アメリカの損害保険会社安全技師ハインリッヒが発表した法則。事故の背景には、危険・有害な要因が数多くあるということであり、300回の無傷害事故、ヒヤリ・ハッとするような不安全行動・状態がある。ヒヤリ・ハット等の情報をできるだけ把握し、速やかに、的確にその対応策を取る必要がある。医療事故等のレベル区分を利用して、インシデント（ヒヤリ・ハット）、アクシデント（事故）と分ける考えもある。

自己領域の確保
自分だけのもの、自分だけのスペースなど、他者に侵されることのない自分だけの領域。施設という共有生活の中においても、個人だけの物、場所があり大切に守られた経験が、自分自身を大切にし、また他者への敬いを育む。

真実告知
養親が、「生んでくれた親が他にいること。生んでくれた親は色々な理由があり（今は）一緒に生活できなくなったこと。私たちはあなたを育てることを心から望んでいること。あなたは私たちにとって大事な存在であること」を子どもに伝え、生い立ちをともに受け止めていくこと。真実告知は1度すれば済むというものではなく、日々の生活のなかでていねいに伝え、子どもの想いを受け止めていくことが大切になる。年少児向けのものとしては絵本を通した告知などもある。また、「児童の権利に関する条約」第7条第1項にもできる限り出自を知る権利を有すると明記されている。

遊ぶ乳幼児期のアルバムをみせてもらいます。また実親がなぜ養子に出したかも話し聞かせてもらいました。

子どもの自己領域の確保として求められているものの代表が、**成長の記録（アルバム）**です。アルバムにおいては、成長記録が整理され、成長の過程を振り返ることができます。また、子ども一人ひとりの成長の記録を整理し、自由にみることができるように本人が保管し、必要に応じて職員とともに振り返ることができます。

その情報をもつ人は、その状況に出会った人（職員）です。出会ったあなたにとって、その状況が日常のなかの小さな出来事であっても、その子にとっては大切な情報かもしれません。だから、保育士であるあなたは記録に書き留める必要があります。あなたの記録が、子どもにとって大切で必要なエピソードになるのです。社会的養護施設で生活してきた期間、その子がどのような生活を送ってきたかという記録をつくるのは保育士の仕事の一つです。

3　記録の活用

①記録の種類

記録名称はさまざまですが、書き留められた記録は図表11-３のような資料に変容し、意味をもたされ活用されます。

支援業務の記録活用においては、ほかの職員、里親にその子がどのような生活を送っていたかを伝える「申し送り資料」、その子の生活を把握・観察・分析する「個別対応資料」、その子のライフストーリーとしての「生活史」、子どもの抱える個別課題を他の機関と共有するための「他機関連携用の資料」、アクシデント・インシデント発生時の証拠資料として対応していた職員がどのように動いたかを証明する「対応証拠」、行われた医療行為や治療をまとめた「医療記録」、事件に巻き込まれたり起こしたりしたときに必要となる「裁判証拠」、職員が刑事事件・施設内虐待などの当事者とされた場合の「自身擁護証拠」「開示請求対象記録」などがあります。

②研究されはじめた記録の活用実践

近年、写真や動画を納めたアルバムの提供や活用、育ちノート・育てアルバム、ライフストーリーワーク、真実告知（telling）など、記録をもとにした子どもの生活史の活用方法などが、効果的に活用できるように研究されはじめています。

これらの実践研究は「支援業務の記録」と「子どもの成長記録」を活

図表 11-3 記録の主な種類と役割

記録の種類	役割
申し送り資料	他の職員、里親にその子がどのような生活を送っていたかを伝えるもの
個別対応資料	子どもの生活を把握・観察・分析するもの
生活史	子どものライフヒストリー
他機関連携用の資料	子どもの抱える個別課題を他の機関と共有するもの
対応証拠	アクシデント・インシデント発生時の証拠資料として対応していた職員がどのように動いたかを証明するもの
医療記録	行われた医療行為や治療をまとめたもの
裁判証拠	事件に巻き込まれたり起こしたときに必要となるもの
自身擁護証拠 開示請求対象記録	職員が刑事事件・施設内虐待などの当事者とされた場合に必要となるもの

用したものです。すでに多くの社会的養護施設では、資料として必要となる情報をもれなく記録できるように専用シートなどを用いて行われますが、元になる記録は日々の生活記録です。前述の３事例は、どちらも生活記録の活用で得られる知見です。必要となる情報がわかっているのですから、その情報がもれないように生活記録を記録する必要があります。

③個人情報の扱い

守秘義務とは、**業務上知り得る情報を関係者内でのみ共有し、他にもらさない**ことです。もちろんもれた場合には、その責任はもらした人にかかります。しかしその後求められた職責を果たしたとしても、その被害を受けた個人を情報のもれ出た前と同じ状況へ回復させることはできません。そのため、個人情報には細心の注意を払い、扱うべき情報であると認識してください。

4. 自己評価

記録を作成し活用していくと、自然と自らが行った養育、支援を振り返ることになります。**確認（モニタリング）**、**事後評価（効果の検証）**とよばれる振り返りの作業です。総じてこれらを**自己評価**とよびますが、これらは支援する職員側だけでなく、社会的養護施設で生活する子どもたち、ひいてはその保護者や社会にも問いかけるものです。この自己評価は３つのフェーズからできており、最も大きなフェーズが**第三者評価**

です。

1 フェーズ１：日常ケース（個人）記録の振り返り（個人による自己評価）

子どものケース記録をまとめ、次の自立支援計画等のケアプランを練る際に行われる振り返り作業は、自らの行ってきた養育を自己評価するよい機会でもあります。社会的養護という視点から自己満足で終わる養育を行っていないか自問し、また今目の前にあるニーズを再度把握し直す機会になります。

2 フェーズ２：スーパーバイズ（チームによる自己評価）

社会的養護施設における養育は、担当職員個人だけで行う養育ではありません。チームで、グループで行われる養育形態です。その子どもに接するすべての職員がグループ内でその子どもについて振り返る必要があります。多くの場合グループで行われる会議において振り返り検討されますが、その子どもの課題や目標を把握し支援策を検討し、現在の養育について振り返り次のプランを練り、みんなで見守れる体制をつくっていくことになります。またグループとしての養育に「ムリ、ムダ、ムラ」が存在していないか確認する機会でもあります。

3 フェーズ３：第三者評価の受託

第三者評価とは、施設単位で事業運営における問題点を把握し、質の向上に結びつけることを目的とした制度です。

くわしくは次の項目で説明しますが、第三者評価のなかで行われる自己評価があり、これは個人として施設を評価するのはもちろんのこと、グループ、チームに分かれて施設全体を評価することになります。また、第三者評価においては当事者である子どもたちやその家族にも評価してもらいます。勘違いされがちですが、この評価は利用者満足度調査ではなく、子どもとその家族がどのように感じているかを把握することが目的です。生活のなかで行われた支援およびその結果に対して、当事者の声を把握し、その意向の尊重や反映を行うことは、支援の質を高めることにつながります。

第三者評価は施設種別ごとに作成された運営（養育）指針をもとに全国で統一された評価基準により所属する施設を評価します。この評価基準に用いる項目はガイドラインが作成されています。また３年の受審期間を１期間としガイドラインも更新されており、インターネットなどで公表されています。

5.　第三者評価制度

1　福祉サービス第三者評価事業

「社会福祉法」第78条第1項で、「福祉サービスの質の向上のための措置等」として、「社会福祉事業の経営者は、自らその提供する福祉サービスの質の評価を行うことその他の措置を講ずることにより、常に福祉サービスを受ける者の立場に立つて良質かつ適切な福祉サービスを提供するよう努めなければならない」と定められています。これに基づき、社会福祉事業の共通の制度として、「**福祉サービス第三者評価事業**」が行われています。

この第三者評価事業は、社会福祉事業を運営する法人などの事業者が任意で受けることになっています。しかし社会的養護施設は、子どもが施設を選ぶしくみではない措置される施設でありながら、施設長による親権代行等の規定があり、子どもの監護、養育と教育など、子どもの人生に大きく影響する強い権利行使を担っています。さらに被虐待児等の増加等による施設運営の質の向上が求められています。そのため、「児童福祉施設の設備及び運営に関する基準」第24条の3、第29条の3、第45条の3、第76条の2および第84条の3で、**第三者評価の受審および自己評価並びにその結果の公表**を義務づけています。該当施設は乳児院、母子生活支援施設、児童養護施設、児童心理治療施設および児童自立支援施設です。

2　第三者評価における自己評価

第三者評価における自己評価は、職員個人における個人の養育ではなく施設全体の自己評価をまず行います。当然各個人の評価はそれぞれの価値観や経験によって左右され、甘くなったり厳しくなったりすることがあります。そこで次にチームなどに分かれて施設を評価します。このとき、職員の自己評価をもとにして分析検討する場合や、職種別に分かれた評価を行う場合もあります。最後に施設全体の評価としてまとめていきます。この際にも養育者として総評を確認し、施設が今どのような状況にあるのかを確認し評価します。

第三者評価を実施することにより、施設を全国的な評価基準でみた強み、弱みを把握することができます。自己評価として養育者がつけた評価と外部の第三者の評価との差異や、評価を行っていくなかで検討し再構築していく必要性に気がつく部分もあるでしょう。第三者評価は施設をあげての大きなイベントになりますが、いずれにしても養育者にとって「子どものために」「子どもにとってどうなのか」を振り返るよい機会になるでしょう。

演習課題

①隣りに座る友人の情報を、どこまで知っているのか？

自分の知っている情報だけで、フェイスシートを作成してみましょう。きっと抜け落ちを多く感じることになるでしょう。もし友人に不足する情報を質問する場合、それがどんなプライベートな内容で、個人情報の塊か理解できるでしょう。

②日常のヒヤリ・ハットを集めてみる

学生生活を実行するなかで、何かヒヤリ・ハットしたことをみつけてみましょう。みつかったものから考察し、改善策を考えてみましょう。

③社会的養護施設にはそれぞれの施設・里親に指針とハンドブックが作成されています。最も興味のある施設だけでもよいので、インターネットで公開されているものを読んでみましょう。

参考文献

レッスン６

相澤仁・犬塚峰子編　『子どもの発達・アセスメントと養育・支援プラン（シリーズやさしくわかる社会的養護3)』　明石書店　2013年

岩間伸之・白澤政和・福田和女編　『ソーシャルワークの理論と方法Ⅰ』　ミネルヴァ書房　2010年

社会福祉法人全国社会福祉協議会全国乳児福祉協議会　『改訂新版乳児院養育指針』　2015年

竹内孝仁・白澤政和・橋本泰子編　『ケアマネジメントの実践と展開』　中央法規出版　2000年

レッスン７

厚生省児童家庭局家庭福祉課監修　「児童自立支援ハンドブック」　日本児童福祉協会　1998年

児童自立支援計画研究会　「子ども自立支援計画ガイドライン」　2005年

田中靖浩　『米軍式人を動かすマネジメント――「先の見えない戦い」を勝ち抜くD-OODA経営』　日本経済新聞出版社　2013年

永田豊志　『知的生産力が劇的に高まる最強フレームワーク100』　ソフトバンククリ

エイティブ　2008年
堀公俊　『ビジュアルビジネス・フレームワーク』　日本経済新聞出版社　2013年

レッスン8

奥山眞紀子編　『生活の中の養育・支援の実際（やさしくわかる社会的養護シリーズ④）』　明石書店　2013年
木下茂幸著・前田信一監修　『児童養護とは何か——木下茂幸の養育論』　明石書店　2007年
厚生労働省雇用均等・児童家庭局　「児童養護施設入所児童等調査結果（平成25年2月1日現在）」　2015年
高橋亜美・早川悟司・大森信也　『子どもの未来をあきらめない——施設で育った子どもの自立支援』　明石書店　2015年
津崎哲郎　『里親家庭・ステップファミリー・施設で暮らす子どもの回復・自立へのアプローチ——中途養育の支援の基本と子どもの理解』　明石書店　2015年
中田基昭編、大塚類・遠藤野ゆり　『家族と暮らせない子どもたち——児童福祉施設からの再出発』　新曜社　2011年

レッスン9

千賀則史　『子ども虐待　家族再統合に向けた心理的支援——児童相談所の現場実践からのモデル構築』　明石書店　2017年
ウェルド,N・ソニア,P・井上直美編　『「三つの家」を活用した子ども虐待のアセスメントとプランニング』　明石書店　2015年
増沢高・青木紀久代編著　『社会的養護における生活臨床と心理臨床——多職種協働による支援と心理職の役割』　福村出版　2012年

レッスン10

厚生労働省　「社会的養護の現状について（平成28年11月）」　2017年
特定非営利活動法人ビッグイシュー基金　「若者ホームレス白書2」　2012年

レッスン11

厚生労働省　「『育てノート』『育ちアルバム』」　2016年
http://www.mhlw.go.jp/sisetu/musashino/22/syakai/sodachi2307.html
児童自立支援計画研究会　「子ども自立支援計画ガイドライン」　2005年
社会的養護第三者評価推進研究会編　「社会的養護関係施設における『自己評価』『第三者評価』の手引き」　全国社会福祉協議会　2013年
全国社会福祉協議会福祉サービスの質の向上推進委員会　「社会的養護関係施設第三者評価実践マニュアル Version1」　2015年
乳児院運営ハンドブック編集委員会編　「乳児院運営ハンドブック」　厚生労働省雇用均等・児童家庭局　2014年

おすすめの１冊

北川清一　『児童養護施設のソーシャルワークと家族支援——ケース管理のシステム化とアセスメントの方法』　明石書店　2010年

本書は、社会的養護を担う施設における養育・支援が、子どもやその家族の「主体性の形成」につながる取り組みになるには、どうあるべきなのかについて追求した一冊である。本書の特徴の一つは、社会的養護実践を説明するための枠組みを「ソーシャルワーク論」と設定している点である。本章で取り上げた「自立支援」「ケアマネジメント」「記録のあり方」について特に重要なヒントを与えてくれる一冊といえる。

コラム

自分の限界を超えるためには、どうすればよいか
――支援の点を線に変え、線の支援を面の支援に変えていく

私たち養育者が子どもたちのためにと活動することには、大変な苦労をともないますが、とても意義があります。ですがその活動もどれだけがんばっても、最良のものを提供しても個人という“点”では限界があります。支援を必要とする子どもたちすべてに手を差し伸べることは絶対にできません。

では、すべての子どもたちに支援を届けるためにはどうすればよいか。記録や支援を行う職員同士がつながりグループとなり、それぞれのストレングスモデルをもち合わせ“線”として支援する必要があります。その“線”は施設というフレームでまとめるあげることにより、“面”として社会的養護施設は多くの子どもたちにとってのセーフティネットになれるでしょう。またこれは地域に子どもたちが戻った場合も同じことがいえます。施設という“点”で対応するのではなく、機関をつないで“線”となり、要保護児童対策地域協議会という“面”での支援へとつなげていきます。

2017（平成29）年８月２日「新しい社会的養育ビジョン」が新たな社会的養育の在り方に関する検討会により、取りまとめられました。
ビジョンにあるように里親による養育が推進されると、それまでは施設という面となっての養育展開が通常でしたが、、今後里親という点での展開が標準となり得ることが想定されます。

里親養育の広まりとともに各社会的養護施設も変容していきますが、子どもたちのよりよい福祉を目指し、今まであった施設という枠にとらわれない包括的な支援の広がりが求められています。

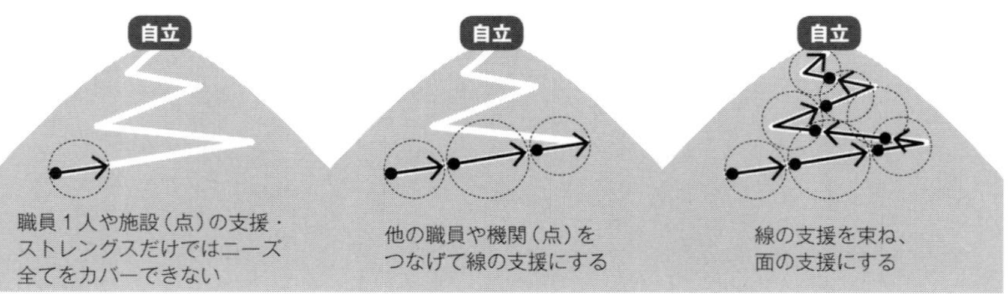

第4章

社会的養護に関わる専門的技術

本章では、保育士の専門性およびソーシャルワークに関わる知識や技術を学び、それを応用することを学びます。
社会的養護における養育形態の小規模化の意義を理解するとともに、今後の課題と展望についても考えていきます。

レッスン12　社会的養護における保育士の専門性

レッスン13　社会的養護におけるソーシャルワーク

レッスン14　施設における養育形態の小規模化と地域との関わり

レッスン15　社会的養護の課題と展望

レッスン12

社会的養護における保育士の専門性

本レッスンでは、社会的養護の現場における保育士の位置づけを整理するとともに、社会的養護における保育士の専門性について学びます。社会的養護を必要とする子どもの養育やケア、子どもと保護者や家族との関係調整など、社会的養護の現場で働く保育士に必要とされる知識やスキル、専門性について理解を深めましょう。

1. 児童福祉施設と保育士

1 児童福祉施設における保育士の配置

保育士は、社会的養護を含むあらゆる児童福祉施設において、職種としても従事者としても最も多く配置されている専門職です（図表12-1）。

「児童福祉施設の設備及び運営に関する基準」（以下、設備運営基準）によって保育士の配置が義務づけられている施設は、①保育所、②児童養護施設、③福祉型障害児入所施設、④医療型障害児入所施設、⑤福祉型児童発達支援センター、⑥医療型児童発達支援センター、⑦児童心理治療施設、の７種類です。

なお、乳児院では、配置が義務づけられている看護師の代わりに保育士を配置することが可能になっています。また、母子生活支援施設の母子支援員、児童自立支援施設の児童生活支援員、児童厚生施設の職員についても、保育士資格が**任用要件**の一つとして定められています。

> ✦ 補足
> **児童心理治療施設**
> 2017（平成29）年４月より施行された改正「児童福祉法」により「情緒障害児短期治療施設」は「児童心理治療施設」に名称変更された。
> →レッスン4

2 児童福祉施設における保育士の役割

保育士は施設種別の枠を越えて、あらゆる施設で重要な役割を期待されているといえます。では、そもそも「保育士」とはどのような役割・仕事をする専門職なのでしょうか。

保育士の定義について、「児童福祉法」第18条の４では「登録を受け、保育士の名称を用いて、**専門的知識及び技術**をもつて、児童の保育及び児童の保護者に対する**保育に関する指導**を行うことを業とする者」と規定されています。

入所型の児童福祉施設では、子どもたちの日常生活を整えながら、子どもとの信頼関係に基づく愛着関係を築き、子どもの健やかな成長を促すことが保育者の役割として求められています。

図表 12-1　児童福祉施設総数および各施設の従事者数

	施設数	保育士	生活・児童指導員、生活支援員、児童自立支援専門員	児童生活支援員	母子指導員	児童厚生員	保健師、助産師、看護師	理学療法士、作業療法士、その他療法員	医師	栄養士	調理員
児童福祉施設総数	33,938	371,317	12,800	554	709	9,902	15,374	3,001	2,215	12,055	48,778
乳児院	131	2,362	243				583	50	19	151	442
母子生活支援施設	248	209	106	382	709		1	55	27	1	56
保育所	24,076	356,233					7,002		1,106	10,739	44,770
児童厚生施設	7,383	1,480	840			9,902	15	12	5	13	31
児童養護施設	590	5,109	5,654				136	402	55	523	1,882
障害児入所施設	452	2,766	3,432				7,058	1,397	847	375	1,012
児童発達支援センター	462	2,992	1,164				523	851	127	183	379
情緒障害児短期治療施設	38	118	390				33	170	16	29	78
児童自立支援施設	58	33	917	173			23	24	11	42	128
児童家庭支援センター	96	55					2	44			

注 1：従事者数は常勤・非常勤の総数
注 2：小数点以下第 1 位を四捨五入して求めた常勤換算数であるため、内訳の合計が総数と合わない場合がある
注 3：情緒障害児短期治療施設は、2016年の「児童福祉法」改正により児童心理治療施設に名称が変更された。
出典：厚生労働省「平成25年社会福祉施設等調査」をもとに作成

同時に、子どもと離れて暮らす親・家族と子どもとの家族関係調整も大事な役割になります。ただし、保育士だけがそれらの役割を担うのではなく、施設に配置された心理士や家庭支援専門相談員（ファミリーソーシャルワーカー）、施設外の児童相談所のワーカーや学校の先生などさまざまな人たちと連携・協働しながら、子どもの成長を支援していくことになります。

また、施設における保育士の役割として、「今ここでの支援」だけでなく「**これからに向けた支援**」を行うことが求められます。施設で生活する子どもたちは、いずれ施設を巣立ち社会に出ることになります。「児童福祉法」には、児童養護施設や児童自立支援施設等の施設の役割・目的として「**入所児童への自立支援**」が明記されています。つまり、施設での子どもの養育・ケアは、子どもが将来社会人として自立するときに必要な力につながるものでなくてはいけません。

一人ひとりの子どもに、どのような大人になってほしいか、どのよう

☑ 法令チェック

「児童福祉法」第41条

児童養護施設は、保護者のない児童（乳児を除く。ただし、安定した生活環境の確保その他の理由により特に必要のある場合には、乳児を含む。以下この条において同じ。）、虐待されている児童その他環境上養護を要する児童を入所させて、これを養護し、あわせて退所した者に対する相談その他の自立のための援助を行うことを目的とする施設とする。

この条文と同様に、他の社会的養護関連施設の「目的」に関する条文にも同じ内容が明記されている。

図表 12-2　社会的養護施設における支援の全体像

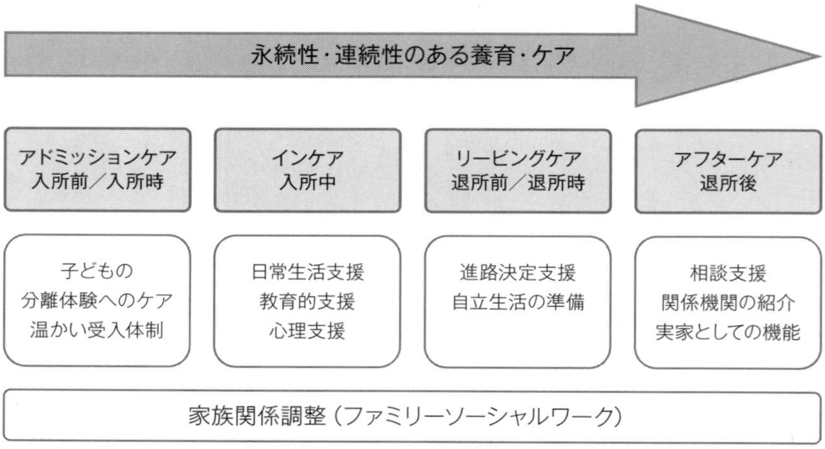

永続性・連続性のある養育・ケア

アドミッションケア 入所前／入所時	インケア 入所中	リービングケア 退所前／退所時	アフターケア 退所後
子どもの 分離体験へのケア 温かい受入体制	日常生活支援 教育的支援 心理支援	進路決定支援 自立生活の準備	相談支援 関係機関の紹介 実家としての機能

家族関係調整（ファミリーソーシャルワーク）

な力を身につけてほしいか、子どもたちの「将来の姿」を頭に描きながら、目の前の子どもに必要な支援を展開することが大切になります（図表12-2）。

さらに、施設を退所したあとの支援（アフターケア）も施設職員の役割として位置づけられています（「児童福祉法」第41条）。施設における保育士の役割は、家庭から離されてきた子どもの受け入れ（アドミッションケア）から、入所中に必要な養育（インケア）、退所前の準備のための支援（リービングケア）、退所後の継続した支援（アフターケア）という子どもにとって連続性のある支援を提供することだといえます。

2．アドミッションケア

アドミッションケアとは、施設入所前後における、子どもに対する配慮やケアのことを意味します。具体的には、施設入所理由の説明、新しく生活することになる施設や地域に関する情報提供、施設生活の内容やルールの説明、施設での受け入れ態勢の整備等があげられます。

なぜ施設で生活しなければならないか、なぜ親と離れて暮らさなくてはいけないかなどについては児童相談所からも説明を受けますが、子どもと一緒に生活することになる施設職員からもあらためて話をしたほうが子どもは安心できるでしょう。

また、施設に対してマイナスなイメージをもっている子どももいますので、施設生活のポジティブな面についても強調して説明し、安心して施設生活をスタートできるような配慮も求められます。

インシデント①

小学4年生のナオコちゃんは、３年前に両親が離婚して以来、母親と３歳年下の弟と３人で生活していました。ひとり親家庭になって以来、母親は毎日３つのパート勤務をかけもちし、生活を支えてきましたが、しだいに疲れがたまり、朝ナオコちゃんたちが登校する時間に起きられない日が増えてきました。仕事も休みがちになり、食事の準備がされない日も続くようになりました。ナオコちゃん家族を心配した小学校の先生が児童相談所に通告し、ナオコちゃんと弟は一時保護され、その後、児童養護施設に措置されることになりました。

施設に来た初日、ナオコちゃんは担当の保育士に「お母さんは、私たちのことが面倒くさくなったから、施設に捨てたのね。そうでしょ？」と真剣な顔をしてたずねました。

あなたがナオコちゃんの担当保育士だったら、どう言葉を返しますか。

子どもにとって、親・家族や慣れ親しんだ地域から離されて、知らない土地、知らない人ばかりの施設に急に連れて来られることは、どんなインパクトをもつ出来事だと想像できますか。施設で生活することになった子どもの気持ちに寄り添う、気持ちに共感して理解するということは、とても難しいことで、深い想像力や洞察力が必要になります。こうした力も施設で働く保育士に求められる専門性の一つといえます。

3.　日常生活のケア

1　基本的生活（快適な衣食住）を支える

社会的養護の実践は、子どもの日常生活のなかで行われます。そのため、子どもたち一人ひとりの成長発達や発達課題、生育のプロセス、障害の有無を含めた健康状態等を総合的に把握したうえで、個々のニーズや特性にあった関わりが求められます。

乳児院や児童養護施設等といった入所型の施設では、朝起きてから夜寝るまでの子どもの生活全般に関わることになります。食事、排泄、入浴、睡眠などの基本的な生活習慣の習得を支援しながら、洗濯や掃除等の家事全般も行います。また近年は**社会的養護における家庭的養護が推進**されているため、調理についても生活ユニットを担当する保育士が担うという施設が増えてきています。

参照
日常生活支援
→レッスン8

図表 12-3 チェックリスト

(1) 健康管理・生活習慣
（朝は自分で起きますか。簡単な食事は用意できますか。……etc）
(2) コミュニケーション
（きちんとあいさつできますか。正しい敬語は使えますか。……etc）
(3) 自己責任
（自己主張できますか。状況によって必要な忍耐力はありますか。……etc）
(4) 他者受容や学ぶ姿勢
（自分と違う意見を聞き入れることができますか。……etc）
(5) 積極性や向上心
（失敗から学ぶ姿勢、チャレンジ精神はありますか。……etc）
(6) 子どものお手本としてのスキル
（お箸の持ち方等食事のマナー、身だしなみ、交通ルール、……etc）

子どもの生活環境を整えるためには、保育者自身が「生活」に関わる豊かな感性やスキルを備えている必要があります。そうした意味において、保育者自身の「育ち」や「生活に対する価値観」が子どもたちへのケアや関わりにも影響します。日頃から、身だしなみ、掃除や洗濯、料理、整理整頓など、保育者として子どもに関わるときに必要な生活スキルを磨いておくような心がけが必要になります。

図表12-3のチェックリストで、自分の「おとな度」をチェックしてみましょう。

いかがでしょうか？　あなたにとって、難しい項目や内容はどのようなものでしたか？

今の段階で、すべてのことを完璧にできる必要はありません。人は誰も「完璧」ではありません。大切なことは、自分の苦手なことや得意なことを自覚するなど「自己理解」がしっかりできていることと、その内容を意識しながら行動できることです。ただし、不得意なことや苦手なことについて、開きなおるのではなく、前向きに努力し取り組む姿勢も大切になります。子どもにとって保育者は「**おとなのモデル（ロールモデル*）**」になるということを忘れずに日々の養育・ケアにあたる必要があります。

＊用語解説
ロールモデル
自分にとって、具体的な行動や考え方の模範となる人物のこと。人は誰でも無意識のうちに「あの人のようになりたい」というロールモデルを選び、その影響を受けながら成長するといわれている。

2　学習支援と進路支援

すべての国民には、教育を受ける権利が保障されています（「日本国憲法」第26条）。しかし、社会的養護を必要とする子どもたちの多くは、衣食住等物理的にも、情緒的にも不安定な生活を余儀なくされるなど、落ち着いて学習に取り組むことのできる環境や条件が整わない生活を送ってきています。

そのため、施設生活のなかで、学ぶ喜びや楽しさ、学習の積み重ねによる学力の向上や達成感等を経験できる機会を保障していくことが重要になります。

また、高校や大学進学に必要なお金や学力などが自分には備わっていないと最初からあきらめ、学習そのものへの意義が見いだせず、意欲がわいてこない子どももいるでしょう。施設で働く保育者として、奨学金等の支援サービス等に関する情報や、子どもの希望にあった学校（大学/短大/専門学校等）に関する情報等を集めておき、適切に情報提供を行うことが求められます。

子どもが将来の夢や目標をもち、それに向かって前向きに努力していくためには、寄り添う保育者の存在が重要になります。子どもの希望や夢を引き出す力、毎日の宿題や学習に寄り添い、励まし、達成感や学ぶ喜びを味わえるような関わりの工夫などが保育者には求められています。

参照
進路支援
→レッスン10

4.　子どもの安心・安全な生活の実現

1　マズローの欲求階層理論

心理学者の**マズロー***は、人間の欲求を5つの段階に区分しています（図表12-4）。

人間の欲求の最も基本的な部分に位置づけられるものを「**生理的欲求**」といいます。ここには食欲、排泄欲、睡眠欲など、人間が生命を維持するために必要最低限な欲求が含まれます。

この欲求がある程度満たされると次の階層「**安全欲求**」を求めるようになります。第2階層の「安全欲求」には、危機を回避したい、安全・安心な暮らしがしたい（雨風をしのぐ家・健康など）という欲求が含まれます。

この「安全欲求」が満たされると、次の階層である「**社会的欲求（帰属欲求）**」（集団に属したり、仲間がほしくなったり）を求めるようになります。この欲求が満たされないとき、人は孤独感や社会的不安を感じやすくなります。

ここまでの欲求は、外的に満たされたいという思いから出てくる欲求といわれます。

そして、次に芽生える欲求は、第4階層である「**尊厳欲求（承認欲求）**」

人物
マズロー
（Maslow, A. H.）
1907～1970年
アメリカの心理学者。

図表 12-4　マズローの欲求階層理論

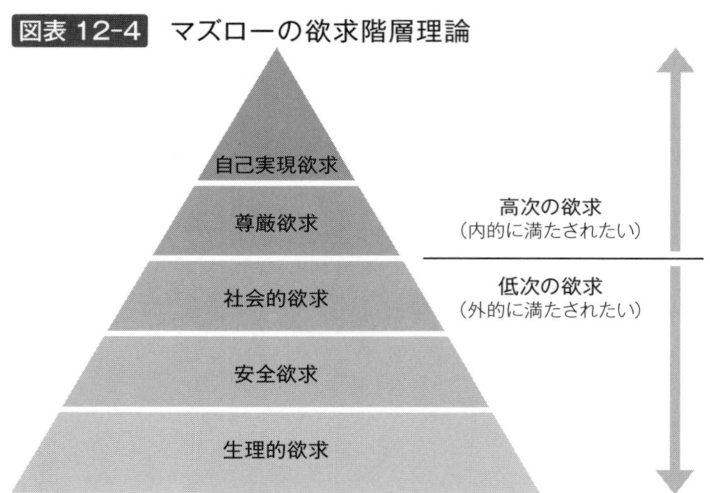

出典：A. H. マズロー／小口忠彦訳『人間性の心理学――モチベーションとパーソナリティ（改訂新版）』産業能率大学出版部、1987年をもとに作成

（他者から認められたい、尊敬されたい）です。ここからは外的なモノではなく、内的な心を満たしたいという欲求に変わります。

「尊厳欲求」が満たされると、最後に「**自己実現欲求**」（自分の能力を引き出し、創造的活動がしたいなど）が生まれます。自己実現欲求とは、自らのもつ能力や可能性を十分に発揮したいという欲求です。

2　施設で働く保育士による生活支援の基本

マズローの欲求階層理論を踏まえると、「自己実現欲求」が生まれるためには、その下位にある欲求が順に満たされていく必要があるということになります。なかでも、最も下の土台となる「生理的欲求」と「安全欲求」は非常に重要であることがわかります。

社会的養護を必要とする子どもたちは、それまでの生活のなかで、十分な食事が与えられなかったり、暴力に日常的にさらされたりするような不安定な生活を送ってきています。そのような子どもたちが「自分の人生を自分で切り開きたい」「自分の人生の目標に向かって努力しよう」と思えるには、日々の安全・安心な生活保障がとても重要になります。

さらに、その上にある「社会的欲求（帰属欲求）」を満たすには、「自分はこの施設に来てよかった」「ここで出会えた人たちは自分にとって大切な人たちだ」と子どもが思えることが大切になります。

さらに、職員からの励ましや賞賛などによって「尊厳欲求（承認欲求）」を満たし、自己実現欲求が芽生えるよう支援する必要があります。

施設で働く保育士には、「子ども」に何が必要かという知識だけでなく、こうした「人間が生きていくために必要なものは何か」という知識が必要になります。

5.　子どもの心と行動への支援

1　子どもの心の葛藤と行動化への理解

社会的養護の下で生活する子どもの多くは、家族と離れて暮らさなければならないという現実に葛藤を感じています。さらにそのような子どもたちの多くが、施設入所や里親委託前の生活において、親等からの虐待を経験しています。こうした経緯や経験が、怒りや悲しみ、不安などとして子どもたちの心を支配しており、やがて、施設生活のなかでさまざまな形で「行動」として表現されます。

虐待を受けて育った子どもたちは、特定の大人（親）との間に育まれるはずの**愛着（アタッチメント）**が健全に形成されていないため、人に対する基本的な信頼感が十分に育っておらず、友人関係を含めあらゆる対人関係において支障をきたすことが非常に多いという特徴があります。たとえば、無差別に誰とでもベタベタしてしまう、逆に妙によそよそしい態度をとるといった「**無差別的愛着傾向**」や、わざと暴力等の虐待を受けやすいような関係を自らつくり出そうとしてしまう「**虐待的人間関係の反復傾向**」といった行動がみられます。また、**吃音**（きつおん）やチック、**異食***、**遺尿**や**遺糞**、摂食障害、非行など反社会的行動、無気力などさまざまな症状があげられます。こうした症状や状態のことを「**愛着障害***」といいます。

保育士は、こうした「心の葛藤」が誘因となって引き出される「行動化」や「愛着障害」について理解するとともに、子どもの真意のわからない行動への対応については、心理や医療等の専門職と協働しながら、子どもへの関わり方や支援方針等について検討していくことが求められます。

インシデント②

児童養護施設ひまわりホームの保育士として、新しく働き始めたアキコさん。小学校１年生、２年生、４年生、６年生、中学２年生、高校１年生の合計６名が生活するユニットの担当になりました。小学校１年生のユイちゃんは「アキコ姉さん、遊ぼう」「こっち来て一緒に本読んで」などとアキコさんの腕をひっぱり甘えてくっついてきます。その様子を少し離れたところから眺める小学校２年生のミドリちゃん。ミドリちゃんに「こっちに来て一緒にテレ

＊用語解説

異食
土や紙など、一般的に食べ物とされていないものを食べてしまうこと。

愛着障害
母親をはじめとする養育者との愛着が何らかの理由で形成されず、情緒や対人面に問題が起こる状態のこと。乳幼児期に養育者ときちんと愛着を築くことができないと、過度に人を恐れる、または誰に対してもなれなれしい、といった症状が表れることがある。

ビをみよう」と声をかけると、急に険しい顔になり「ホント、無理」とその場を立ち去るミドリちゃん。ユイちゃんは気にすることなくテレビをみて笑っています。

しばらくしてリビングで洗濯物をたたんでいると6年生のカナちゃんがやってきました。アキコさんがカナちゃんの下着をたたんでいるのを見たカナちゃんは、大きな声で「触らんといて！」と叫び、アキコさんの腕から下着を奪いました。驚いたアキコさんが「どうしたの。なに怒ってるの？」と話しかけるとカナちゃんはアキコさんをにらみ「調子のんなよ！」と言い、その場を立ち去りました。

ユイちゃん、ミドリちゃん、カナちゃんは、それぞれどのような気持ちで、こうした行動をとったのでしょうか。

家庭で虐待を受けたことがある、施設で生活しているなど、さまざまな共通点のある子どもたちですが、その性格や気持ち、傾向などは一人ひとり違いますし、行動化や表現方法も異なります。ただ、どの子どもの行動にも必ず理由（メッセージ）が込められています。子どもたちは、アキコさんにどのようなメッセージを発信しているのでしょうか。アキコさんのどんな反応を期待しているのでしょう。アキコさんは施設の保育者としてどのように彼女たちと関わっていったらよいと思いますか。

2　愛着関係（アタッチメント）の形成

子どもの心と行動の安定には、特定の大人との安心・安全な関係に基づいた「愛着」（アタッチメント）の形成が必要です。

参照
アタッチメント
→レッスン1、3

保育者と子どもとの間にアタッチメントを形成していくためには、毎日の日常生活のケアを通して「あなたを大切に思っている」というメッセージを言葉だけではなく、行動や態度、関係性のなかで粘り強く伝えていく必要があります。

また、子どもが抱える不安や悩み、心配事等にしっかり寄り添い、ともに悩み考え、答えをみつけていくような姿勢も求められます。

子どもが本来、親や家族と形成するはずであったアタッチメントを家族に代わって形成し、信頼関係を築いていくことが保育者に求められる大きな役割となります。

6．生活のなかの治療――総合環境療法

施設全体が治療の場であり、施設内で行っているすべての活動が治療であるという考え方のもとで実践されるのが「**総合環境療法**」です。

日本の多くの児童心理治療施設においてこの考え方と実践が取り入れられていますが、近年は児童養護施設においても、愛着障害など心理的ケアを必要とする子どもの入所が増えているため、総合環境療法の考え方や方法を参考にする施設が増えています。

具体的には①医学・心理治療、②生活指導、③学校教育、④家族との治療協力、地域の関係機関との連携を治療の柱とし、医師、セラピスト（心理療法士）、児童指導員や保育士、教員など子どもに関わる職員全員が協力して一人ひとりの子どもの治療目標を達成できるよう、本人と家族を援助していきます。

参照
総合環境療法
→レッスン4

1　心理治療

心理治療は、児童精神科医やセラピストが週１回程度行っています。日常生活を送る部屋や空間とは隔絶された部屋や建物が用意されることが多いです。

子どもの年齢や発達段階に応じて、絵を描くことやゲームなど、いろいろなものを使って心のなかの不安や葛藤を表現させ、それを乗り越えていけるよう手助けします。

中学生ぐらいになり言語によるコミュニケーションが有効に使えるようになると、カウンセリングもよく用いられます。問題を直接解決するというより、子どもの精神的な成長や子どもを取り巻く状況の改善を一緒にじっくり待つ、という場合もあります。子どもの気持ちに寄り添っていくのが基本です。また、子どもが自分の感情や希望などを上手に言語化するのを支援するのも一つのねらいとなります。心理治療は個別で行われることが多いですが、ときには集団で行うこともあります。

児童心理治療施設のような施設では、こうした医師・心理スタッフと保育者との連携も重要になります。

2　生活支援

生活支援は保育士と児童指導員が担当します。児童心理治療施設で生活している子どもたちは、仲間づくりや集団のなかでうまく適応していくことが苦手な子どもがほとんどです。また、自分がみんなから認めら

れていないと考えているなど、自己肯定感が低く、自分に自信をもてない子どもも多いです。

このような子どもたちには、治療的な生活のなかで、友だちや職員との触れ合い・遊び・スポーツ・作業など、みんなと一緒に行動する楽しさを通して自信を取り戻していくことができるような支援が必要です。

集団がどうしても苦手で、自分の殻のなかに閉じこもってしまいがちな子どもには、保育者が個別に関わりながら徐々に集団のなかに誘うような関わりの工夫が必要です。

また、日々の生活のなかで、子どものどんな小さな努力にも気付いて、褒め、認めるなど、常に励まし、安心して自分で行動し、それを楽しむことのできる力を引き出していくことが大切になります。

7.　社会的養護における保育士の専門性

こうしてみると、社会的養護に関わる施設で働く保育士には、次のようなさまざまな力が必要とされていることがわかります。

○就学前だけでなく、小学生、中学生、高校生、自立後の発達課題やニーズを理解する力
○人が自立することを支援できる力
○心理治療を必要とする子どものニーズを知り、生活を支える力
○他職種多機関と連携できる力

あなたが実習に行くのはどんな施設でしょうか。あなたが就職したいのはどんな施設でしょうか。

それぞれの施設で求められる特有の専門性もあると思います。今の自分に足りない知識やスキルは何でしょうか。今一度、振り返って考えてみましょう。

演習課題

①インシデント①のナオコちゃんの問いかけに、あなたならどう答えますか。考えてみましょう。

②インシデント②を読んで、登場する子どもたちの心の葛藤について考え、話し合ってみましょう。そのうえで、保育者であるアキコさんは、どのようなことに配慮して子どもたちと関わるべきなのか、考えてみましょう。

③図表12-3のチェックリストを使って自分の「おとな度」について考えてみましょう。自分は「自立」できているでしょうか。また「自立」するには、どのような条件や支援が必要でしょうか。話し合ってみましょう。

レッスン13

社会的養護におけるソーシャルワーク

本レッスンでは、社会的養護実践とソーシャルワークの関連や位置づけについて学びます。近年、保育士が「保育ソーシャルワーク」の専門性を有する必要性が強く指摘されています。ここでは「保育士の専門性」について「ソーシャルワーク」を糸口に考え、理解を深めていきましょう。

1. 社会的養護におけるソーシャルワークとケアワーク

1 保育士とソーシャルワーク

社会的養護の現場で働く保育士（施設保育士）の仕事は、ソーシャルワークでしょうか、それともケアワークでしょうか。こうした議論が古くから繰り返されてきました。しかし近年では、子どもと家族が抱える課題の複雑さや深刻さが増してきたことを受け、保育士がソーシャルワークの知識やスキルをもち、発揮することが期待されています。

では、そもそもソーシャルワークとは何でしょうか？　また、ケアワークとは何でしょうか？

2 ケアワークとソーシャルワーク

ソーシャルワークとは、社会福祉の実践体系であり、社会福祉制度において展開される専門的活動の総体を意味します。

相談面接やグループワーク、コミュニティワーク等、さまざまな形態をもって行われるソーシャルワークですが、どの形態、また子どもや高齢者などどのような領域であっても、「人びととその環境の間の多様で複雑な相互作用に働きかける」という点は共通しています。

また、ソーシャルワークの使命は、すべての人びとが、自分自身のもつ可能性を十分に発展させ、その生活を豊かなものにし、かつ、機能不全を防ぐことができるようにすることにあります。

専門職としてのソーシャルワークが焦点を置くのは、「問題解決と変革」です。つまり、ソーシャルワークとは、社会における個人、家族、コミュニティなど、あらゆる人々の生活にとって「変革をもたらす仲介の機能を果たす実践」だといえます。

一方、**ケアワーク**とは、「社会福祉分野の専門的な教育を受けた者が、

✦ 補足

ソーシャル ワークのグローバル定義

2014年7月にメルボルンで開催された国際ソーシャルワーカー連盟（IFSW）と国際ソーシャルワーク学校連盟（IASSW）の合同会議において採択された「ソーシャルワークのグローバル定義」では「ソーシャルワークは、人間の行動と社会システムに関する理論を利用して、人びとがその環境と相互に影響し合う接点に介入する。人権と社会正義の原理は、ソーシャルワークの拠り所とする基盤である」とされている。

年齢や心身の状況等によって援助を必要とする人に対して、直接的かつ具体的な技術を活用して、身体的側面・精神心理的側面・社会的側面から援助すること、またその時に駆使する技術のこと[†1]」とされています。

ソーシャルワークとケアワークの相違点や共通点については、古くから多様な領域で大勢の専門家によって議論されているところです。

社会的養護の場面に置き換えて考えると、ソーシャルワークは、子どもやその家族が生活していくなかで「その子ども個人を取り巻く環境に働きかけていき、課題解決等を図りながら、その子自身の課題解決力を高めることができるよう働きかけていく環境調整を中心とした実践」であるのに対して、ケアワークは「その子自身に働きかけていく生活支援を中心とした実践」だと整理することができます。

言い換えるならば、ソーシャルワークは「人と社会との関わりに焦点を当てる」のに対して、ケアワークは「人と人との関わりに焦点を置いている」ともいえます。ただ、どちらも、本人のウェルビーイングと最善の利益の実現を目指す実践であるという点は共通しています。

また、ケアワークは「誰にでもできる家事などの延長線上にある」と誤解される面ももっています。

児童養護施設等の入所型の社会的養護施設の場合、子どもの食事の準備や部屋の掃除、洗濯など、ふとしたら「誰にでもできる単なる家事」と思われるような業務もたくさんあります。しかし、こうした日常的な家事業務も、子どもたちを支援していくうえでとても重要な意味をもちます。

たとえば、自分の親が掃除や整頓が苦手だったという家庭で育った子どもにとって、親に代わる養育者である職員が部屋や玄関等を掃除して、清潔な空間をつくり、保つことは「きれいに掃除された部屋での生活は快適なんだな」という新しい発見につながります。また、職員が掃除や整理整頓する姿を日常的に目にすることによって、子どもたち自身の掃除する力、整理整頓に必要なコツやスキルなどを学ぶことができます。

何も考えずに行えば「ただの家事」ですが、家事業務を通して、子どもに何をどう伝えたいのか、それはなぜなのか、子ども自身の生育歴や背景、支援ニーズ等について考慮しながら「意図的に」行うことが、社会的養護施設におけるケアワークでは求められます。

3　レジデンシャルワークという概念

子ども家庭福祉の分野に限らず、入所型の社会福祉施設における実践のなかで、生活相談業務を中心とした支援については「**レジデンシャル**

出典

†1　山縣文治・柏女霊峰編『社会福祉用語辞典（第9版）』ミネルヴァ書房、2013年、72頁を一部要約

図表 13-1　児童養護施設の保育士に求められるソーシャルワーク機能

大分類	中分類	小分類
主に子どもとの関係で行う職務（基本的生活）	身体的成長・発達を支える働き	起床、就寝、洗面、歯磨き、整容、入浴、着替え、排泄、食事、登下校、外出、外泊、洗濯、掃除、物品管理、保健・医療、診察、学校、医療機関に関するもの
	知的心理的成長・発達にとって主要な働き	遊び、学習、習い事、コミュニケーション、日常生活に関する指導、作業・職業指導、リービングケア、家事指導、集会、施設行事、施設外行事、入所、退所に関するもの
主に子ども以外との要素間で行う職務	チームワーク	会議・連絡・調整・報告に関するもの
	専門性を養う	専門的な指導、研究、子どもの記録など専門性を養うもの
	家族支援	家族との連絡・相談に関するもの
	ネットワーク	施設外諸機関との連携に関するもの
	アフターケア	退所した子どもの支援に関するもの
	その他	宿直管理業務、実習生に関するもの、見学等の来客対応など

出典：小川恭子「児童養護施設保育士に求められるソーシャルワーク機能」『藤女子大学人間生活学部紀要』（52）、2015年、93頁の表を一部改変

ワーク*」という概念でまとめられています。

小川は、「児童養護施設の保育士に求められるソーシャルワーク機能」について図表13-1のようにまとめています†2。

入所型の施設の保育者には、直接子どもと関わるなかで果たすべき役割と、施設外の機関等、子ども以外との関わりのなかで果たすべき役割があります。保育者として広い視野と幅広い知識やスキルが求められるのです。

4　子どもの自立支援計画の作成と実践

児童養護施設を含むすべての入所型の児童福祉施設では、子ども一人ひとりについて必ず「自立支援計画」を策定することが義務づけられています（図表13-2）。ここで、保育者として行う「ソーシャルワークにおけるアセスメントやプランニングの力」が必要になります。つまり、毎日いきあたりばったり、思いつきの支援ではなく、3か月後、半年後、1年後など長期的視野にたち、子どもに必要な支援とは何かを考え、実行する力が保育者として求められているのです。

子どもが施設に入所して当面の3か月程度は、児童相談所が入所前に作成した「援助指針」を「自立支援計画」として活用し、子どもの支援を行います。その間に、施設職員が子どもと生活をともにしながら、子どもの現状や支援ニーズについてアセスメントし、子どもや保護者の意向を踏まえつつ、児童相談所や学校等の関係機関との協議を経て「自立支援計画」を策定します。

用語解説

レジデンシャルワーク
（residential work）
Residence（レジデンス）とは、「居住」「住宅」を意味する言葉である。ソーシャルワークの分野では、入所型の施設において、職員が利用者と生活（居住）をともにしながら行う相談/支援実践全般を意味する言葉として用いられている。

出典

†2　小川恭子「児童養護施設保育士に求められるソーシャルワーク機能」『藤女子大学人間生活学部紀要』（52）、2015年、91-99頁

法令チェック

「自立支援計画策定の義務」
1998（平成10）年厚生省（現：厚生労働省）児童家庭局家庭福祉課長通知「児童養護施設等における入所者の自立支援計画について」に基づき、すべての施設入所者と家庭に対して自立支援計画を施設が策定することが義務づけられている。

図表 13-2　自立支援計画（例）

施設名　　　　　　　　　　　　　　　　作成者名

フリガナ 子ども氏名		性別	男 女	生年月日	年　月　日 （　　歳）
保護者氏名		続柄		作成年月日	年　月　日
主たる問題					
本人の意向					
保護者の意向					
市町村・保育所・学校・職場などの意見					
児童相談所との協議内容					

【支援方針】
第○回　支援計画の策定及び評価　　次期検討時期：　　年　　月

子ども本人				
【長期目標】				
	支援上の課題	支援目標	支援内容・方法	評価（内容・期日）
【短期目標（優先的重点的課題）】				年　月　日
				年　月　日
				年　月　日
				年　月　日

家 庭（養育者・家族）				
【長期目標】				
	支援上の課題	支援目標	支援内容・方法	評価（内容・期日）
【短期目標（優先的重点的課題）】				年　月　日
				年　月　日
				年　月　日

地 域（保育所・学校等）				
【長期目標】				
	支援上の課題	支援目標	支援内容・方法	評価（内容・期日）
【短期目標】				年　月　日
				年　月　日

総 合				
【長期目標】				
	支援上の課題	支援目標	支援内容・方法	評価（内容・期日）
【短期目標】				年　月　日
				年　月　日

【特記事項】

2．社会的養護実践とソーシャルワーク

1　子どもとの関係において行われる実践

ここからは、社会的養護実践とソーシャルワークについて、「子どもの関係性のなかで行われる実践」と「子ども以外に働きかける実践」とに分けて整理していきます。

まず、子どもとの関係性のなかで行われる実践について、場面ごとに整理して説明していきます。

①日常生活支援とソーシャルワーク

施設にやってくる子どものなかには、施設入所前の生活のなかで、食事が十分に与えられなかった、食卓にきちんと座って食べる習慣がない、入浴や歯磨きなどの習慣がないなど、適切な衣食住が与えられてこなかったという子どもが少なくありません。このような子どもたちと向き合うとき、ただ常識やマナーを「しつけ」として教えるだけではなく、なぜ子どもたちが現在このような状態になっているのかを考え、配慮したうえで、毎日の日常生活支援を「意図的に」実践していく必要があります。この「意図的に」という部分に、施設における日常生活支援が「ソーシャルワーク」の要素を含むということのできる重要な条件になります。

インシデント①

マリちゃん（小学４年生）は、すぐに人の物や施設の物をとって壊してしまったりします。自分のランドセルやおもちゃもすぐに壊したりなくしたりしてしまいます。保育者として「もっと物を大切にしないといけないよ」といつも伝えていますが、マリちゃんにはあまり伝わっていないようです。

ある日、マリちゃんは、女の子の人形をはさみで切り刻んでいました。保育者が「もっと大切にしないと、お人形がかわいそうよ」と言うと、マリちゃんは「大切にするってどうしたらいいの」ときいてきました。「マリちゃんは、人からどうしてもらったらうれしい？　大切にされているなって思うときってどんなとき？」と保育者がたずねるとマリちゃんは「わかんない。そんなことはたぶん一度もない」とつまらなそうに答えました。

子どもが自分自身に肯定的な感覚をもてるようになったり、人や物を大切にできるようになったりするには、「自分は愛されている、大切に

図表 13-3　バイステックの7原則

個別化	利用者をほかに代わりのいない、かけがえのない個人としてとらえ、関わる
意図的な感情表出	利用者の自由な感情表現を大切にし、自由な感情表出を助ける。感情表出を妨げないよう関わる
統制された情緒関与	援助者自身の個人的な感情を自覚し、コントロールして関わる
受容	利用者のありのままを受け止める。レッテルを貼らない。貼られたレッテルをはがすのを助ける
非審判的態度	利用者の思考・感情・行動等について、援助者の個人的な価値観をもって善悪等の評価をしない
自己決定	利用者の自己決定権を尊重し、利用者が自ら自分のことを決定できるよう関わる
秘密保持	援助者として知り得た利用者の情報や秘密等を他者に話さない

されている」「自分は価値のある存在だ」と実感できるようになることが必要です。日常生活支援を通して、子どもが安心・安全感をもち、自分や人を大切にできるようになる力を「意図的に」育むことができる支援を保育者として実践することが大切になります。

②子どもとのコミュニケーションとソーシャルワーク

社会的養護の現場で働く保育者は、施設で生活する子どもたちの施設入所前の生育歴、過去と現在の人間関係、学習状況や学力、将来への不安と希望などを考慮しながら、子どもと対話を重ね、子どものニーズに応える支援や抱える課題の解決について子どもと一緒に考えていきます。そのためには、保育者として子どもと信頼関係を適切に築くことが必要です。

保育者として、援助者として、子どもとの信頼に基づく援助関係を構築するための約束事として「**バイステックの7原則**」があります[†3]（図表13-3）。

施設で生活する子どものなかには、施設入所に至るまでの生活のなかで、親や学校の教師など周囲の大人から裏切られたりする経験を経て「大人は信用できない」と思っている子どももいます。そうした子どもたちができるだけ速やかに信頼関係を構築し、適切な支援が行える関係づくりを進めることが保育者として求められています。

③リービングケアとソーシャルワーク

リービングケアとは、施設退所に向けての準備に関わる援助のことをいいます。施設で暮らす子どもたちが施設を出て地域社会で「社会の一員」として生きていくにあたって必要となる行動様式や知識、情報、生

出典

†3　バイステック, F. P.／田代不二男・村越芳男訳『ケースワークの原則——よりよき援助を与えるために』誠信書房、1965年

図表 13-4　退所後困ったこと、現在困っていること

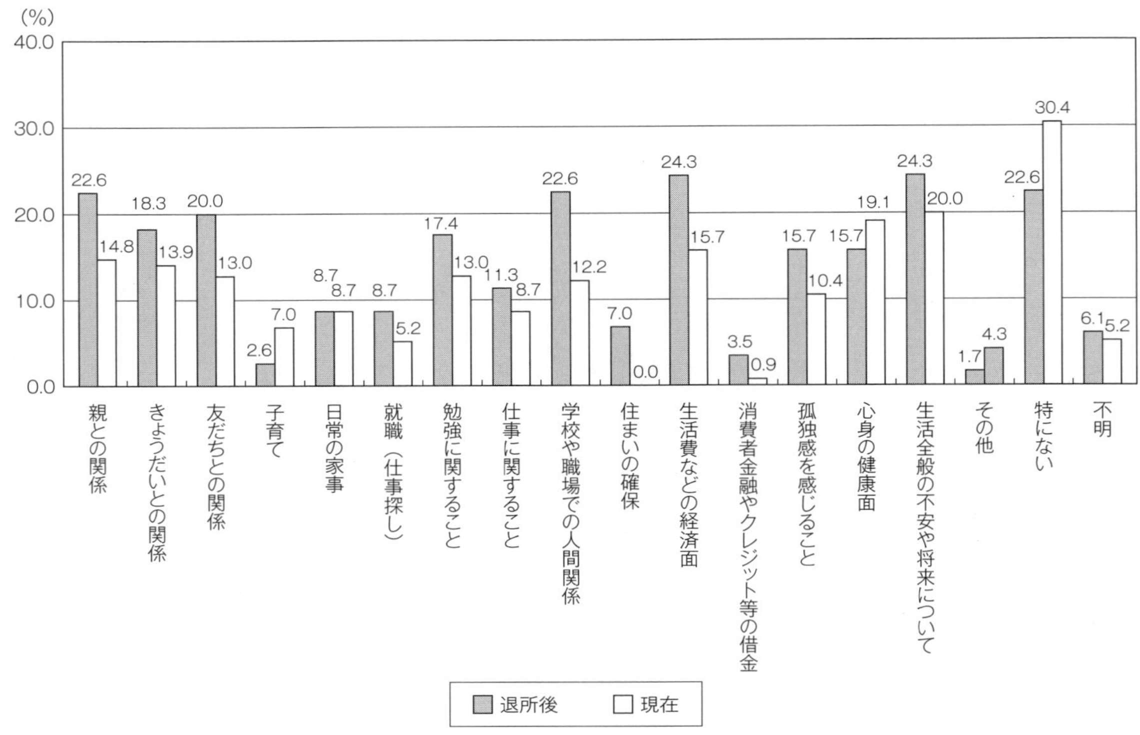

活スキル等について適切に獲得できるよう支援します。

大阪市が施設退所者を対象に実施したアンケート調査によると†4「退所後に困ったこと」で最も多いのは「生活費等の経済面」「生活全般の不安や将来について」で、次いで「学校や職場での人間関係」でした（図表13-4）。

そこで、ここでは「経済面」と「人間関係」に関する支援で重要となるポイントについて説明していきます。

④金銭感覚と金銭管理

家庭で生活している子どもたちは、親と一緒に夕飯の買い物に行く機会が施設の子どもよりも多いと思います。たとえば、家庭で育つ子どもは、親と一緒に買い物に行き、スーパーマーケットなどで並べられた商品と値段をみながら「今日は豚肉が安いからとんかつにしようか」などと、商品の値段を考慮しながらその日の食事の献立を考えたりします。

しかし、施設では多くの場合、食事の献立はあらかじめ決められています。その日の肉や野菜の値段を意識した生活をする機会や経験が施設の子どもには不足しているのです。好きなものやその日に食べたいものを買うのではなく、家計（お金）のことを考えながら、食べたいものを

▶ 出典

†4　大阪市「施設退所児童支援のための実態調査報告書」2012年

選び、調整するという学習や経験の機会が施設ではあまり多くありません。こうした日常の積み重ねの不足が、社会に出て一人暮らしや自炊をするときに、悩みや困難を感じやすくしていると考えられるのです。

そのため、リービングケアの一環として「1か月の生活で必要となる生活費（光熱費、食費、家賃など）は何円くらいなのか」「自分の収入と生活費とのバランスをどうとるか」などといった、具体的な金銭感覚や金銭管理の方法を学ぶ機会が必要になります。

⑤対人コミュニケーション

施設で育った子どものなかには、対人関係があまり得意ではないという人も少なくありません。その背景には、親から虐待や不適切な養育を受けた経験からくる人間不信や、人や社会や自分に対する「あきらめ」「失望」の気持ちの強さなどがあると考えられます。

施設退所後に、職場の上司や友人たちと良好な人間関係を形成していくことができるよう、施設入所中から子どもたちのコミュニケーション力を育むような関わりが必要になります。そのためには、日常生活のなかで、子どもの「自己理解」と「他者理解」を積み重ねていけるような体験を意図的に提供していくことが、保育者には求められます。人は、自分が相手に受け入れられたり、受け止められたりする経験や、自分が相手の気持ちを受け入れたり譲ったりする経験を通して、自分と他者との上手な距離のとり方や親しい人間関係のつくり方を学んでいきます。こうした経験を職員－子ども間や、子ども同士の間で積み重ねていけるような生活を意図的に提供していくことが大切になります。

2 子ども以外との要素間で行う実践

次に、社会的養護における「子ども以外に働きかける実践」について、内容ごとに整理していきましょう。

①保育者としての自己研鑽とリフレクション*

社会的養護の専門職である保育者として、自身の専門性の向上に必要な努力を続けることはとても重要です。ここではそのための一つのヒントとして「リフレクション」（内省、省察）について紹介します。

リフレクションとは、自己の体験から意味を取り出す作業を通して、自分のほかの体験や他者の体験との関連づけを行い、自己や他者に対する理解を深める作業のことです。

哲学者の**ショーン***は、その著書のなかで「技術的熟達者」という既存の専門家像に対比するかたちで「反省的実践家」という新しい専門家のあり方を提起しました。

用語解説

リフレクション

日本語で「内省」の意。人材育成の分野における「リフレクション」（reflection）とは、個人が日々の業務や現場からいったん離れて自分の積んだ経験を「振り返る」ことを意味する。過去に起こった出来事の真意を探り、その経験における自分のあり方を見つめ直すことで、今後同じような状況に直面したときによりよく対処するための「知」を見いだそうとする方法論である。

人物

ショーン

（Schön, D. A.）

1930～1997年

主な著書に『専門家の知恵――反省的実践家は行為しながら考える』（佐藤学・秋田喜代美訳、ゆみる出版、2001年）がある。

ショーンは、人と人との相互作用を行動原理としてパターン化することが難しい看護や教育、社会福祉などの実践領域の学術研究において「行為のなかの省察（リフレクション・イン・アクション）」や「行為についてのアクション（リフレクション・オン・アクション）」の重要性を指摘しました。

実践者の専門性は、既成の理論を単に実践に当てはめるだけの適用や応用ではなく、その状況に身を置きながら、状況と対話し、絶えずその場でとるべきベストな対応を模索して実行することの繰り返しの積み重ねによって形成されていくものといえます。こうした「専門性構築/獲得のための学習プロセス」に必要なものがリフレクションです。

社会的養護における実践では、保育者自身の養育観をはじめとする価値観が大きく影響します。専門性に基づく実践力を高めるには、日々の実践を振り返り、その意義を明確にして次の実践に生かすという作業が重要になります。

②ファミリーソーシャルワーク

児童養護施設等の社会的養護施設には、親による虐待や育児放棄、経済的困難などさまざまな事情によって、親による家庭での養育が困難または適切ではないと児童相談所で判断された子どもたちが入所します。

しかし、そのような理由から親子分離に至り施設入所になったあとも、保護者との通信（電話・手紙など）や面会、外出、外泊や帰省等を通して、親子としての交流を継続する子どもが増えてきています。

厚生労働省「児童養護施設入所児童等調査結果の概要」（2013年２月１日現在）によると、子どもたちの約８割に両親もしくはひとりの親がいます。またそうした子どもたちの８割以上が施設入所後も親との交流があります。

こうした傾向を受け、2004（平成16）年度から児童養護施設には「家庭支援専門相談員」（ファミリーソーシャルワーカー）が配置され、その後、乳児院や情緒障害児短期治療施設（現：児童心理治療施設）にも配置されました。施設は家庭の機能を、職員は養育者の機能を代替的に果たしますが、それだけではなく、離れて暮らす親：家族と子どもとの関係構築も視野に入れた養育や関わりが求められています。

インシデント②

児童養護施設に入所しているリュウくん（小学４年生）は、毎月１回の母親との面会をとても楽しみにしていました。施設と児童相談所は、リュウくんと母親の面会の様子を見守りながら、そろそろ月に２回に面会を増やしたり、施設での面会だけでなく、外食や買い物などの外出にステップアップしたりする方向で話し合っていました。

そんな矢先、母親から突然面会のキャンセルの連絡が入ることが増えてきました。以前はそんなことは１度もありませんでした。「どうしたんだろう」とリュウくんは不安そうです。キャンセルのたびに電話で母親に「大丈夫。でも今度はいつ？」と明るく振る舞うリュウくんでしたが、電話を切ったあとは、口数が少なく元気がありません。しだいに、親子面会の頻繁な年下の子へのいじわるがみられるようになりました。

児童相談所のワーカーの話によると、リュウくんの母親には新しい恋人ができ、その人の子どもを妊娠したらしいとのことでした。

施設と地域、離れて暮らす親子は、それぞれの生活の場で、それぞれの生活を営んでいきます。物理的に離れて暮らしているなかでも、親子がお互いのことを理解したり、許したり認めたり、思い合いながらこれからの人生を歩んでいくためには、さまざまな支えや援助が必要です。

施設で暮らす子どもの気持ちに寄り添い、受容、共感、励まし、代弁などを行いながら、子どもから親への気持ちの整理を支援したり、親子関係の再構築を支援したりできる力量が保育者には必要です。

③ネットワーキング

施設内での職員間の連携に加え、児童相談所等の関係機関、民生委員・児童委員等の地域の支援者、学校等の社会資源と子どもをつなぐことも社会的養護の現場で働く保育者が行うべき重要な支援の一つです。

子どもたちの日常生活を支援している保育者が、外部の社会資源と協働しながら、個々の子どものニーズに応じた支援を展開していくためにもネットワーキングのスキルも重要になります。

社会的養護を必要とする子どもたちに関連する地域ネットワークには、児童相談所など社会福祉関連機関によって構成されるネットワークのほかに、民生委員・児童委員や地域のボランティア、NPOなどの民間機関によって構成されるネットワークもあります。施設の子どもが施設に入所中に関わるネットワークや社会資源だけでなく、家庭復帰したり、自立・進学によって退所したりしたあとにつながるべきネットワークについても保育者として把握しておく必要があります。

④施設退所者のアフターケア

施設を退所した子どもに対し、施設が行う相談援助や支援を**アフター**

ケアとよんでいます。2004（平成16）年の「児童福祉法」改正において、児童養護施設等の施設において「退所した者に対する相談その他の自立のための援助を行うこと」が施設の目的に加えられ、退所者のアフターケアが法的に位置づけられました。

退所すると施設と子どもとの関係は、措置事務上は解除されますが、それと同時に施設や職員と子どもとの関係が終わるということではありません。措置解除後も、施設で育った子どもにとって、施設や職員がその子のアイデンティティを支える「ふるさと」「実家」のような存在であり続けるために、施設退所後も相談支援等を行うことが施設の業務や目的として「児童福祉法」に位置づけられています。

また、先ほどのネットワーキングの話とも重なりますが、施設を退所したあと、つながるべき資源について子どもの担当保育者としてしっかり把握しておくことも大切です。

たとえば、施設を退所したあと、就職した子どもを支えるネットワークの一つとして「**地域若者サポートステーション***」があります（図表13-5）。

地域若者サポートステーションは、厚生労働省が委託した全国の若者支援の実績やノウハウがあるNPO法人、株式会社などが実施しています。

施設を退所し自立・就職した若者の離職率の高さが指摘されています。アフターケアの一環として再就職支援を行う際に、施設職員としてどれだけの情報や社会資源を把握しているかが、担当者として行うことのできる援助・支援の質にも関わってきます。

社会的養護の実践者として、入所中の子どもや退所した若者たちに必要な最新の情報を入手できるよう、常にアンテナをはっておくことも大切になります。

* 用語解説

地域若者サポートステーション（愛称：「サポステ」）

働くことに悩みを抱えている15歳～39歳までの若者に対し、キャリアコンサルタントなどによる専門的な相談、コミュニケーション訓練などによるステップアップ、協力企業への就労体験などにより、就労に向けた支援を行っている。全国都道府県別のサポートステーションに関する情報は以下参照。
http://saposute-net.mhlw.go.jp/

演習課題

①もしあなたが一人暮らしをするとしたら、1か月に必要なお金はどのくらいでしょうか。食費、携帯代、娯楽代なども含めてです。友だちや家族と話し合ってみましょう。

②インシデント①のマリちゃんに、あなたが担当保育者だったら、この後、どのように声をかけ関わっていきますか。考えてみましょう。

③インシデント②のリュウくんに、お母さんの状況をどのように説明し

図表13-5　サポステによる支援と利用者のイメージ（平成28年度）

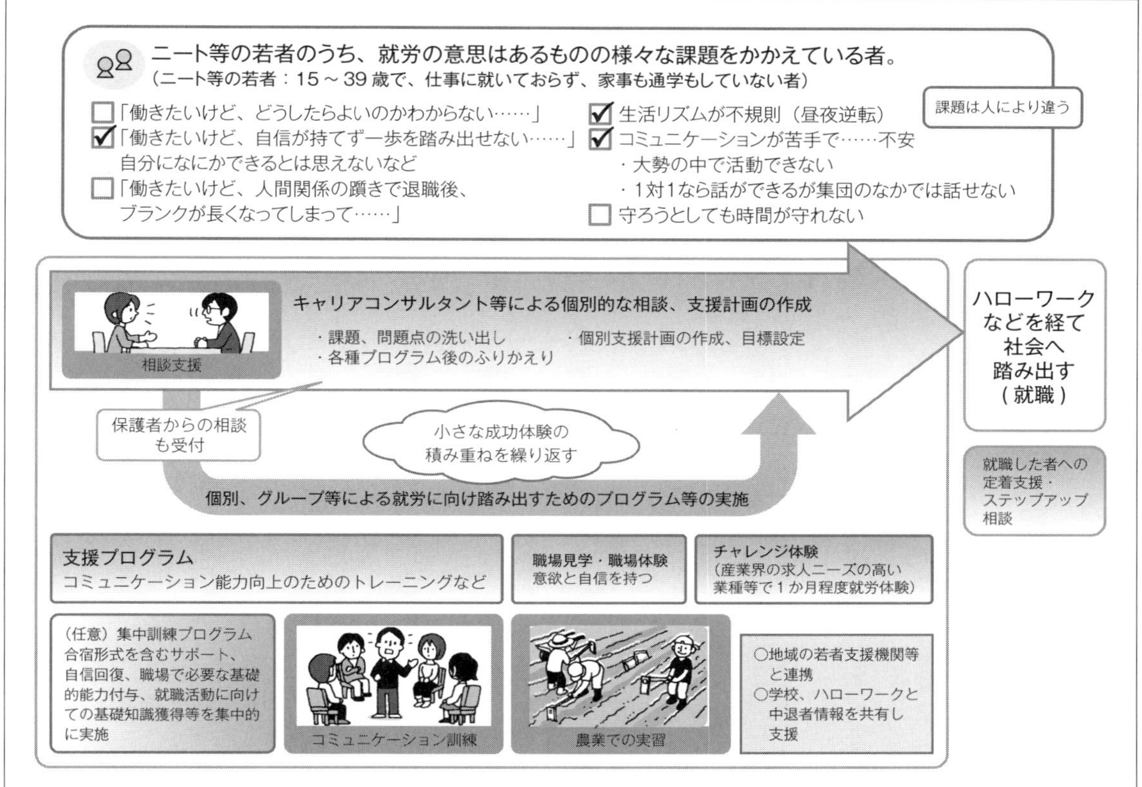

出典：厚生労働省ホームページ「サポステによる支援の流れ（平成28年度）」2017年をもとに作成

ますか。また、このあとの展開として、どのようなことが想定できますか。考えて、みんなで話し合ってみましょう。

レッスン14

施設における養育形態の小規模化と地域との関わり

本レッスンでは、社会的養護の施設における養育形態の小規模化の意義や必要性、小規模化を進めるにあたって必要となる工夫や配慮、課題等について学びます。不適切な衣食住環境のなかで生活してきた子どもたちに「安心」「安全」を感じることができるような生活を提供するために必要な取り組みについて一緒に考えてみましょう。

1. 施設の「小規模化」と「地域化」

1 小規模化と地域分散化を進める児童養護施設の姿

日本で、社会的養護における施設偏重の改善や家庭的養護の推進が強く進められるようになったのは、2002（平成14）年の里親制度改革からになります。虐待を理由に社会的養護を必要とする子どもが増加したことから、施設よりもより家庭的な環境のなかで、里親という特定の大人との愛着を形成しながら、子どもが虐待経験からの回復を図ることができる里親養育の必要性や重要性が、それまでよりもより強く強調されるようになりました。

2003（平成13）年、厚生労働省・社会保障審議会児童部会に「社会的養護のあり方に関する専門委員会」が設置され、家庭的養護と施設養護のあり方について検討が行われました。そのなかで、以下のようなことが確認されることになりました。

○社会的養護施設の地域支援機能

社会的養護は、要保護児童のみならず、広く子育て支援を含め、あらゆる子どもたちの支援を連続的かつ一体的に推進していくこと

○里親養育と施設養護の融合

里親養育（現在でいう家庭養護）と施設養護の連続性や相互補完の視点をもって地域の子ども家庭福祉向上に貢献すること

図表 14-1　施設の小規模化と家庭的養護の推進

社会的養護が必要な児童を、可能な限り家庭的な環境において安定した人間関係の下で育てることができるよう、施設のケア単位の小規模化、里親やファミリーホームなどを推進

より家庭的な養育環境

児童養護施設
大舎（20人以上）、中舎（13～19人）、小舎（12人以下）
1歳～18歳未満（必要な場合0歳～20歳未満）
職員は施設長等のほか
就学児童5.5：1
3歳以上4：1
3歳未満2：1
595か所
定員34,044人
現員28,831人

地域小規模児童養護施設（グループホーム）
本体施設の支援のもとで地域の民間住宅などを活用して家庭的養護を行う
定員6人　職員2人＋非常勤1人＋管理宿直
25年度269か所→26年度目標300か所

小規模グループケア
（本園ユニットケア）　（分園型）
本体施設や地域で、小規模なグループで家庭的養護を行う
1グループ6～8人（乳児院は4～6人）
職員1人＋管理宿直 を加算
25年度943か所→
26年度目標 800か所達成済（乳児院等を含む）

乳児院
乳児（0歳）、必要な場合幼児（小学校就学前）
131か所
定員3,857人、現員3,069人

小規模住居型児童養育事業（ファミリーホーム）
養育者の住居で養育を行う家庭養護
定員5～6人
養育者及び補助者合わせて3人
25年度218か所
→26年度目標
140か所達成済
→将来像1,000か所

里親
家庭における養育を里親に委託する家庭養護
児童4人まで
登録里親数9,392世帯
［うち養育里親 7,505世帯
専門里親 632世帯
養子縁組里親 2,445世帯
親族里親 471世帯］
委託里親数 3,487世帯
委託児童数 4,578人
→26年度目標
養育里親登録 8,000世帯
専門里親登録 800世帯

里親等委託率 ＝ 里親＋ファミリーホーム ／ 養護＋乳児＋里親＋ファミリーホーム
25年3月末 14.8% →26年度目標 16%

児童自立生活援助事業（自立援助ホーム）
児童養護施設等退所後、就職する児童等が共同生活を営む住居において自立支援
25年度113か所
→26年度目標 160か所

→将来像は、本体施設、グループホーム、里親等を各概ね3分の1
児童養護施設の本体施設は、全て小規模グループケアに

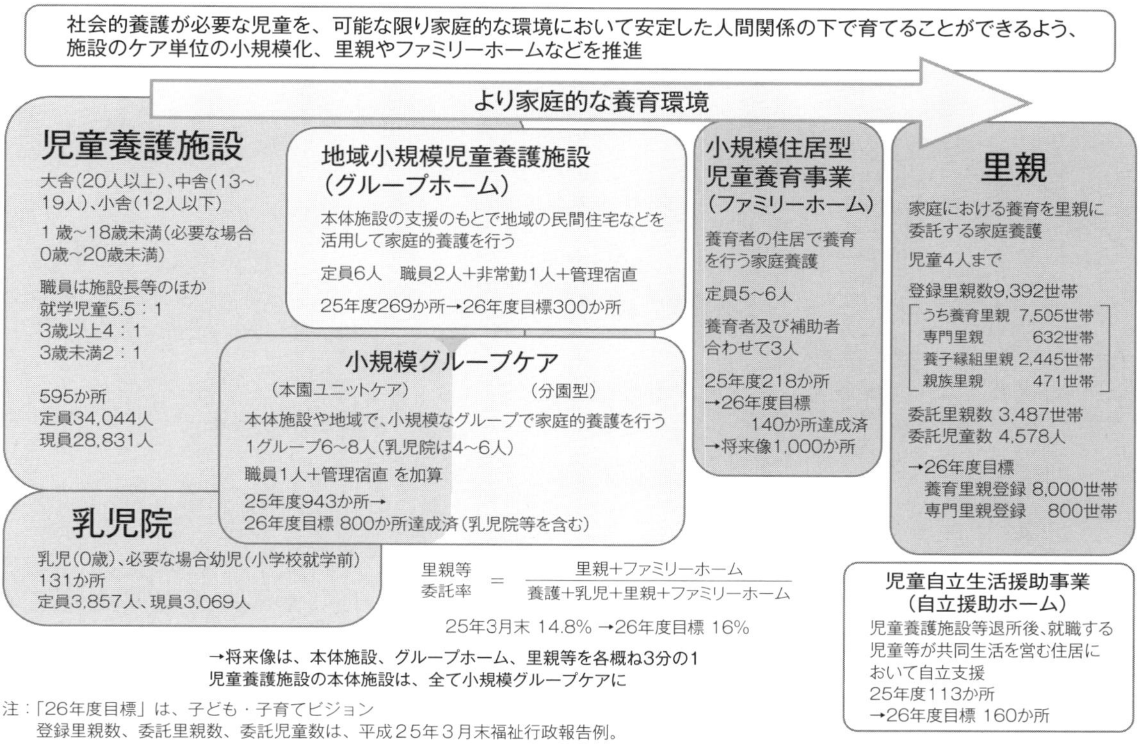

注：「26年度目標」は、子ども・子育てビジョン
登録里親数、委託里親数、委託児童数は、平成２５年３月末福祉行政報告例。
施設数、ホーム数、定員、現員、小規模グループケア、地域小規模児童養護施設の数は、平成２５年１０月１日家庭福祉課調べ
出典：厚生労働省雇用均等・児童家庭局家庭福祉課「社会的養護の課題と将来像の実現に向けて」2014年、17頁をもとに作成

2　施設の小規模化と家庭的養護の推進

2004（平成16）年の「少子化社会対策大綱に基づく重点施策の具体的実施計画について」（**子ども・子育て応援プラン***）のなかで、2009（平成21）年度までに里親等委託率を15％に引き上げることが目標値として示されました。しかし、2009（平成21）年度の里親委託率は10.8％と目標達成には及びませんでした。

これを受けて、2010（平成22）年には、「子ども・子育て応援プラン」を引き継ぐ「**子ども・子育てビジョン**」が策定され、2014（平成26）年度までの新たな目標が掲げられました（図表14-1）。

3　施設養護の「地域分散化」と「地域化」

厚生労働省は「児童養護施設等の小規模化及び家庭的養護の推進について」（平成24年11月）のなかで、「地域分散化を進める児童養護施設の姿」として、以下のように示しています（図表14-2）。

＊用語解説

子ども・子育て応援プラン
2004（平成16）年に策定された子育て支援政策。この計画では、地方公共団体や企業などとともに、政府が強力に取り組みを進めていくことで、若者が子育てを社会全体で応援する環境が整ってきたと実感できるよう、内容や効果を評価していくとしていた。

図表 14-2 児童養護施設の小規模化・地域分散化のための計画のステップ（例）

（平成24年11月「児童養護施設等の小規模化及び家庭的養護の推進について」より抜粋）

①現状（定員70人大舎制の例）

本体施設（定員70人）
大舎制

②まず１か所グループホームを作る
⇒・小規模養育のノウハウを習得
・本体施設の定員を５人程度引下げ

本体施設（定員65人）
大舎制
（定員を引き下げた分、
子どもの生活空間に
余裕が生まれる）

地域小規模児童養護 ６人

③グループホームを増やす
里親支援をしながら里親委託を進める
⇒本体施設の定員を更に引下げ

本体施設（定員45人）
（空いた居室は、
順次、工事を行い、
小規模グループケアの
構造に改修）

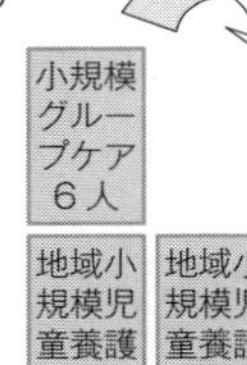

小規模グループケア ６人
地域小規模児童養護 ６人　地域小規模児童養護 ６人
ファミリーホーム ６人
里親　里親　里親　里親　里親　里親

④本体施設を全ユニット化する
ファミリーホームや里親委託をさらに進める
⇒本体施設の定員をさらに引下げ

本体施設（定員24人）
ユニット化
小規模グループケア ６人　小規模グループケア ６人　小規模グループケア ６人　小規模グループケア ６人

小規模グループケア ６人　小規模グループケア ６人
地域小規模児童養護 ６人　地域小規模児童養護 ６人
ファミリーホーム ６人　ファミリーホーム ６人
里親　里親　里親　里親　里親　里親　里親　里親　里親　里親　里親　里親

注１：定員規模の縮小は、施設の子どもの環境改善を図るものであり、過去に施設整備費の補助を受けた施設でも可能。
注２：本体施設の改築を行う場合は、改築時に小規模グループケアの構造とするか、あるいは容易に転換できる構造としておく。
注３：措置費上、定員（本体＋分園型小規模ケア）が４５人以下の場合が、手厚くなっている。
出典：図表14-1と同じ、18頁をもとに作成

○１施設につき、小規模グループケア６か所までと地域小規模児童養護施設１か所をもち、小規模グループケアは本体施設のユニットケア型のほか、できるだけグループホーム型を推進する。

○また、１施設につき、おおむね２か所以上のファミリーホームをもつとともに、地域に施設と連携する里親の集団をもち、里親支援を行う。

○児童養護施設の本体施設での長期入所をなくし、グループホーム、ファミリーホーム、里親へ、支援を継続しながら家庭的な養護を行える体制に、すべての施設を変革していく。

施設養護の「地域化」には大きく２つの意味があります。

一つは、施設の敷地内ではなく、敷地外の地域のなかに地域小規模児童養護施設や施設型ファミリーホームを増やしたり、里親家庭に子どもを措置変更したりして、そこで社会的養護の子どもを養育していくと

いう「**地域分散化**」とおおむね同義になる「地域化」です。

もう一つは、社会的養護を必要とする子どもの生活内容を地域の一般家庭の子どもの生活と、なるべく近く同じような内容にしようとする、**ノーマライゼーション**の理念と同義になる「地域化」です。

いずれにしても、子どもの権利擁護という視点に立ち、子どもたちに、家庭的で当たり前の生活を保障しようとするものです。

4 なぜ小規模化は必要か

なぜ、これまでのような大舎制での養育ではなく、少人数での養育の必要性が強く主張されるようになったのでしょうか。ここではその背景や理由について学んでいきます。

小規模化が必要である理由の一つとして、各施設における被虐待児童の入所の増加があげられます。虐待やネグレクト等、不適切な養育環境のなかで心身ともに深く傷を負った子どもに対しては、可能な限り家庭的な環境の下で愛着関係を形成しつつ養育を行うことが重要になります。

そのため、原則として、**家庭養護（里親、ファミリーホーム）**を優先するとともに、児童養護施設等における施設養護も、施設の小規模化、地域分散化を行い、できる限り家庭的な養育環境の形態に変えていく必要があるのです。

また、施設入所児童に占める発達障害のある子どもの割合も年々増加しています。「**自閉症スペクトラム（ASD）***」や「**注意欠陥・多動性障害（ADHD）***」等の診断を受けた子どもたちのなかには、大人数の集団のなかで活動することが苦手だったり、ほかの人からみると唐突な言動をとったりすることがしばしばあります（図表14-3）。

こうした集団への適応が難しい子どもたちのためにも、あるいはほかの子どもたちの安心・安全のためにも、施設における養育形態の小規模化が必要になってきたといえます。

2.　施設の養育形態

児童養護施設等の養育形態については、大きく「**大舎制**」「**中舎制**」「**小舎制**」の3つに分けることができます。かつては全国の児童養護施設の約7割が大舎制で運営されていましたが、近年は小規模化が進み、大舎制の施設は約5割となり、小舎制の施設が増えています（図表14-4）。

ここでは、それぞれの養育形態の定義や特徴などについて学んでいき

＊ 用語解説

自閉症スペクトラム（ASD）
社会的コミュニケーションの障害と限定された反復的な行動、興味、活動に特徴づけられる障害である。

注意欠陥・多動性障害（ADHD）
集中力がない、注意散漫、集中し過ぎるなど注意力の障害と多動性、衝動性を特徴とする障害である。注意欠如・多動症ともいう。

図表 14-3 児童養護施設における障害等のある児童数と種別

社会的養護を必要とする児童においては、障害等のある児童が増加しており、児童養護施設においては28.5%が、障害ありとなっている。

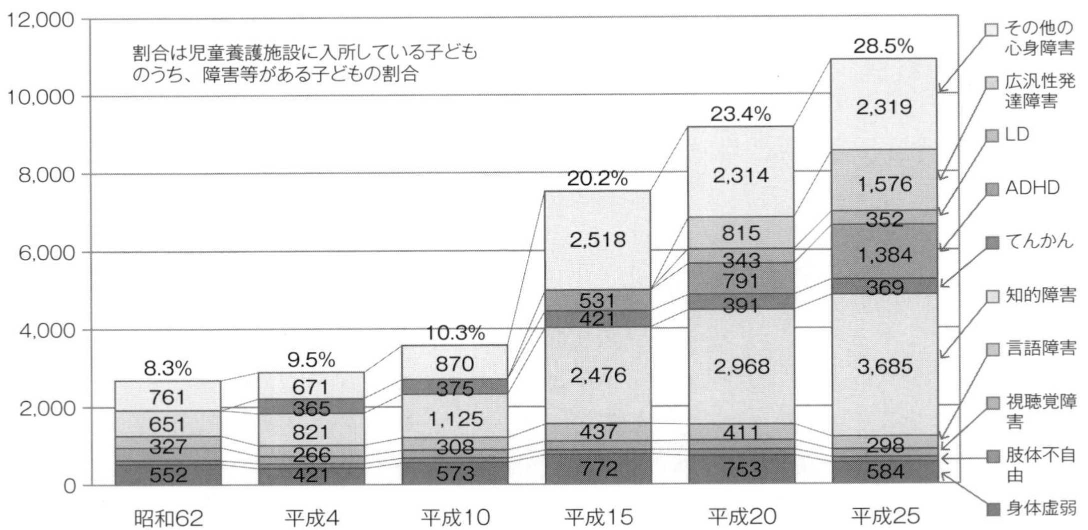

注：ADHD（注意欠陥多動性障害）については、平成１５年より、広汎性発達障害およびLD（学習障害）については、平成２０年より調査。それまではその他の心身障害へ含まれていた可能性がある。
児童養護施設（旧養護施設）入所児童等調査結果。
出典：厚生労働省雇用均等・児童家庭局「社会的養護の推進に向けて」2017年、5頁をもとに作成

図表 14-4 施設形態と小規模化の現状

		寮舎の形態			小規模ケアの形態		
		大舎	中舎	小舎	小規模グループケア	地域小規模児童養護施設	その他グループホーム
保有施設数(N=552)(平成24年3月)	施設数	280	147	226	312	136	32
	%	50.7	26.6	40.9	56.5	24.6	5.8
保有施設数(N=489)(平成20年3月)	施設数	370	95	114	212	111	55
	%	75.8	19.5	23.4	43.4	22.7	11.3

出典：図表14-3と同じ、6頁をもとに作成

ましょう。

1 大舎制

第二次世界大戦後の孤児対策の時代から、長く日本の社会的養護の中

心となってきた施設形態です。全国児童養護施設協議会による大舎制の定義では、１舎の子どもの定員は**20名以上**となっています。ここでいう「１舎」とは、生活するために必要な設備が配置された建物を意味します。つまり「大舎制」は、20名以上の子どもで１つの台所、リビング、食堂、トイレ、お風呂等の設備を共有して生活するスタイルのことを意味します（図表14-5）。

大舎制での養育では、少人数の職員で大勢の子どもの養育が可能であり、また光熱費等のコストが大きくないという利点があるといえます。しかし、その一方で、子どもへの対応が画一的になりやすく個別ニーズに対応しにくい、共有のスペースや物が多く、プライバシーを保障しづらい、家庭的な雰囲気に乏しい等の課題が指摘されています。

2　中舎制

中舎制の施設では、１舎あたり**13～19名**の子どもが生活をともにしています。建物のなかを区切り、ユニットに分かれて生活をしています。またマンション型の施設もあります。

3　小舎制

１舎の定員が**12名以下**の施設を小舎制といいます。施設の敷地内に複数の一戸建ての家屋があり、それぞれの家で生活しているような形式の施設もあれば、大きな建物のなかを細かく区切って、各ユニットに必要な設備を配置して運営している施設もあります。

小舎制の施設では、一つひとつの生活単位が少人数であるため、職員の目が子どもたち一人ひとりに行き届きやすく、きめ細やかで個別的なケアが提供しやすい、職員と子どもの距離が近いため、コミュニケーションがしやすくなり子どももさまざまな要望を伝えやすい、画一的ではなく柔軟な対応やケアがしやすい、さまざまな生活体験を提供できる等の利点があげられ、小規模ケア下での養育に大きな期待が寄せられているといえます。

4　小規模グループケア

小規模グループケアは、１つのグループの定員が６人から８人で、これをユニット（生活単位）として生活する形態です（図表14-5）。施設の敷地外でも敷地内でも、どちらでも設置することができます。

子どものための居室と居間、キッチン、浴室、トイレ等の生活に必要な家庭的な設備を１つのユニットだけで共有します。家庭的な環境で生

図表 14-5　大舎制の例と小規模グループケアの例

大舎制の例

相談室
ホール兼食堂
男子トイレ
洗面所
女子トイレ
洗濯場
脱衣場
浴室
宿直室
児童居室（4人部屋）
児童居室（4人部屋）
児童居室（4人部屋）
児童居室（4人部屋）
児童居室（4人部屋）
児童居室（4人部屋）
児童居室（個室）
児童居室（個室）
児童居室（個室）
児童居室（個室）

・児童数２０名以上
・原則相部屋、高年齢児は個室の場合もある。
・厨房で一括調理して、大食堂へ集合して食べる。

小規模グループケアの例

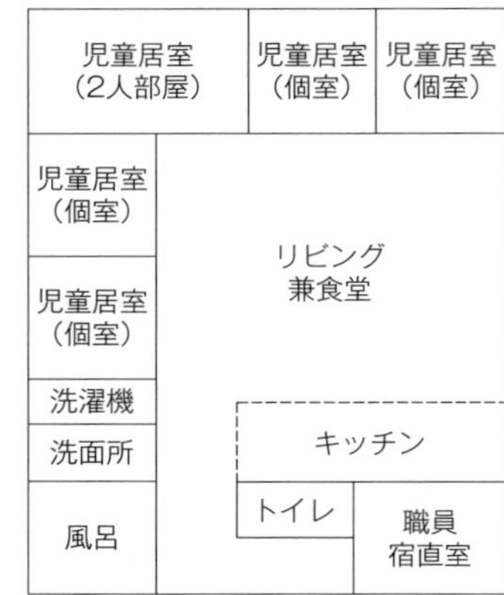

・児童数６～８名
・原則個室、低年齢児は２人部屋など
・炊事は個々のユニットのキッチンで職員が行い、児童も参加できる。

出典：図表 14-3と同じ、7頁をもとに作成

活できるよう配慮された形態で、職員もグループ担当制がとられています。

5　地域小規模児童養護施設

地域小規模児童養護施設は2000（平成12）年に制度化された、いわゆる**グループホーム**です。施設の敷地外の地域のなかの一軒家やアパート等に設置されます。１ホームの定員は６名で、職員は３名以上配置することとされています。

地域社会のなかで、近隣住民との関係をつくりながら、家庭的で当たり前の生活を子どもたちに提供できるという利点の一方で、施設敷地外のため、ホーム担当職員が孤立しやすく相談しづらい、職員の負担が増える、独善的な養育に陥りやすい等のリスクも指摘されており、職員支援など工夫や配慮が必要になります。

インシデント①

新しく始めたばかりの地域小規模児童養護施設に入所したカオリさん（小学校６年生）は、クラスの友だちと一緒に学校から帰って

きたときに、お友だちから「カオリちゃんの名字とこのおうちの名字が違うのはどうして？」と質問されて困ってしまいました。この施設では、地域小規模児童養護施設の表札は施設長の名字になっています。

次の日もそのお友だちは、どうして名字が違う家に帰るのかと何度もカオリさんに質問してきました。困ったカオリさんは泣いてしまいました。

その日、カオリさんの担任の先生から地域小規模児童養護施設の職員に「カオリさんが、困っているので、クラスのお友だちに施設のこと、地域小規模児童養護施設（グループホーム）のことをどのように説明したらよいか教えてください」と電話がありました。

地域小規模児童養護施設のことを学校も含めて地域の人たちにどのように理解し、受け入れてもらうことができるかも、重要な課題の一つです。

3.　養育形態の小規模化に向けての課題

子どもにとってメリットが多いといわれる小規模化ですが、よいことばかりではありません。小規模化を進めるにあたって、解決すべき課題がいくつかあります。

1　職員配置の課題

まず、施設における職員配置の課題があります。

現行の「児童福祉施設の設備及び運営に関する基準」で職員配置をみてみましょう。たとえば児童養護施設では、小学生以上の子ども４人に対して職員を１名配置することとされています。単純計算すると、子どもが40名の施設には10名の職員を配置するために必要な措置費が行政から支給されることになります（図表14-6）。

しかし、施設は24時間365日体制で子どもの生活を支援しています。職員の休日や労働時間のことを考えると、単純にこの３～４倍の人数が必要です。また、そもそもこの人数配置が適切なのかどうかも検討の余地があるでしょう。

また、今後は、子ども１～２人に対して職員１名と、よりきめ細やかなケアが可能になるような職員配置基準の改正が求められています。

図表 14-6　社会的養護に関する施設の職員配置基準（2015年度予算上）

施設名	職員配置基準
乳児院	・看護師・保育士・児童指導員 ０・１歳児＝1.3：1、２歳児＝２：１、３歳以上幼児＝３：１
児童養護施設	・児童指導員・保育士 ０・１歳児＝1.3：1、２歳児＝２：１、３歳以上幼児＝３：１、小学生以上＝４：１ ※小規模ケア加算等と合わせると、おおむね１か２：１相当
児童心理治療施設	・児童指導員・保育士　＝３：１ ・心理療法担当職員　＝７：１
児童自立支援施設	・児童自立支援専門員・児童生活支援員　＝３：１ ・心理療法担当職員　＝10：１
母子生活支援施設	・母子支援員・少年指導員　それぞれにつき 10世帯未満：１人、10～19世帯：２人、20～29世帯：３人、30世帯以上：４人

2　施設職員の負担と専門性

次に施設職員に求められる専門性に関する課題です。

まず、小規模化が進むと、大規模施設ではうまく感情表現や意思表明を行うことができなかった子どもが、小規模ケアの下ではそうした自己主張がしやすくなります。これは小規模化の大きなメリットであると同時に、それを受け止めなければいけない職員にとっては負担になる面もあります。

たとえば、大舎制の施設養育と比べて、小規模ケアのなかでは、子どもたちの「**試し行動***」や「**確認行動***」が多く表出される傾向があり、それを受け止める職員一人ひとりの力量が問われることになります。さらに、小規模ケア下では、大舎制と異なり、一人で勤務することが多く、その場で他の職員に相談したり助言を求めたりすることが難しい状況にあることがほとんどです。そのため、個々の職員のとっさの判断力や対応力も求められます。

＊用語解説

試し行動
子どもが親・里親・施設職員、教師などの保護者や養育者等に対して、自分をどの程度まで受け止めてくれるのかを探るために、わざと困らせるような行動をとること。
→レッスン９

確認行動
愛情を確認するためにわざと大人を困らせたりして試す行動。

インシデント②

トモキくん（７歳）は、４歳のときから、母親とその恋人から、身体的虐待や監禁等の虐待を受けて育ち、施設に来ました。生活することになった地域小規模児童養護施設で担当になった保育士のマツイさんは、話しかけても何も言わないトモキくんに、毎日根気よく「おはようトモキくん」「ご飯何が食べたい？」「一緒にテレビみようか」「トモキくんはどんなおもちゃが好きなの？」などと笑顔で話しかけながら過ごしていました。

１週間くらい経ったある日、トモキくんは突然、食事の準備をしていたマツイさんの横に来て「うあああああ」と叫び、皿を割りました。マツイさんは「びっくりした。けがはない？」と優しくトモキくんに話しかけました。その次に、マツイさんがつくっていた料理をぐちゃぐちゃにして床に落としました。ほかの子どもたちはみんな「トモキくん、やめて！」と怒っています。

トモキくんの試し行動は「新しい養育者であるマツイさんは、本当に自分に優しくしてくれるのだろうか」「自分のことを受け止めてくれる人なのだろうか。どこまでやったら、母親やその恋人のように自分を殴るのだろうか」などといったメッセージの表現です。

試し行動に対しては「叱る」ではなく、受け止め、望ましく適切な言動を伝えていくという関わりが必要になります。しかし、それはとても大変なことで、職員自身の忍耐力や適切な相談相手、職員を支えてくれる体制等も必要になります。

また、小規模ケア下では、一人で勤務する時間帯が長いため、個々の職員が「孤立・孤独感」を感じることが多くなります。また、こうした「各ユニット（職員）の孤立化」が、職員による養育やケアの「閉鎖性」や「独善性」につながりやすく、不適切な養育につながりやすいというリスクもあります。

さらに、こうした職員の負担増が職員の燃え尽き（**バーンアウト***）につながることもあります。子どもの養育を担当する職員の燃え尽きが増え、職員の離職・退職が増えることは、養育者の頻繁な交替につながるため、子どもにとっても望ましくない事態だといえます。子どもにとってよりよい養育環境を、と小規模化を進めても、その結果として職員のバーンアウトが増えてしまっては本末転倒です。

小規模ケア下で、子どもも職員もどちらもが安心・安全に生活できるような職員支援体制や、よりよい養育を提供できるような施設のしくみ、各ユニットの閉鎖性を解消できるような工夫等が必要になります。

＊ 用語解説

バーンアウト（燃え尽き症候群）

一定の生き方や関心に対して献身的に努力した人が、期待した結果が得られなかった場合に感じる徒労感または欲求不満。慢性的で絶え間ないストレスが持続すると、意欲をなくし、社会的に機能しなくなってしまう症状。極度のストレスがかかる職種や、一定の期間に過度の緊張とストレスの下に置かれた場合に発症することが多いといわれている。

演習課題

①地域小規模児童養護施設が地域で受け入れられるために、どのようなことが必要だと思いますか。グループで話し合って、考えてみましょう。

②地域小規模児童養護施設や小規模グループケアを担当する職員の負担増が多く指摘されていますが、その解決策としてどのようなことが考えられるでしょうか。話し合ってみましょう。

③小規模ケアを担当する職員に必要となる力には、どのようなものがあるでしょうか。話し合ってみましょう。

レッスン15

社会的養護の課題と展望

本レッスンでは、今後の社会的養護の課題と展望について、厚生労働省の「社会的養護の課題と将来像」報告書の内容を踏まえ、考えていきます。国が目指す「社会的養護の方向性」の内容を理解したうえで、今後の社会的養護に求められる役割や必要な改善策、今後の展望について学び、考えていきましょう。

1．「社会的養護の課題と将来像の実現に向けて」(平成28年1月版)

2016（平成28）年1月に出された「社会的養護の課題と将来像の実現に向けて」のなかでは、レッスン14で述べた「児童養護施設の小規模化や家庭養護の推進」に加えて、乳児院や児童自立支援施設等、各施設種別ごとの課題と将来像についても明示されています。ここでは、レッスン14で紹介した児童養護施設の課題と将来像や、里親委託推進以外の内容、特に「施設ごとの課題と将来像」に焦点を当て、国がどのような方向性をビジョンとして示しているか、紹介していきます。

1 乳児院の課題と将来像

乳児院の役割としては、以下の5つの役割が示されています。

（1）乳幼児の生命を守り、心身及び社会性の健全な発達を促進する養育機能
（2）被虐待児・病児・障害児等への対応ができる乳幼児の専門的養育機能
（3）早期家庭復帰を視野に入れた保護者支援とアフターケア機能
（4）児童相談所から乳児院に一時保護委託を受けることが多く、乳児の一時保護機能
（5）子育て支援機能（育児相談、ショートステイ等）

従来の「入所児童の養育・ケア機能」に加えて、乳児院が果たす「地域の子育て支援機能」への期待が高まってきています。その背景には、**ショートステイ***や一時保護の利用件数の増加があげられます。

⊠ 用語解説
ショートステイ（短期入所生活援助事業）
保護者の病気、出産、仕事などによって家庭で子どもの養育が一時的にできなくなったときに、乳児院や児童養護施設において一定期間預かる制度。入所期間は原則として7日以内（更新・延長可）。

図表 15-1　乳児院の将来ビジョンフロー図

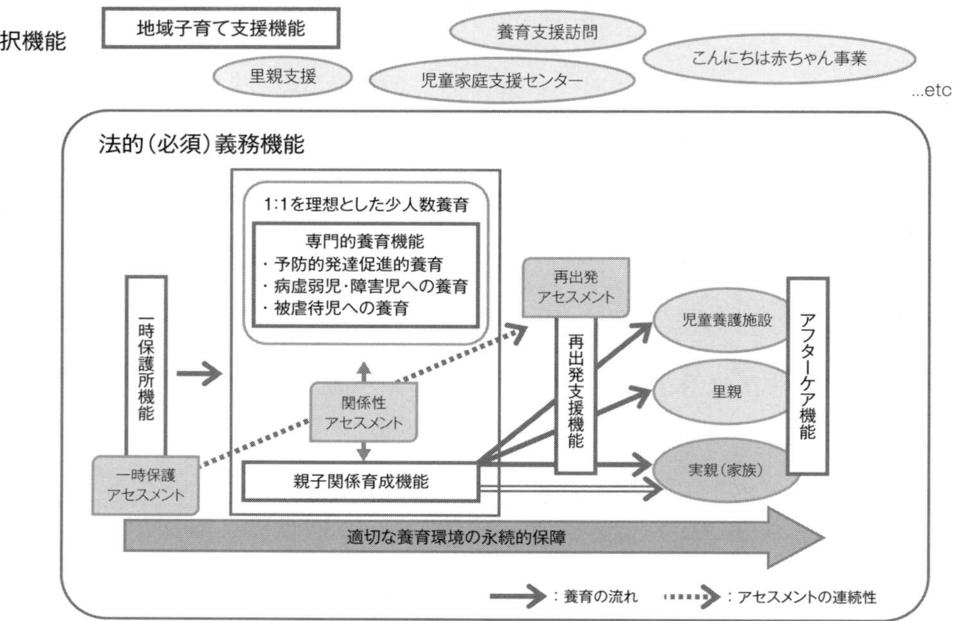

出典：社会福祉法人全国社会福祉協議会：全国乳児福祉協議会「乳児院の将来ビジョン検討委員会報告書」2012年をもとに作成

続いて、乳児院の今後の課題としては、以下の 3 点が示されています（図表15- 1）。

①専門的養育機能の充実

近年の被虐待児、低出生体重児、慢性疾患児、発達の遅れのある子ども、障害児など、医療・療育の必要な子どもの入所・利用の増加を受け、そのようなニーズをもつ子どもに対応できる、リハビリ等の医療・療育と連携した専門的養育機能の充実の必要性があげられています。

具体的には、個別対応職員や心理療法担当職員の全施設配置、経験豊富な看護職員の確保などが目標として掲げられています。

②養育単位の小規模化

乳児院でも児童養護施設と同様に、養育単位の小規模化が進められようとしています。その背景には、乳幼児期の集団養育や交代制による養育は、子どもの心の発達への負の影響が大きいことがあげられます。具体的には、 4 ～ 6 人の小規模グループケアの推進により、養育担当者との愛着関係が築かれ、乳児初期からの非言語的コミュニケーションにより、情緒、社会性、言語をはじめ、全面的な発達を支援できるような体制づくりを目指しています。加えて、乳児院では夜勤が必要なため、たとえば 2 グループを 1 人の夜勤者がみることができる構造等の必要性も指摘されています。

✦ 補足

夜勤と宿直の違い

「夜勤」とは、法定労働時間内で夜間に勤務すること。したがって、1日8時間、1週40時間の範囲内で夜間に勤務すること。当然休憩時間は必要になるとともに、22：00～翌5：00までの勤務時間については、深夜割増賃金が生じる。
一方「宿直」は、通常ほとんど労働する必要のない勤務、たとえば、見回り・非常事態に備えて待機している労働をいう。それ故、宿直には「労働基準法」上の労働時間・休憩時間・深夜の割増賃金に関する規定は適用されず、「労働基準法」上例外的な取扱いになる。そのため、宿直には労働基準監督署長の許可が必要になる。多くの場合、乳児院では夜勤、児童養護施設では宿直勤務が採用されているケースが多い。

③保護者支援機能、地域支援機能の充実

乳児院を利用する保護者の多くは、子育てに不安や負担感をもち、育児の知識や技術をもたず、家族関係が複雑な場合もあり、保護者支援の充実が必要になっています。

また、不必要な入所期間の長期化や児童養護施設への措置変更を避けるためにも、積極的な里親委託の推進が必要です。そのために里親支援担当職員を設置し、家庭支援専門相談員、個別対応職員、心理療法担当職員と連携しながら保護者支援、里親支援等の地域支援機能を推進していくことが求められています。

2　児童心理治療施設の課題と将来像

児童心理治療施設の役割として、以下の３つの役割が示されています。

（１）心理的精神的問題を抱え日常生活の多岐にわたり支障をきたしている子どもたちへの心理治療
（２）施設内の分級など学校教育との連携による総合的な治療・支援
（３）比較的短期間で治療し、家庭復帰や、里親・児童養護施設での養育につなぐ役割

続いて、児童心理治療施設の今後の課題としては、以下の４点があげられています。

① 施設の設置推進

児童心理治療施設がない地域では、人員配置が十分でない児童養護施設で情緒障害の治療が必要な子どもを受け入れ対応している現状にあります（図表15-2）。こうした状況を改善するためにも、各都道府県に最低１か所（人口の多い地域では複数）の設置が必要です。2017（平成29）年４月現在、全国で46か所ですが、2019（平成31）年度に47か所、将来的には、児童養護施設からの転換を含め、57か所を目標としています。

② 専門的機能の充実

関わりの難しい子どもや家庭が増えており、専門的能力の向上と人員配置の引き上げが必要です。2015（平成27）年度予算で基本配置の引き上げが行われています（直接支援職員4.5：１→３：１、心理療法担当職員10：１→７：１）。

✦ 補足

情緒障害児短期治療施設から児童心理治療施設へ

「児童福祉法」改正によって、2017（平成29）年４月より、それまでの「情緒障害児短期治療施設」は「児童心理治療施設」へと名称変更された。全国施設協議会は、かねてより、「障害」という言葉が、心理的な困難を抱えるというより、何か情緒面で欠損があるかのような印象を与えてしまうため、子どもたちや家族がその名称を嫌うなどの問題があること等から、施設名称変更の必要性を主張してきていた。

図表 15-2　全国の都道府県別、児童心理治療施設数（2017年4月現在）

都道府県	施設数	都道府県	施設数	都道府県	施設数
北海道	1	富山県	0	島根県	1
札幌市	1	石川県	0	岡山県	0
青森県	1	福井県	0	岡山市	1
岩手県	1	山梨県	0	広島県	1
宮城県	0	長野県	1	広島市	1
仙台市	1	岐阜県	1	山口県	1
秋田県	0	静岡県	1	徳島県	0
山形県	0	静岡市	0	香川県	1
福島県	0	浜松市	0	愛媛県	1
茨城県	1	愛知県	2	高知県	1
栃木県	1	名古屋市	1	福岡県	1
群馬県	1	三重県	1	北九州市	0
埼玉県	1	滋賀県	1	福岡市	0
さいたま市	0	京都府	1	佐賀県	0
千葉県	1	京都市	1	長崎県	1
千葉市	0	大阪府	3	熊本県	1
東京都	0	大阪市	2	熊本市	0
神奈川県	1	堺市	0	大分県	1
横浜市	1	奈良県	0	宮崎県	1
川崎市	1	兵庫県	1	鹿児島県	1
相模原市	0	神戸市	1	沖縄県	0
新潟県	0	和歌山県	1	合計	46
新潟市	0	鳥取県	1		

出典：児童心理治療施設ネットワークホームページをもとに作成

③ 一時的措置変更による短期入所機能の活用

児童養護施設や里親で一時的に不適応を起こしている子どもについて、措置変更ではなく、短期間一時的に利用できるような柔軟な運用が求められています。

④ 通所機能や外来機能の活用

地域の心理的問題の大きい子どもへの支援機能を果たすことが求められています。さらに、2012（平成24）年度から、児童養護施設の入所児童が必要な場合に情緒障害児短期治療施設（現：児童心理治療施設）への通所利用が可能になりました。

さらに、入所前や退所後の支援、家族への支援のため、児童精神科の診療所を併設し、外来機能を充実させることが求められています。

3 児童自立支援施設の課題と将来像

児童自立支援施設の役割として以下の3点が示されています。

（1）子どもの行動上の問題、特に非行問題を抱える子どもへの対応に加え、他の施設では対応が難しいケースの受け皿としての役割
（2）伝統的な**小舎夫婦制***や、小舎交代制という支援形態によって家庭的な生活のなかで一貫性・継続性のある支援を行う役割
（3）「枠のある生活」を基盤とするなかで、子どもの育ち直しや立ち直り、社会的自立に向けた支援を行う役割

児童自立支援施設の今後の課題として、以下の2点があげられます。

①専門的機能の充実等

現在、児童自立支援施設に入所している子どものうち、虐待を受けた経験をもつ子どもが約6割、発達障害・行為障害等の障害のある子ど

[*] 用語解説

小舎夫婦制
小舎夫婦制とは、一組の夫婦が父母代わりとなり、実子とともに、家庭的で温かい雰囲気のもと、7～8人の子どもたちの育て直しを行う児童自立支援施設独特の形態。しかし、職員の休養の保障・労務管理等からの要請によって、小舎夫婦制から、他の形態に移行する施設が増えてきている。

図表 15-3　各施設等における措置児童の被虐待経験

	総数	虐待経験あり	虐待経験の種類（複数回答）				虐待経験なし	不明
			身体的虐待	性的虐待	ネグレクト	心理的虐待		
里親委託児	4,534	1,409	416	71	965	242	2,798	304
	100.0%	31.1%	29.5%	5.0%	68.5%	17.2%	61.7%	6.7%
養護施設児	29,979	17,850	7,498	732	11,367	3,753	10,610	1,481
	100.0%	59.5%	42.0%	4.1%	63.7%	21.0%	35.4%	4.9%
情緒障害児	1,235	879	569	70	386	275	318	38
	100.0%	71.2%	64.7%	8.0%	43.9%	31.3%	25.7%	3.1%
自立施設児	1,670	977	590	45	525	287	589	104
	100.0%	58.5%	60.5%	4.6%	53.8%	29.4%	35.3%	6.2%
乳児院児	3,147	1,117	287	1	825	94	1,942	85
	100.0%	35.5%	25.7%	0.1%	73.9%	8.4%	61.7%	2.7%
母子施設児	6,006	3,009	1,037	102	617	2,346	2,762	235
	100.0%	50.1%	34.5%	3.4%	20.5%	78.0%	46.0%	3.9%
ファミリーホーム児	829	459	189	45	292	134	304	66
	100.0%	55.4%	41.2%	9.8%	63.6%	29.2%	36.7%	8.0%
援助ホーム児	376	247	131	38	124	96	89	38
	100.0%	65.7%	53.0%	15.4%	50.2%	38.9%	23.7%	10.1%

注：総数には、不詳を含む。
出典：厚生労働省「児童養護施設入所児童等調査結果」2013年をもとに作成

図表 15-4　各施設等における措置児童の心身の状況

	総数	障害等あり	障害等あり内訳（重複回答）									
			身体虚弱	肢体不自由	視聴覚障害	言語障害	知的障害	てんかん	ADHD	LD	広汎性発達障害	その他障害等
里親委託児	4,534	933	76	27	35	33	359	46	149	35	200	224
	100.0%	20.6%	1.7%	0.6%	0.8%	0.7%	7.9%	1.0%	3.3%	0.8%	4.4%	4.9%
養護施設児	29,979	8,558	584	101	221	298	3,685	369	1,384	352	1,576	2,319
	100.0%	28.5%	1.9%	0.3%	0.7%	1.0%	12.3%	1.2%	4.6%	1.2%	5.3%	7.7%
情緒障害児	1,235	900	7	3	3	6	173	17	243	23	367	442
	100.0%	72.9%	0.6%	0.2%	0.2%	0.5%	14.0%	1.4%	19.7%	1.9%	29.7%	35.8%
自立施設児	1,670	780	16	2	4	2	225	12	255	36	246	230
	100.0%	46.7%	1.0%	0.1%	0.2%	0.1%	13.5%	0.7%	15.3%	2.2%	14.7%	13.8%
乳児院児	3,147	889	526	90	87	83	182	67	5	1	41	235
	100.0%	28.2%	16.7%	2.9%	2.8%	2.6%	5.8%	2.1%	0.2%	0.0%	1.3%	7.5%
母子施設児	6,006	1,056	116	20	24	65	268	38	123	65	225	364
	100.0%	17.6%	1.9%	0.3%	0.4%	1.1%	4.5%	0.6%	2.0%	1.1%	3.7%	6.1%
ファミリーホーム児	829	314	24	7	11	17	114	11	59	34	85	119
	100.0%	37.9%	2.9%	0.8%	1.3%	2.1%	13.8%	1.3%	7.1%	4.1%	10.3%	14.4%
援助ホーム児	376	139	8	-	1	-	37	3	24	5	24	69
	100.0%	37.0%	2.1%	-	0.3%	-	9.8%	0.8%	6.4%	1.3%	6.4%	18.4%

出典：図表15－3と同じ

もが半数弱であり、特別なケアが必要なケースが増加しています（図表15-３、４）。子どもの抱える問題の複雑さに対応し、個別支援や心理治療的なケアなど、より高度で専門的なケアを提供する機能強化が必要です。

具体的には、直接支援を行う職員や心理療法担当職員の増員や年長児童の自立支援機能の強化が目標とされています。

②相談、通所、アフターケア機能

施設が蓄積してきた非行相談等の知見や経験を生かし、地域の子どもの非行や生活について相談援助を実施するため、相談、通所、アフターケア機能などの自立支援機能の充実が目標とされています。

4　母子生活支援施設の課題と将来像

母子生活支援施設は、当初は、生活に困窮する母子に住む場所を提供することを主たる目的とする施設でした。しかし、1997（平成９）年の「児童福祉法」改正で、施設の目的に「入所者の生活支援」が追加され、名

図表15-5　母子生活支援施設の理由別入所状況（平成25年度）

入所理由	入所世帯数（世帯（%））
総 数	3,725（100.0）
夫等の暴力	1,702（45.7）
経済的理由	594（15.9）
住宅事情	696（18.7）
入所前の家庭内環境の不適切	323（8.7）
母親の心身の不安定	139（3.7）
その他	178（4.8）

出典：厚生労働省「児童養護施設入所児童等調査結果の概要（平成25年２月１日現在）」をもとに作成

称もそれまでの「母子寮」から現在の「母子生活支援施設」に変更されました。

近年では、DV被害者や虐待を受けた児童の入所が半数以上を占め、「母子が一緒に生活しつつ、共に支援を受けることができる唯一の児童福祉施設」という特性を生かして、支援機能の充実が求められています（図表15-5）。

母子生活支援施設の課題として、以下の５点があげられています。

①入所者支援の充実

入所者支援については、施設による取り組みの差が大きく、住む場所の提供にとどまる施設も多い現状です。すべての施設が、母に対する支援、子どもに対する支援、虐待の防止、母子再統合の支援、アフターケア、地域支援等を充実する必要があります。

②職員配置の充実と支援技術の普及向上

入所者支援の充実のため、母子支援員・少年指導員の基本の人員配置を引き上げる必要があります。

加えて、個別対応職員の配置推進と20世帯以上施設での早期の義務化、保育設備を有する場合の保育士の配置増、特に対応が困難な母子の人数に応じた加算職員の複数配置を検討することが将来像として含まれています。

③広域利用の確保

近年、DVからの逃避を理由とした入所が増えていますが、DV被害者は、加害夫から逃れるために遠隔地の施設を利用する場合が多いです。しかし、現状では、広域利用に積極的な自治体とそうでない自治体があることから、円滑な広域利用を推進することが求められています。

④子どもの学習支援の充実

貧困の連鎖を断ち切るためには、母子生活支援施設の子どもへの学習支援の充実が重要になります。具体的には、児童養護施設にあるような入学時の支度費や、学習ボランティアなどを含めた支援が必要です。

⑤児童相談所・婦人相談所との連携

母子福祉施策や生活保護の専門的ケースワークと連携するため、福祉事務所との連携は密ですが、今後は、児童虐待の防止等の側面からも、児童相談所や婦人相談所とのさらなる連携も重要になります。

2. 社会的養護の課題の解決に向けた主な取り組み

1 施設職員の専門性向上と人員配置

施設長が施設運営の質に及ぼす影響は非常に大きいものです。そのため、施設長の研修受講が義務づけられているとともに、2011（平成23）年より施設長の資格要件が設備運営基準に規定されています。

また、施設の組織力向上や人材育成力向上のために、**基幹的職員***（スーパーバイザー）の配置が義務づけられました。

さらに、あらゆる社会的養護施設において、心理的ケアや個別対応を必要とする利用者の入所が増えていることから、各施設における人員配置の引き上げが、2011（平成23）年の設備運営基準の改正によって図られました。

> ＊ 用語解説
> **基幹的職員**
> 「児童福祉施設基幹的職員研修事業実施要綱」の第２条において、以下のように定められている。
> （1）入所児童の支援計画の進捗状況の把握、見直しなどケースマネジメントとその進行管理を行うこと。
> （2） 地域の社会資源等について理解し、関係機関との連携において中心的な役割を担うこと。
> （3）施設の他の職員に対する適切な指導および教育並びにメンタルヘルスに関する支援を行うこと。

2 家族（親子）関係再構築のための支援の充実

施設からの家庭復帰に向けて、親との面会や宿泊、一時帰宅や帰省な

図表 15-6　子どもの回復過程と親子関係再構築

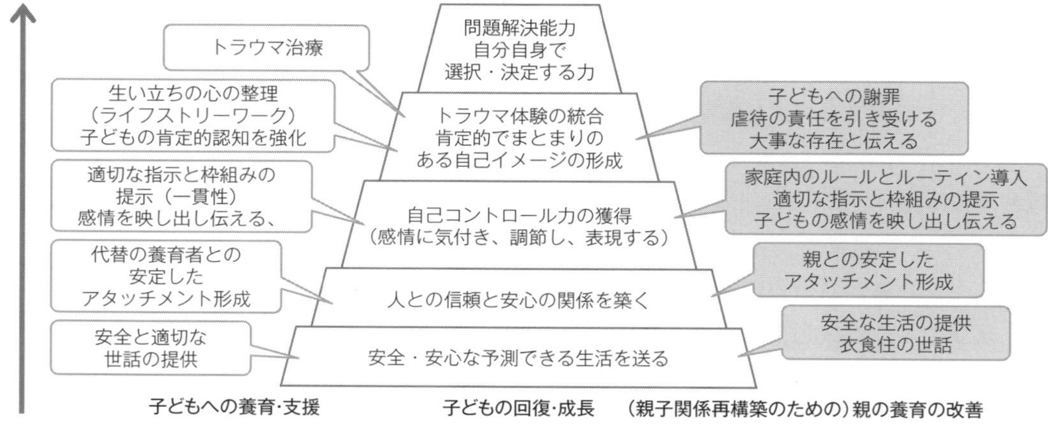

出典：親子関係再構築支援ワーキンググループ「社会的養護関係施設における親子関係再構築支援ガイドライン」2014年をもとに作成

ど段階的に支援を展開していくことが必要になります。

さらに、子どもの行動に対して感情的にだけではなく、教育的に対処できるスキルの習得を支援するような多様なペアレント・トレーニングも必要です。

2016（平成28）年10月から施行されている改正「児童福祉法」では、親子関係再構築のための支援の強化に関する内容が盛り込まれました（図表15-6）。

3 自立支援の充実

児童養護施設をはじめとする各施設において、生活が不安定な場合は20歳まで措置延長を活用できるようになりました。さらに、自立した生活を支援する場として、自立援助ホームを整備することや、退所児童等アフターケア事業を推進することが法改正の内容として盛り込まれています。さらに、2017（平成29）年４月からは、自立援助ホームについて、22歳の年度末前の間にある大学就学中の者を対象に加えることになりました。

3. 社会的養護の今後の課題と展望

1 パーマネンシーの保障と措置変更

2011（平成23）年７月にとりまとめられた「社会的養護の課題と将来像」では、社会的養護を必要とする子どもの状況に応じて、各施設がそれぞれの機能を補強し合うような関係をもちつつ、連続的な支援プロセス（**パーマネンシー***）を保障していけるよう支援することが重要だと示されています。

たとえば、日本の乳児院は就学前までの年齢の子どもしか対象としていないため、６歳になっても家庭引き取りの目途が立たない場合は、児童養護施設や里親家庭への措置変更が検討されることになります。しかし、子どもにとっては、それまで慣れ親しんだ乳児院の職員や友だち、乳児院の住環境や地域と別れることはとてもつらいことだと予想できます。

こうした「措置変更によって子どもが体験するであろうつらさ、痛み、見捨てられ体験」等を少しでも軽減できるような支援や制度のあり方について、今後はもっと検討していく必要があります。

＊用語解説

パーマネンシー（permanency）

「永続性」「恒久性」等と訳される。子どもが家庭で育つ権利を保障し、子どもと、養育者や養育環境との永続的な関係を重視して立てられるケアプランを「パーマネンシープランニング」（Permanency Planning＝永続的養育計画）という。もともとアメリカで生まれた「パーマネンシープランニング」は、「社会的養護」そのものが「短期」を前提にしているので、長期的に子どもを預かる里親は例外的な存在になっている。

→レッスン1

2 社会的養護の下で暮らす子どもと性教育

近年、施設入所児童に占める被虐待児童の割合が増加していますが、そのうち、性的虐待が主な原因で入所してくる子どもは、全体の３〜５％です。性的虐待は、他の虐待と比べて発見されにくいという特性がありますので、実際にはもっと数が多いのではないかといわれています。

坪井ら†1が行った、「児童福祉施設における性的問題の実態と対応についての調査」結果によると、９割以上の児童養護施設において性的問題が発生していることが明らかになっています。その内訳は図表15-7に示した通りで、約半数が「性的接触」となっています。

また、性的問題のうち半数は男児が関与したものであり、思春期の男児が性的問題の加害者になりやすく、小学校低学年の女児が被害に遭いやすい傾向にあると指摘されています。また、被害児童が加害児になるといった「性的問題の連鎖」も少なくないそうです。

施設内での性的問題は、子ども同士の間で口止めするなどして、問題が潜在化しやすく、発見しづらいという特徴があります。問題が潜在化することによって加害・被害状況が長期化・重篤化するリスクもあります。施設の子どもたちが安全・安心な生活を送るためにも、性的問題の発生予防のための取り組みを行うことは施設職員として重要です。

こうした性的問題の予防に向けた性教育を行う施設が近年増えてきています。

たとえば島根県では、2008（平成20）年度より、児童養護施設と児童

図表 15-7 施設で発生した性的問題の内容

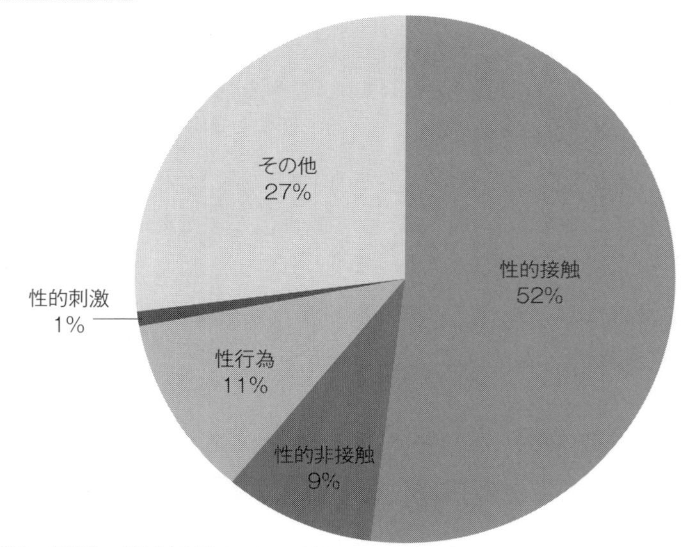

出典：坪井裕子「児童福祉施設における性的問題の実態と対応についての調査」公益財団法人日工組社会安全研究財団2012年をもとに作成

出典

†1　坪井裕子「児童福祉施設における性的問題の実態と対応についての調査」公益財団法人日工組社会安全研究財団、2012年

補足

性的問題

具体例として、性器の触り合い（性的接触）、携帯電話等による性器の撮影（性的非接触）、性行為の強要等があげられる。

図表 15-8　児童養護施設における児童間暴力防止

プログラム構成

目標：①プライベートゾーンと性行動のルールが理解できる
②基本感情と安心、恥ずかしい気持ちが理解できる
③いい／わるいの判断が身につく
④健康管理や清潔を保つための行動がとれる
⑤自己肯定感が高まる

～1回目：今後の学習に最も基本的な概念を学ぼう！～

流れ	内容	キーワード	方法・媒体
導入	絵本読み聞かせ「おへそのあな」 「へそ」の役割について	命の大切さ	絵本 「おへそのあな」
どんな気持ち？	基本感情（喜び・嫌悪・驚き・悲しみ・恐怖・怒り）＋“安心”，“恥ずかしい”	安心な気持ち／ 嫌な気持ち	表情パネルワーク
プライベートゾーン	プライベートゾーンと性行動のルール プライベートゾーンを触られたときの対処	プライベートゾーン 嫌だ、逃げる、相談	人体図
個別指導	個別に理解度をチェック		チェックリスト

～2回目：生命の尊さを知ろう！　いい／わるいの感覚を身につけよう！～

流れ	内容	キーワード	方法・媒体
導入	絵本読み聞かせ 「赤ちゃんが生まれる」	生命誕生	絵本 「赤ちゃんが生まれる」
＊ 生命誕生	出生時の体重発表 3kg の赤ちゃん人形を抱く	命の大切さ	母子手帳 赤ちゃん人形
いいタッチ／わるいタッチ いい言葉／わるい言葉	いいタッチ・いい言葉：喜び、安心等 わるいタッチ・わるい言葉：恐怖・不安等	いいタッチ／わるいタッチ	絵本「いいタッチ わるいタッチ」寸劇
いいところ発表	1人1人のいいところを発表	自己肯定感	職員から児童への発表
1人1人にいいタッチ	身体感覚で心地よさを感じてもらう	いいタッチ	職員から児童へタッチ
個別指導	個別に理解度をチェック		チェックリスト

～3回目：嫌な気持ちになったときの対処方法を学ぼう！　清潔にする方法を学ぼう！～

流れ	内容	キーワード	方法・媒体
導入	絵本読み聞かせ 「いいタッチ・わるいタッチ」	いいタッチ／わるいタッチ	絵本 「いいタッチ・わるいタッチ」
わるいタッチをされたときの対処方法 （被害者にならないための教育）	わるいタッチをされたとき、わるい言葉を言われたときのロールプレイ	嫌だ・逃げる・相談	ＳＳＴ
体をきれいに ＊ 健康管理	手洗いの方法／お風呂の入り方 怪我の手当	清潔／不潔	手洗い実験・手洗いの歌
個別指導	個別に理解度をチェック		チェックリスト

～4回目：みんなが安心な気持ちで生活するためのルールを学ぼう！～

流れ	内容	キーワード	方法・媒体
導入	絵本読み聞かせ「わたしがすき」	好き・愛してる	絵本「わたしがすき」
友だちと仲良くするための教育	玩具をみんなで仲良く使う方法	一緒に遊ぼう・貸して	ＳＳＴ
＊ 問題解決スキル （加害者にならないための教育）	トラブルになりそうなときに、 暴言・暴力を使わずに解決する方法	落ち着く・気持ちに 気付く・考える	ＳＳＴ
いいところ発表	プログラムを通しての1人1人の成長を発表	自己肯定感	職員から児童への発表
個別指導	個別に理解度をチェック		チェックリスト

＊は、小学校低学年のみ実施

出典：島根県中央児童相談所「児童養護施設における性（生）教育プログラム資料・台本集」をもとに作成

相談所の連携のもと、児童養護施設における児童間暴力防止に取り組んでいます（図表15-8）。ちなみに、性教育といっても「生」とつく通り、狭い意味での性教育ではありません。児童養護施設に入所している子どもたちが、安心・安全感をもって生活できるように「自分を大切に！他人を大切に！」をテーマに掲げ、生きるための教育となるように工夫したプログラムになっています。

こうした取り組みが、今後、全国の施設において標準的に実施されるようになっていくことが求められているといえます。

3 ライフストーリーワーク

ライフストーリーワークとは、乳児期に養子縁組された養子に対して、生まれたときの状況や、親のことなどを含めた、その子の出自について知らせることを目的として、イギリスで始められた支援です。

具体的には、アルバムを一緒に作成したり、子どもが生まれた病院や地域を訪れたり、子どものことを知っている人に話を聞きに行ったりする等して、子どもが覚えていない情報や、支援者が把握していない情報を子どもと支援者とで一緒に埋めていき、その子どものライフストーリーを完成させていくものです。

日本でも近年、ライフストーリーワークやそれと類する支援の必要性が指摘され、実践する機関や施設が増えてきています。

「児童の権利に関する条約」では、子どもの出自を知る権利が保障されています。子どもの権利保障や支援ニーズに応えるという点からみて、ライフストーリーワークの取り組みや実践が広がっていくことはよい変化だといえます。

しかし、子どもに対してその生い立ちや出自の真実を伝えるということは、子どもに大きな精神的負担をかけることにもつながるということも肝に銘じる必要があります。なぜなら、子どもに伝えなくてはならない内容は、必ずしも子どもにとってうれしい情報ばかりではないからです。

ライフストーリーワークを進めていくプロセスのなかで、子どもが不安定になる可能性も十分考慮し、必要な支援体制を整えながら進めていく必要があります。

4 社会的養護施設における第三者評価

2012（平成24）年度より、社会的養護関係施設（乳児院、児童養護施設、児童自立支援施設、児童心理治療施設、母子生活支援施設）には、3年

☑ 法令チェック

「社会福祉法」第78条
（福祉サービスの質の向上のための措置等）
社会福祉事業の経営者は、自らその提供する福祉サービスの質の評価を行うことその他の措置を講ずることにより、常に福祉サービスを受ける者の立場に立つて良質かつ適切な福祉サービスを提供するよう努めなければならない。

に１度以上、第三者評価の受審とその結果の公表が義務づけられました。また、第三者評価を受審しない年には自己評価を行うことになっています。

社会的養護の施設では、母子生活支援施設を除いて「措置制度」が適用されています。つまり子どもや保護者が施設を選ぶことができないしくみになっています。さらに、施設長等が親権を代行する規定があります。

こうしたこともあり、それぞれの施設で、適切に子どもたちの権利が守られているか、支援者の責務に関する説明責任（アカウンタビリティ）が果たされているかなどについて定期的に審査をする必要があります。また、施設で働く職員の働く権利や労働環境が適切に保障されているかについて検証するためにも、第三者評価や自己評価はとても重要になります。

図表 15-9　社会的養育全体の目標図と検討事項

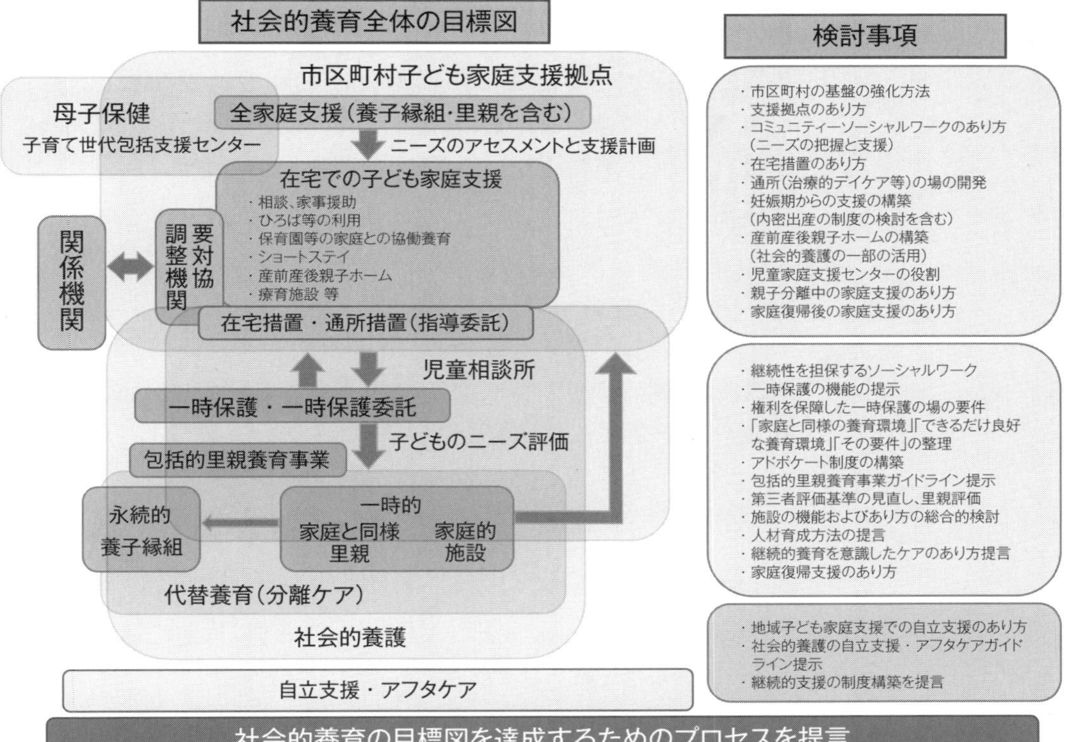

出典：厚生労働省雇用均等・児童家庭局家庭福祉課「『第11回　新たな社会的養育の在り方に関する検討会』配布資料」2017年をもとに作成

5 新たな社会的養育の在り方に関する検討会

2016（平成28）年7月より、厚生労働省は「新たな社会的養育の在り方に関する検討会」を設置し、家庭における養育が困難または適当でないと判断される子どものための養育の在り方について広く検討しています。

ここでは、子ども虐待等により親子分離（社会的養護）を必要とする子どものためのケアや制度のあり方について検討するだけではなく、在宅で生活する子どもと家族のための支援のあり方についても広く議論され、大きな意味での制度改革に向けた提言を行っていくことになります（図表15-9）。

2017（平成29）年度から施行されている改正「児童福祉法」の進捗状況を踏まえつつ、社会的養護を含めた「新たな子ども家庭福祉」の実現に向けて、日本の子ども家庭福祉は今、大きく動き始めようとしているのです。

演習課題

①あなたが住んでいる地域における社会的養護に関連する施設などの社会資源について調べてみましょう。また、入所理由の特徴等についても調べ、全国の傾向と比べて「あなたのまちの地域性」について考えてみましょう。

②2017（平成29）年4月から施行されている改正「児童福祉法」の内容についてくわしく調べてみましょう。以前とどのような点が変わったのか、話し合ってみましょう。

③社会的養護の子どもにライフストーリーワークを行う際に必要となる配慮や支援について考えて、話し合ってみましょう。

参考文献

レッスン12

A. H. マズロー／小口忠彦訳　『人間性の心理学――モチベーションとパーソナリティ（改訂新版）』　産業能率大学出版部　1987年

厚生労働省　「平成25年社会福祉施設等調査」　2015年

レッスン13

伊藤嘉余子　『子どもと社会の未来を拓く――相談援助』　青踏社　2013年

井村圭壯・相澤譲治編著　『保育実践と社会的養護』　勁草書房　2016年

大阪市　「施設退所児童支援のための実態調査報告書」　2012年

小川恭子　「児童養護施設保育士に求められるソーシャルワーク機能」『藤女子大学人間生活学部紀要』(52)　2015年　91-99頁
小木曽宏・宮本秀樹・鈴木崇之編　『よくわかる社会的養護内容』　ミネルヴァ書房　2015年
山縣文治・林浩康　『よくわかる社会的養護（第２版）』　ミネルヴァ書房　2013年
レッスン14
小木曽宏　「児童養護施設の『家庭的養育』の方向性とは？──『小規模化』のこれからを考える」『季刊児童養護』42（2）　2011年
児童育成協会監修、相澤仁・村井美紀編　『社会的養護内容』　中央法規出版　2015年
武藤素明　「地域小規模児童養護施設における実践と課題」『子どもと福祉』（3）　2010年
レッスン15
伊藤嘉余子　『子どもと社会の未来を拓く──相談援助』　青踏社　2013年
井村圭壯・相澤譲治編著　『保育実践と社会的養護』　勁草書房　2016年
小木曽宏・宮本秀樹・鈴木崇之編　『よくわかる社会的養護内容』　ミネルヴァ書房　2015年
山縣文治・林浩康　『よくわかる社会的養護（第２版）』　ミネルヴァ書房　2013年

おすすめの１冊

社会福祉法人恩賜財団母子愛育会愛育研究所編　『日本子ども資料年鑑』　KTC中央出版　2010年

1988年に創刊されて以降、毎年刊行されている年鑑。日本の子どもに関する統計的な情報資料が広範囲にわたって網羅されている。内容が充実しているだけでなく、各巻の内容をPDF形式で保存したCD-ROMが付録としてついているため、利便性にも富んでいる。

コラム

社会的養護実践と感情労働 ～「共感疲労」と「共感満足」の理解～

みなさんは「感情労働」という言葉を聞いたことがありますか？

労働には、「頭脳労働」「感情労働」「肉体労働」のすべての要素があり、職種によってその割合が異なります。社会的養護を含む、いわゆる対人援助の現場では「感情労働」の割合が非常に高くなるといえます。感情労働の比率が高い対人援助の現場では、共感疲労になりやすく、その結果バーンアウト（燃え尽き症候群）になり、離職に至ってしまう人が多いといわれています。

「共感疲労」とは、STSD（二次的外傷性ストレス障害）ともいわれるものです。対人援助を行う人が、援助のプロセスのなかで、援助対象である相手（社会的養護の場合だと子どもや保護者など）の苦痛や逆境、理不尽な経験等に対して深い共感や悲嘆の感情が起こり「この人の苦痛を取り除いてあげたい」「役に立ちたい」等といった強い希求にともなうもので、子どもと一緒に悩み、考え、問題に対処しようとする試みから起きる疲労のことを意味します。

また、感情労働には共感疲労だけでなく感情規則もともないます。たとえば「何を言われても腹を立てない」「どんな発言も受容し共感する」等といったものです。感情を用いて仕事に従事するので、「こういう感情であるべき」「感情を統制すべき」といったルールが存在します。共感疲労と感情規則の連続のなかで疲れてしまう人が多いのです。

共感疲労や感情規則がない社会的養護の現場はあり得ません。では、バーンアウトを防ぐためにはどうしたらよいのでしょうか？　共感疲労の対義語として「共感満足」という概念があります。これは共感疲労と同じ感情から支援を行い、そこから「支援してよかった」「役に立てた」というポジティブな感覚をもてることを意味します。そして、たとえ共感疲労が強くても、それを上回る「共感満足」を得ることができれば、援助者はバーンアウトしないといわれています。共感満足をどう得るか。援助している子どもから直接「ありがとう」「助かっている」「感謝している」等といったメッセージを言葉や態度等で受け取ることができると最もよいでしょう。しかし、現実問題としてそれはなかなか難しいかもしれません。そこで大切になるのが「職員同士の支え合い、励まし合い」です。子どもたちから十分な「共感満足」を得ることが困難な状況のなか、職員同士で「よくがんばってるね」等と「共感満足」を互いに与え合うことによって、バーンアウトを防ぐことができます。そういう意味でも職員間のチームワークはとても大切です。

巻末資料

新しい社会的養育ビジョン〈要約編〉

1. 新しい社会的養育ビジョンの意義
2. 新しい社会的養育ビジョンの骨格
3. 新しい社会的養育ビジョンの実現に向けた工程

新しい社会的養育ビジョン〈要約編〉

新たな社会的養育の在り方に関する検討会　　2017（平成29）年8月2日

1．新しい社会的養育ビジョンの意義

虐待を受けた子どもや、何らかの事情により実の親が育てられない子どもを含め、全ての子どもの育ちを保障する観点から、平成28年児童福祉法改正では、子どもが権利の主体であることを明確にし、家庭への養育支援から代替養育までの社会的養育の充実とともに、家庭養育優先の理念を規定し、実親による養育が困難であれば、特別養子縁組による永続的解決（パーマネンシー保障）や里親による養育を推進することを明確にした。これは、国会において全会一致で可決されたものであり、我が国の社会的養育の歴史上、画期的なことである。

本報告書は、この改正法の理念を具体化するため、「社会的養護の課題と将来像」（平成23年7月）を全面的に見直し、「新しい社会的養育ビジョン」とそこに至る工程を示すものである。新たなビジョン策定に向けた議論では、在宅での支援から代替養育、養子縁組と、社会的養育分野の課題と改革の具体的な方向性を網羅する形となったが、これらの改革項目のすべてが緊密に繋がっているものであり、一体的かつ全体として改革を進めなければ、我が国の社会的養育が生まれ変わることはない。

このビジョンの骨格は次のとおりであり、各項目は、工程に基づいて着実に推進されなければならない。

2．新しい社会的養育ビジョンの骨格

地域の変化、家族の変化により、社会による家庭への養育支援の構築が求められており、子どもの権利、ニーズを優先し、家庭のニーズも考慮してすべての子ども家庭を支援するために、身近な市区町村におけるソーシャルワーク体制の構築と支援メニューの充実を図らなければならない。

例えば、多くの子どもがその生活時間を長く過ごしている保育園の質の向上および子ども家庭支援として、対子ども保育士数の増加やソーシャルワーカーや心理士の配置等を目指す。さらに、貧困家庭の子ども、障害のある子どもや医療的ケアを必要とする子どもなど、子どもの状態に合わせた多様なケアを充実させるとともに、虐待や貧困の世代間連鎖を断ち切れるライフサイクルを見据えた社会的養育システムの確立、特に自立支援や妊産婦への施策（例えば、産前産後母子ホームなど）の充実を図る。

中でも、虐待の危険が高いなどで集中的な在宅支援が必要な家庭には、児童相談所の在宅指導措置下において、市区町村が委託を受けて集中的に支援を行うなど在宅での社会的養育としての支援を構築し、親子入所機能創設などのメニューも充実させて分離しないケアの充実を図る。

他方、親子分離が必要な場合には、一時保護も含めた代替養育のすべての段階において、子どものニーズに合った養育を保障するために、代替養育はケアニーズに応じた措置費・委託費を定める。代替養育は家庭での養育を原則とし、高度に専門的な治療的ケアが一時的に必要な場合には、子どもへの個別対応を基盤とした「でき

る限り良好な家庭的な養育環境」を提供し、短期の入所を原則とする。また、里親を増加させ、質の高い里親養育を実現するために、児童相談所が行う里親制度に関する包括的業務（フォスタリング業務）の質を高めるための里親支援事業や職員研修を強化するとともに、民間団体も担えるようフォスタリング機関事業の創設を行う。代替養育に関し、児童相談所は永続的解決を目指し、適切な家庭復帰計画を立てて市区町村や里親等と実行し、それが不適当な場合には養子縁組といった、永続的解決を目指したソーシャルワークが児童相談所で行われるよう徹底する。中でも、特別養子縁組は重要な選択肢であり、法制度の改革を進めるとともに、これまで取組が十分とはいえなかった縁組移行プロセスや縁組後の支援を強化する。

3. 新しい社会的養育ビジョンの実現に向けた工程

平成 28 年改正児童福祉法の原則を実現するため、①市区町村を中心とした支援体制の構築、②児童相談所の機能強化と一時保護改革、③代替養育における「家庭と同様の養育環境」原則に関して乳幼児から段階を追っての徹底、家庭養育が困難な子どもへの施設養育の小規模化・地域分散化・高機能化、④永続的解決（パーマネンシー保障）の徹底、⑤代替養育や集中的在宅ケアを受けた子どもの自立支援の徹底などをはじめとする改革項目について、速やかに平成 29 年度から改革に着手し、目標年限を目指し計画的に進める。なお、市区町村の支援の充実により、潜在的ニーズが掘り起こされ、代替養育を必要とする子どもの数は増加する可能性が高いことに留意して計画を立てる。

また、これらの改革は子どもの権利保障のために最大限のスピードをもって実現する必要がある。その改革の工程において、子どもが不利益を被ることがないよう、十分な配慮を行う。

（1） 市区町村の子ども家庭支援体制の構築

市区町村子ども家庭総合支援拠点の全国展開と、人材の専門性の向上により、子どものニーズにあったソーシャルワークをできる体制を概ね5年以内に確保するとともに、子どもへの直接的支援事業（派遣型）の創設やショートステイ事業の充実、産前産後母子ホームなどの親子入所支援の創設、児童家庭支援センターの配置の増加と質の向上などの支援メニューの充実を平成 30 年度から開始し、概ね5年後までに各地で行える体制とする。児童相談所の指導委託措置として行われる在宅措置、通所措置が適切に行える手法を明確にして、支援内容に応じた公的な費用負担を行う制度をできるだけ早く構築する。

（2） 児童相談所・一時保護改革

児童相談所職員への各種の研修の実施とその効果の検証を行い、平成 28 年改正法附則に基づき、施行後5年を目途に中核市・特別区による児童相談所設置が可能となるような計画的支援を行う。

また、通告窓口の一元化を行うため、情報共有を含めた制度改正を行い、調査・

保護・措置に係る業務と支援マネージメント業務の機能分離を計画的に進める。

さらに、一時保護に関する改革として、機能別に2類型に分割（緊急一時保護とアセスメント一時保護）し、閉鎖空間での緊急一時保護の期間を数日以内とする。一時保護時の養育体制を強化し、アセスメント一時保護における里親への委託推進・小規模化・地域分散化、一時保護里親類型の創設に早急に着手し、概ね5年以内に子どもの権利が保障された一時保護を実現する。

パーマネンシー保障のための家庭復帰計画、それが困難な時の養子縁組推進を図るソーシャルワークを行える十分な人材の確保を概ね5年以内に実現する。

（3）里親への包括的支援体制（フォスタリング機関）の抜本的強化と里親制度改革

里親とチームとなり、リクルート、研修、支援などを一貫して担うフォスタリング機関による質の高い里親養育体制の確立を最大のスピードで実現し、平成32年度にはすべての都道府県で行う体制とし、里親支援を抜本的に強化する。これにより、里親への支援を充実させ、里親のなり手を確保するとともに里親養育の質を向上させる。

また、フォスタリング機関事業の実施のため、平成29年度中に国によるプロジェクトチームを発足しガイドラインの作成や自治体への支援を開始する。

ファミリーホームを家庭養育に限定するため、早急に事業者を里親登録者に限定し、一時保護里親、専従里親などの新しい里親類型を平成33年度を目途に創設して、障害のある子どもなどケアニーズの高い子どもにも家庭養育が提供できる制度とする。併せて「里親」の名称変更も行う。

（4）永続的解決（パーマネンシー保障）としての特別養子縁組の推進

実家庭で養育ができない子どもや、家庭復帰に努力をしても実家庭に戻ることが困難な代替養育を受けている子どもの場合、児童福祉法第3条の2における家庭養育原則に基づき、永続的解決としての特別養子縁組は有力、有効な選択肢として考えるべきである。

しかし、現行の制度では、子どもの年齢要件や手続き上の養親の負担などのため、必要な子どもに特別養子縁組の機会が保障されず、健全な養育に不可欠な愛着形成の機会を重要な発育時期に確保できていない現状がある。

このため、厚生労働省では「児童虐待対応における司法関与及び特別養子縁組制度の利用促進の在り方に関する検討会」において6月30日に「特別養子縁組制度の利用促進の在り方について」報告書がまとめられた。一刻も早く子どもの権利保障を行うために、報告書に沿った法制度改革（年齢要件の引き上げ、手続きを二段階化し児童相談所長に申立権を付与、実親の同意撤回の制限）を速やかに進めるとともに、その新たな制度の下で、一日も早く児童相談所と民間機関が連携した強固な養親・養子支援体制を構築し、養親希望者を増加させる。概ね5年以内に、現状の約2倍である年間1000人以上の特別養子縁組成立を目指し、その後も増加を図っていく。

（5） 乳幼児の家庭養育原則の徹底と、年限を明確にした取組目標

特に就学前の子どもは、家庭養育原則を実現するため、原則として施設への新

規措置入所を停止する。このため、遅くとも平成 32 年度までに全国で行われるフォスタリング機関事業の整備を確実に完了する。

具体的には、実親支援や養子縁組の利用促進を進めた上で、愛着形成等子どもの発達ニーズから考え、乳幼児期を最優先にしつつ、フォスタリング機関の整備と合わせ、全年齢層にわたって代替養育としての里親委託率（代替養育を受けている子どものうち里親委託されている子どもの割合）の向上に向けた取組を今から開始する。これにより、愛着形成に最も重要な時期である3歳未満については概ね5年以内に、それ以外の就学前の子どもについては概ね7年以内に里親委託率75%以上を実現し、学童期以降は概ね 10 年以内を目途に里親委託率 50%以上を実現する（平成 27 年度末の里親委託率（全年齢）17.5%）。

ただし、ケアニーズが非常に高く、施設等における十分なケアが不可欠な場合は、高度専門的な手厚いケアの集中的提供を前提に、小規模・地域分散化された養育環境を整え、その滞在期間は、原則として乳幼児は数か月以内、学童期以降は1年以内とする。また、特別なケアが必要な学童期以降の子どもであっても3年以内を原則とする。この場合、代替養育を受ける子どもにとって自らの将来見通しが持て、代替養育変更の意思決定プロセスが理解できるよう、年齢に応じた適切な説明が必要である。養育の場を変える場合には、さらに十分な説明のもと、子どもとのコミュニケーションをよくとり、子どもの意向が尊重される必要がある。また、移行にあたっては、子どもの心理に配慮した十分なケアがなされる必要がある。

これらを、まず乳幼児から実現するためには、これまで乳児院が豊富な経験により培ってきた専門的な対応能力を基盤として、今後はさらに専門性を高め、一時保護された乳幼児とその親子関係に関するアセスメント、障害等の特別なケアを必要とする子どものケアの在り方のアセスメントとそれに基づく里親委託準備、親子関係改善への通所指導、産前産後を中心とした母子の入所を含む支援、家庭復帰に向けた親子関係再構築支援、里親・養親支援の重要な役割を地域で担う新たな存在として、機能の充実が不可欠である。その際、一時的な入所は、家庭養育原則に照らし、限定的、抑制的に判断すべきである。今後、これまでの乳児院は多機能化・機能転換し、こうした新たな重要な役割を担う。国はそのための財政的基盤をできるだけ早く構築するとともに、乳児院をその機能にあった名称に変更する。

（6） 子どもニーズに応じた養育の提供と施設の抜本改革

子どものニーズに応じた個別的ケアを提供できるよう、ケアニーズに応じた措置費・委託費の加算制度をできるだけ早く創設する。同様に、障害等ケアニーズの高い子どもにも家庭養育が行えるよう、補助制度の見直しを行う。

また、家庭では養育困難な子どもが入所する「できる限り良好な家庭的環境」である全ての施設は原則として概ね 10 年以内を目途に、小規模化（最大6人）・地域分散化、常時2人以上の職員配置を実現し、更に高度のケアニーズに対しては、迅速な専門職対応ができる高機能化を行い、生活単位は更に小規模（最大4人）となる職員配置を行う。

施設で培われた豊富な体験による子どもの養育の専門性をもとに、施設が地域支援事業やフォスタリング機関事業等を行う多様化を、乳児院から始め、児童養護施設・児童心理治療施設、児童自立支援施設でも行う。

（7） 自立支援（リービング・ケア、アフター・ケア）

代替養育の目的の一つは、子どもが成人になった際に社会において自立的生活を形成、維持しうる能力を形成し、また、そのための社会的基盤を整備することにある。

そのため、平成30年度までにケア・リーバー（社会的養護経験者）の実態把握を行うとともに、自立支援ガイドラインを作成し、概ね5年以内に、里親等の代替養育機関、アフターケア機関の自立支援の機能を強化するとともに、措置を行った自治体の責任を明確化し、包括的な制度的枠組み（例えば、自治体による自立支援計画の策定など）を構築する。

これにより、代替養育の場における自律・自立のための養育、進路保障、地域生活における継続的な支援を推進する。その際、当事者の参画と協働を原則とする。

これら自立支援方策を具体化するための検討の場を設ける。

（8）担う人材の専門性の向上など

今年度より行われている児童福祉司等の研修や市区町村の要保護児童対策地域協議会の専門職研修等の実施状況の確認とその効果判定を行い、国による研修の質の向上を図る。

また、子どもの権利擁護のために、早急に児童福祉審議会による権利擁護の在り方を示して、3年を目途にその体制を全国的に整備し、平成30年度に一時保護の専門家による評価チームの構成から始めて、概ね5年以内には社会的養護に係わる全ての機関の評価を行う専門的評価機構を創設するとともに、アドボケイト制度の構築を行う。

すべての制度構築の根拠となる業務統計の整備、国際的な比較にも耐えられる虐待関連統計の整備を概ね5年以内に行い、長期の成果を判断したり、情報を共有するためのデータベースの構築も概ね5年以内に行う。また、子どもの死を無駄にせず、検証して、防げる死から子どもを守る制度や技術の向上を目指し、Child Death Review の制度を概ね5年以内に確立する。

（9） 都道府県計画の見直し、国による支援

従来の「社会的養護の課題と将来像」（平成23年7月）に基づいて策定された都道府県等の計画については、この「新しい社会的養育ビジョン」に基づき、平成30年度末までに見直し、家庭養育の実現と永続的解決（パーマネンシー保障）、施設の抜本的改革、児童相談所と一時保護所の改革、中核市・特別区児童相談所設置支援、市区町村の子ども家庭支援体制構築への支援策などを盛り込む。これらを実現するため、国は必要な予算確保に向けて最大限努力し、実現を図る。

以上

さくいん

●かな

あ

愛着関係……70
愛着障害……43, 155
アイデンティティ……7
アカウンタビリティ……9
アセスメント……72, 86
アセスメントシート……79
アタッチメント（愛着）……7
アドミッションケア……123, 150
アフターケア……76, 123, 150, 169
アプリカント……71
新たな社会的養育の在り方に関する検討会……196
安全パートナリング……116
安全欲求……153

い

生きる力……102
意見を表明する権利……5
異食……155
一時保護の目的……88
医療型障害児入所施設……47
医療記録……140
インケア……123, 150
インテーク……71
インフォーマルな支援……70

え

エクスプレスト・ニード……126
エコマップ……73
エレン・ケイ……3
エンカウンターグループ……113
援助計画……81
エンパワメント……36

お

音楽療法……52

か

解決志向アプローチ……116
外在化……117
開示請求対象記録……140
確認行動……180
過去情報……88
家族応援会議……119
家族再統合……115
家庭支援専門相談員……70
家庭養護……54
感化院……42
観察……94

き

基幹的職員……190
帰属欲求……153
規範ニード……126
基本的信頼感……84
教護院……42
強度行動障害……49
記録……81, 134

く

グループホーム……101, 178

け

ケアワーク……160
ケースカンファレンス……113
ケースマネージャー……70
ケースマネジメントの過程……71
現在情報……88

こ

個人情報の扱い……141
子ども虐待対応相談件数……111
子ども・子育て応援プラン……173
子ども・子育て支援新制度……12
子ども・子育てビジョン……173
子どもの権利……2, 86
子どもの最善の利益……115
子どもの自立……84
子どもの発見……3
子どもの貧困……34
個別処遇計画……85
個別対応職員……24
個別対応資料……140
コモンセンスペアレンティング……39
コンサルテーション……112
コンパラティブ・ニード……126

さ

再アセスメント……91
裁判証拠……140
サインズ・オブ・セイフティ・アプローチ……116
里親……54
「里親及びファミリーホーム養育指針」……57
里親支援専門相談員……64

し

ジェノグラム……73
支援業務の記録……136
支援計画……81
ジェンダーフリー……9
自覚ニード……126
自己決定……15, 94
自己決定の原則……86
自己肯定感……7
自己効力感……8
自己実現欲求……154
自己評価……141
自己領域の確保……139
自身擁護証拠……140
実行……94
「児童権利宣言」……3
児童自立支援施設……42, 187
児童自立支援施設入所児への就学義務……44
児童心理治療施設……38, 185
「児童の権利宣言」……3
「児童の権利に関する条約」……3
児童の権利利益……114
児童の最善の利益……4
児童発達支援センター……25
児童福祉司……77
「児童福祉施設の設備及び運営に関する基準」……85
「児童福祉法」……6, 85
児童養護施設……28

「児童養護施設運営指針」…… 13
「児童養護施設運営ハンドブック」
…………………………… 14
児童養護施設における実習生
…………………………… 100
自分の場所 ……………… 105
自閉症スペクトラム（ASD）‥ 38,175
市民的自由 ……………… 4
社会スキル ……………… 39
社会的承認 ……………… 10
社会的ネットワーク ……… 110
「社会的養護の課題と将来像の実現に向けて」……… 183
社会的欲求 ……………… 153
終結 ……………………… 76
出自を知る権利 ………… 5
「ジュネーブ宣言」……… 3
障害児施設 ……………… 47
障害児通所支援 ………… 47
障害児入所支援 ………… 47
「障害者総合支援法」…… 48
小規模化 ………………… 172
小規模グループケア …… 177
小舎制 …………………… 175
小舎夫婦制 ……………… 187
情勢判断 ………………… 94
情緒障害児短期治療施設 …… 38
承認欲求 ………………… 153
少年鑑別所 ……………… 46
情報共有ネットワーク …… 136
ショートステイ ………… 183
ショーン ………………… 167
職権保護 ………………… 79
自立援助ホーム ………… 90
自立支援 ………………… 102
自立支援計画 ……… 85, 86, 162
真実告知 ………………… 139
心理教育 ………………… 112
心理治療 ………………… 157
心理的支援 ……………… 110

す

スーパービジョン ……… 91
ストレングス …………… 36

せ

生活史 …………………… 140
生活支援 ………………… 157
成長の記録 ……………… 140
性的問題 ………………… 192
生理的欲求 ……………… 153
「世界児童憲章」………… 3
セラピー ………………… 110
セラピスト ……………… 110
「全国知的障害児入所施設実態調査」………………… 50
「全国保育士会倫理綱領」…… 10
全米ソーシャルワーカー協会
（NASW）……………… 10

そ

総合環境療法 ……… 40, 112, 157
ソーシャルワーク ……… 160
ソーシャルワークのグローバル定義
…………………………… 160
尊厳欲求 ………………… 153

た

対応証拠 ………………… 140
第三者評価 ………… 141, 195
大舎制 …………………… 175
他機関連携用の資料 …… 140
試し行動 …………… 111, 180
短期目標 ………………… 89
男女雇用機会均等法 …… 9
担当養育制 ……………… 27

ち

地域化 …………………… 174
地域小規模児童養護施設
……………………… 56, 101
地域分散化 ……………… 173
地域若者サポートステーション ・170
注意欠陥・多動性障害（ADHD）
…………………………… 175
中舎制 …………………… 175
長期目標 ………………… 89

つ

通所施設 ………………… 107

て

定型発達 ………………… 44

と

トラウマに焦点化した認知行動療法
（TF-CBT）…………… 121

な

なぜなぜ分析 …………… 92

に

ニーズ …………………… 70
日常生活支援 …………… 107
乳児院 …………… 24, 85, 183
乳児院での職員配置基準 …… 24
入所施設 ………………… 107
乳幼児期 ………………… 24

ね

ネットワーキング ……… 169

の

ノーマティブ・ニード …… 126
ノーマライゼーション …… 54

は

パーマネンシー ………… 7, 191
バーンアウト …………… 181
バイステックの7原則 …… 165
ハインリッヒの法則 …… 139
箱庭療法 ………………… 110
バックキャスト ………… 92

ひ

比較ニード ……………… 126
被措置児童等虐待 ……… 58
ヒヤリ・ハット事例 …… 138
表明ニード ……………… 126

ふ

ファシリテーター …………… 113
ファミリーグループ・カンファレンス …………………… 119
ファミリーソーシャルワーク …… 168
フェイスシート…………… 134
フェルト・ニード …………… 126
フォーキャスト…………… 92
フォーマルな支援 ………… 70
福祉型障害児入所施設……… 47
福祉サービス第三者評価事業 …………………… 143
婦人相談所……………… 37
父母から分離されない権利 …… 5
プランニング……………… 73
プレイセラピー …………… 110
フレームワーク …………… 92

へ

ペアレントトレーニング ……… 117

ほ

「保育所保育指針」………… 12
保育ソーシャルワーク ……… 10
放課後等デイサービス ……… 63
母子健康手帳…………… 132
母子生活支援施設……… 34, 188
ポストトラウマティック・プレイセラピー …………………… 121

ま

マオリ族の健康モデル ……… 117
マズロー ……………… 153
マッチング …………… 27

み

三つの家……………… 117
未来情報……………… 88

む

無差別的愛着傾向………… 155

も

申し送り資料 …………… 140
モニタリング …………… 76
モラトリアム …………… 132

よ

養子縁組里親…………… 55
要保護児童対策地域協議会… 79
欲求階層理論…………… 153

ら

ライフサイクル …………… 14
ライフストーリーワーク …… 28, 194

り

リービングケア …… 123, 150, 165
リフレクション …………… 167
リミットテスティング ……… 111

る

ルソー ………………… 3

れ

レジデンシャルワーク ……… 161
連続性………………… 136

ろ

ロールモデル …………… 152
ロジャース ……………… 113
ロック ………………… 3

わ

ワーカビリティ…………… 72

●欧文

A

ADL …………………… 52

B

BP プログラム …………… 26

D

DV サイクル……………… 32

O

OODA ループ …………… 94

P

PDCA サイクル …………… 94

監修者

倉石哲也（くらいし てつや）　武庫川女子大学 教授

伊藤嘉余子（いとう かよこ）　大阪府立大学 教授

執筆者紹介（執筆順、＊は編著者）

伊藤嘉余子*（いとう かよこ）

担当：はじめに、第４章、第４章コラム

大阪府立大学 教授

主著：『児童福祉――子ども家庭福祉と保育者』（編著）樹村房　2009年
　　『児童養護施設におけるレジデンシャルワーク――施設職員の職場環境とストレス』明石書店　2007年

石田賀奈子（いしだ かなこ）

担当：第１章、第１章章末事例

立命館大学 准教授

主著：『児童家庭福祉の理論と制度――福祉の基本体系シリーズ⑨』（共著）勁草書房　2011年
　　『よくわかる子ども家庭福祉』（共著）ミネルヴァ書房　2009年

小池由佳*（こいけ ゆか）

担当：第２章、第2章章末事例

新潟県立大学 准教授

主著：『児童家庭福祉（新版）――新保育ライブラリ 保育・福祉を知る』（共著）北大路書房　2014年
　　『社会的養護――新・プリマーズ／保育／福祉』（編著）ミネルヴァ書房　2010年

六川徳子（むつかわ のりこ）

担当：第３章レッスン6

乳児院：ガーデンエル 職員

島谷信幸（しまたに のぶゆき）

担当：第３章レッスン7、レッスン11、第3章コラム

乳児院：聖母託児園 職員

主著：『よくわかる社会的養護内容（第3版）』（共著）ミネルヴァ書房　2015年

大澤徳和（おおさわ のりかず）
担当：第3章レッスン8
児童養護施設：丘の家子どもホーム 元職員
主著：『よくわかる子ども家庭福祉（第6版）』（共著）ミネルヴァ書房　2009年
『児童養護施設の援助実践』（共著）三学出版　2007年

千賀則史（せんが のりふみ）
担当：第3章レッスン9
名古屋大学 ハラスメント相談センター 講師
主著：『子ども虐待家族再統合に向けた心理的支援——児童相談所の現場実践からのモデル構築』（単著）明石書店 2017年

芦田拓司（あしだ たくじ）
担当：第3章レッスン10
児童養護施設：大阪西本願寺常照園 職員
主著：『子どもと福祉——社会的養護からの自立支援』（共著）明石書店　2017年

編集協力：株式会社桂樹社グループ
装画：後藤美月
本文イラスト：宮下やすこ
本文デザイン：中田聡美

MINERVA はじめて学ぶ子どもの福祉⑥
社会的養護内容

2017年12月15日　初版第1刷発行　〈検印省略〉

定価はカバーに
表示しています

監修者　倉石哲也
　　　　伊藤嘉余子

編著者　伊藤嘉余子
　　　　小池由佳

発行者　杉田啓三
印刷者　藤森英夫

発行所　株式会社　ミネルヴァ書房
607-8494　京都市山科区日ノ岡堤谷町1
電話代表（075）581－5191
振替口座　01020－0－8076

亜細亜印刷

ISBN978-4-623-07955-1
Printed in Japan